Betsy Udink

Allah & Eva

Betsy Udink

Allah & Eva

Der Islam und die Frauen

Aus dem Niederländischen von
Anna Berger

Verlag C. H. Beck

Die niederländische Originalausgabe erschien 2006 unter dem Titel
«Allah & Eva» bei Uitgeverij Augustus, Amsterdam/Antwerpen.

© 2006 by Betsy Udink

Für die deutsche Ausgabe wurden einige Kapitel anders angeordnet.

Die Übersetzung dieses Buches wurde gefördert vom
Nederlands Literair Productie- en Vertalingenfonds.

Mit einer Karte
(gefertigt von Peter Palm, Berlin)

Für die deutsche Ausgabe:
© Verlag C. H. Beck oHG, München 2007
Satz: Fotosatz Reinhard Amann, Aichstetten
Druck und Bindung: Ebner & Spiegel, Ulm
Gedruckt auf säurefreiem, alterungsbeständigem Papier
(hergestellt aus chlorfrei gebleichtem Zellstoff)
Printed in Germany
ISBN 978 3 406 56322 5

www.beck.de

Für Sophie

Inhalt

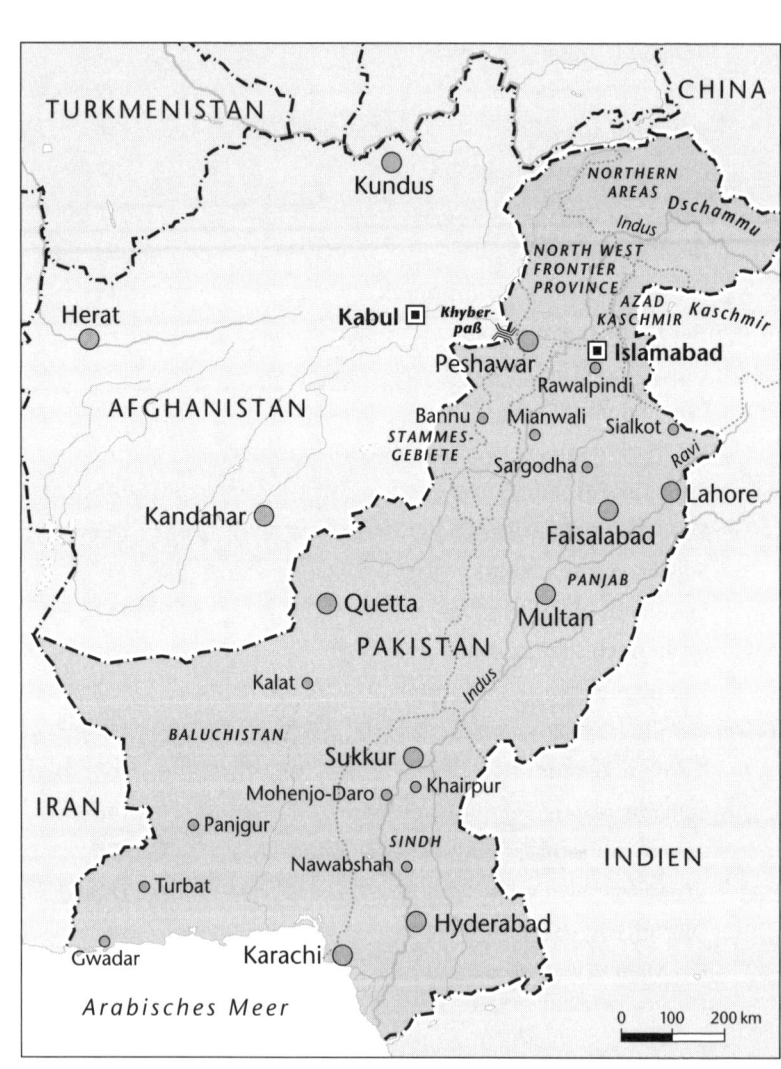

TURKMENISTAN

CHINA

Kundus

NORTHERN
AREAS *Dschammu*

Indus

NORTH WEST
FRONTIER
PROVINCE

Herat

AZAD
KASCHMIR *Kaschmir*

Kabul ▣ *Khyber-*
paß

▣ **Islamabad**

Peshawar

Rawalpindi

AFGHANISTAN

Bannu ○ Mianwali

Sialkot ○

STAMMES-
GEBIETE

Sargodha ○

Ravi

○ Lahore

Kandahar ○

Faisalabad

PANJAB

○ Quetta

Multan

PAKISTAN

Kalat ○

Indus

BALUCHISTAN

Sukkur ○

Mohenjo-Daro ○ ○ Khairpur

IRAN

○ Panjgur

SINDH

INDIEN

Nawabshah

○ Turbat

○ Hyderabad

Gwadar

Karachi ○

Arabisches Meer

0   100   200 km

Sex and drugs in Peshawar

Es geht auf das Ende der Monsunzeit zu. In der dunklen Frauenbaracke des Gefängnisses von Peshawar ist es feucht und drückend heiß. Auf dem Boden aus gestampfter Erde sitzt Gulnaz mit dem Rücken zu dem hohen Tor. Ihre Gesichtshaut ist aschgrau. Sie starrt auf den Kalk, der von den schmuddeligen Wänden blättert.

Gulnaz war noch ein Kind, als sie einem Schuster zur Frau gegeben wurde, einem Analphabeten wie sie selbst. Von den Kindern, die sie von ihm bekam, leben noch drei. Gulnaz hat die Jahre ihrer Ehe nicht gezählt, aber es waren viele, bis sie der Schuster eines Tages aus dem Haus warf. Dreimal rief er: «Ich verstoße dich!», und nach den Vorschriften des Islam war er damit von ihr geschieden. Sie durfte ihre Kinder nicht mehr sehen, und jedesmal, wenn sie es versuchte, jagte er sie weg, beschimpfte sie oder schlug sie zusammen.

Ein Onkel nahm Gulnaz höchst widerwillig in sein Haus auf. Sie war ein Klotz am Bein, ein zusätzlicher Mund, der gefüttert werden mußte, und noch schlimmer, sie war eine Gefahr: Eine verstoßene Frau ist wie ein brünstiger Wasserbüffel. Ihre sexuelle Gier könnte dem Ansehen der Familie ernstlich schaden und den Wert ihrer Kusinen auf dem Heiratsmarkt beeinträchtigen.

Ein Bekannter des Onkels war bereit, Gulnaz als zweite Ehefrau dazuzunehmen. Sie wurde für nichts weggegeben. Er brauchte sie nur zu ernähren und zu kleiden und zu kontrollieren, und außerdem konnte er mit ihr Sex haben, wann immer er wollte.

Gulnaz bekam von ihrem zweiten Mann ein Kind, ein Mädchen. Plötzlich erschien der Schuster wieder auf der Bildfläche. Er beschuldigte sie der *Zina*, des Ehebruchs, und behauptete, er sei nie von ihr geschieden worden. Was für einen eindeutigeren Beweis für ihren Ehebruch gab es als das Kind, das sie geboren hatte? Der Schuster erhob

Anklage, und Gulnaz wurde verhaftet. Sie wurde aufgrund der *Hudud-Verordnungen* ins Gefängnis gebracht, aufgrund von Dekreten, die auf 1400 Jahre alten Regeln des Koran basieren. Die Hudud-Verordnungen, die in das pakistanische Gesetzbuch aufgenommen sind, bestrafen eine Frau, die beim Ehebruch oder unzüchtigen Handlungen ertappt wird, mit Auspeitschen. Heute werden Frauen nicht mehr ausgepeitscht, dafür erwartet die vor Gericht gezerrte Ehebrecherin eine lange Haftstrafe.

Diese Dekrete wurden in der Gegenwart, nämlich 1979, in Pakistan von Militärdiktator Zia ul-Haq erlassen, dem General mit dem finsteren Gesicht. Er hatte die Vorstellung, aus Pakistan einen islamischen Staat zu machen. Kennzeichend für die fehlende Trennung von Islam und Staat ist, daß immer mit der Demütigung und dem Quälen von Frauen und Minderheiten begonnen wird. Bisher hat es noch keine Auspeitschungen gegeben, aber aufgrund von Zina-Delikten verurteilte Frauen werden jahrelang ins Gefängnis gesperrt.

Unter der islamischen Gesetzgebung sind Frauen und Minderheiten nicht mehr als Untergebene. Der Status von Frauen ist auf das absolute Minimum reduziert: Zuerst sind sie Eigentum ihres Vaters und anschließend ihres Ehemanns. In der Islamischen Republik Pakistan ist das Klima gegenüber Frauen so haßerfüllt und diskriminierend, daß besitzbewußte und rachsüchtige Väter und Ehemänner mit der größten Leichtigkeit ihre Töchter und Frauen unter der Vortäuschung von Zina jahrelang im Gefängnis leiden lassen können.

Gulnaz begreift nicht, was sie falsch gemacht haben soll. Der Schuster hatte sie verstoßen. Die vorgeschriebene Wartezeit von drei Monaten war längst verstrichen, als sie zum zweiten Mal heiratete. Aber für das pakistanische Zivilrecht war Gulnaz noch immer mit dem Schuster verheiratet. Das Gesetz schreibt vor, daß eine Scheidung erst dann rechtsgültig ist, wenn der Mann die Verstoßung beim Standesamt gemeldet hat. In dem Gesetz ist keine Frist festgelegt, innerhalb derer das zu geschehen hat. Es heißt sogar, «falls es möglich ist». Dies ist vage, ungreifbar und abhängig von den Launen des Ehemanns. Weder Gulnaz noch ihr Onkel noch ihr neuer Mann hatten daran gedacht, sich nach der Registrierung der Scheidung durch den Schuster zu erkundigen. Sie haben nie eine Schule besucht und wissen wenig davon, wie es in der Welt zugeht. Der Schuster ist ein rachsüchtiger Mensch. Er hat nicht nur die Scheidung nicht registrieren lassen, sondern Gulnaz auch nach den Hududgesetzen verhaften lassen, als eine Bigamistin und Ehebrecherin.

Ich habe die Erlaubnis der Behörden bekommen, einen Tag in der Frauenbaracke zu verbringen. Ich mußte viele Formulare ausfüllen und mit Unterschriften und Stempeln versehen lassen, aber am Ende habe ich nicht länger als zwei Monate warten müssen, bis ich hinein durfte. Ich hatte gehört, daß eine Mehrheit der Gefangenen in Peshawar, einer Stadt nahe der afghanischen Grenze, wegen Drogendelikten einsitzt. Aber das scheint nur für die Männer zu gelten. Die Frauen sind zum größten Teil wegen «Unsittlichkeit» in Haft. Afzaal Bibi, die sich zu mir gesetzt hat, ist wegen Zina inhaftiert. Die Anklage gegen siebzig der achtundsiebzig Frauen in der vollgestopften Baracke in Peshawar lautet: Zina, Ehebruch oder unsittliches Verhalten. In der Mehrheit der Fälle stammt die Anzeige von Vätern oder Ehemännern.

Afzaal Bibi hat auffällige Zehen. Sie sind groß, breit und muskulös wie die Zehen der pakistanischen Metzger und Fischhändler. Die sitzen in ihren Läden auf einem Hackblock, zwischen den Zehen ein großes Krummschwert, mit dem sie Fisch und Fleisch filetieren. Afzaal Bibi war dreiundzwanzig Tage verheiratet, als sie «etwas» mit dem Bruder ihres Mannes anfing. Noch am selben Tag war es das Dorfgespräch. Sie wurde verhaftet und zu sieben Jahren Gefängnis und einer Geldbuße von 20 000 Rupien verurteilt. Sie besitzt nichts und kann die Geldbuße nicht bezahlen, weshalb sie noch länger in Haft bleiben muß. Ihr Schwager ist auf freiem Fuß. Ihr Mann hat wieder geheiratet und hat eine Tochter. Jeder, auch ihr Mann und ihre Brüder, haben gesagt, daß sie nach der Verbüßung ihrer Strafe wieder nach Hause kommen dürfe. Sie wird es nicht tun, denn sie weiß, daß ihr Mann sie dann in Stücke hacken wird. «Das ist bei uns so üblich», sagt sie.

Gulnaz starrt ohne Regung unentwegt auf den abgeblätterten Kalk.

Sie läßt die Geschichten der anderen Frauen in der Baracke an sich vorbeiziehen. Sie sitzt schon seit vier Jahren und drei Monaten im Schneidersitz auf dem gestampften Lehmboden des Gefängnisses von Peshawar. Sitzt einfach da, und alles nur, weil ihr Schuster es nicht verwinden konnte, daß sie einen anderen Mann geheiratet hat, und ihn die islamische Gesetzgebung und die pakistanische Gesellschaft in die Lage versetzen, sich an der Mutter seiner Kinder zu rächen. Sie sitzt und wartet. Sie wartet, bis ihr Prozeß verhandelt wird. Die vier Jahre und drei Monate sind aber erst die Untersuchungshaft gewesen. Niemand hat sich je die Mühe gemacht, Gulnaz' Lebensjahre zu zählen oder ihre Ehejahre, aber ihre Untersuchungshaft wurde bis zum heutigen Tag sorgfältig registriert. Die Direktorin der Frauenabteilung der Haftanstalt hat die Tage und die Jahre gezählt, im Interesse ihres Etats. Für einen Tag Gulnaz darf sie drei Rupien in ihren Haushaltsplan schreiben, drei Rupien, die kaum für das Essen ausreichen.

Die Direktorin hört die Antworten mit, die Gulnaz murmelnd auf meine Fragen gibt. Sie trägt eine blaue Uniform: eine hellblaue Bluse über einem dunkelblauen langen Rock. Ihre Haare sind unter einem schwarzen Tuch verborgen, das eng um ihren Hals gewickelt ist und nicht verrutschen kann. Die Direktorin hat die Arme über ihrem Speckbauch verschränkt, der sich über ein breites Gürtelkoppel stülpt. Am Gürtel hängt ein Schlüsselbund. Sie grinst mir zu, als wolle sie sagen, daß wir Gulnaz' Geschichte mit einem Körnchen Salz nehmen müssen und daß sie und ich durchaus wissen, daß man selbst daran schuld ist, wenn man von anderen der Unsittlichkeit bezichtigt wird. Die Direktorin ist eine anständige Frau: Sie hat eine feste Stelle im Gefängnis, sie hat es in der Gefängnishierarchie weit gebracht und ist mit einem Mathematikprofessor der Universität von Peshawar verheiratet. Sie fragt, ob ich ihr Computer schenken oder ob meine Regierung Geld schicken könne, um neue Computer zu kaufen.

Die Direktorin wirft ab und zu einen Blick auf ein Grüppchen von Frauen, die ein Stück von Gulnaz entfernt sitzen. Sie sind unruhig. Sie gestikulieren in Richtung der beiden Wärterinnen, die ihre verschleierten Köpfe einmal schräg nach rechts neigen, dann wieder nach links, und sanft nicken zum Zeichen, daß sie zuhören. Das Nicken kann sowohl «ja» als auch «nein» bedeuten. Im Mittelpunkt der Aufregung steht Nafisa. Heute früh wurde das Kind, das sie stillte, zusammen mit dessen Mutter ins Gefängnis von Haripur gebracht, zwei Autostunden entfernt.

Nafisa wurde vor ein paar Monaten aufgegriffen, als sie versuchte, Heroin zu verkaufen. Sie sagt, es sei nicht ihre Schuld, sondern die ihres Mannes, der opiumsüchtig sei. Er arbeite nicht, habe sie getreten, geschlagen, an die Wand geworfen und gezwungen, Heroin zu verkaufen. Mit dem Geld habe er Opium für sich beschafft. Nach ihrer Verhaftung sei er festgenommen worden und sitze jetzt weit weg im Gefängnis von Rawalpindi, wo er kein Opium bekommt und schrecklich unter dem Entzug leidet.

Nafisa hat im Gefängnis eigentlich zwei Kinder verloren. Zuerst ihre eigene kleine Tochter, die sie hier in dieser Baracke zur Welt brachte und die wenige Stunden nach der Geburt starb. Und heute hat sie ihr Ammenkind, das Kind, das sie gestillt hat, verloren. Sie weint. Ihr fehlt das Kind. Ohne ihre Milch wird es sterben. Die eigene Mutter hat keine Milch, deshalb hatte ihm Nafisa die Brust gegeben. Es war krank und unterernährt, aber durch ihre Milch hatte es sich wieder erholt. Das Kind wuchs.

Nafisa fleht die Wärterinnen und die Direktorin an, es zurückzuholen. Die anderen Frauen schließen sich dem Betteln an. Es ist grausam, sagen sie, der Mutter das Baby nach Haripur mitzugeben. Hier im Gefängnis von Peshawar hätte Nafisa für das Kind sorgen und dieses mit den Kindern der anderen Frauen in der Baracke aufwachsen können. Durch die Aktion am Morgen stehen alle mit leeren Händen da. Das Kind wird sterben, die eigene Mutter wird traurig sein und die Amme hat nichts mehr, das sie von ihrem eigenen Schicksal ablenken könnte. Die Direktorin beruft sich auf Anordnungen von oben. Die Weisungen waren gekommen, heute früh war der Gefängnisbus da, und das Leben von Mutter und Kind liege in Allahs Hand.

In der Baracke leben siebzehn kleine Kinder. Sie sind mit ihren Müttern gekommen oder in der Baracke geboren worden. Die Kleinkinder laufen mit nacktem Po herum. Es gibt keine Windeln und zu wenig Höschen. Ihre Exkremente bleiben liegen, wo sie hinfallen. Ein paar Kinder rennen hin und her. Einige sind auf dem gestampften Fußboden eingeschlafen, mitten in der Baracke, wo jeder über sie hinwegsteigen muß. Die anderen sitzen geistesabwesend neben ihren Müttern, wie betäubt, als hätte man Opium auf ihre Schnuller gestrichen. Fliegen summen um ihre Köpfchen, setzen sich auf ihre Gesichter. Keines zuckt auch nur mit einer Wimper. Keiner beachtet sie, und sie fordern auch keine Beachtung. Mit ihnen wird nicht gespielt, nicht gekost oder gelacht. Sie klettern bei keinem auf den Schoß, sie strecken nicht die Ärmchen aus, um hochgenommen zu werden.

Gulnaz' Familie hat sich geweigert, ihre kleine Tochter mit ins Gefängnis zu schicken. Das Mädchen lebt bei der ersten Frau ihres zweiten Mannes und hilft ihr im Haushalt und auf dem Feld.

Das Tor hinter Gulnaz ist mit Eisengittern verschlossen. Hitze, Staub, Wespen, Winterkälte, Wind, Regen, Flöhe und Mäuse kommen ungehindert herein, auch Ratten. Gulnaz' Schlafplatz ist einer der schlechtesten in der Baracke. Es gibt nichts zum Abdichten der Öffnung, keine Vorhänge, keine alten Zeitungen. Gulnaz hat sich nie zu einem Platz auf der anderen Seite hocharbeiten können, weg von der Kälte, der Hitze und dem Staub. Sie hat nichts zu versetzen, nicht einmal das Versprechen, für eine Gefälligkeit, später, wenn sie hier herauskommt, eine Gegenleistung zu erbringen. Sie hat die Lust verloren, sich darüber aufzuregen. Gulnaz sitzt, wo sie sitzt, während Hüfte und Beine im Schneidersitz verkrüppeln. Sie hat keine Lust auf die Näh- und Stickstunden, die eine philanthropische Stiftung dann und wann anbietet. Keine Lust zu lernen, wie man Babies versorgt, Scheren oder Messer vor dem Durchschneiden der Nabelschnur sterilisiert: Alles geht an Gulnaz vorbei.

Gulnaz steht selten auf. Sie klagt über ständige Kopfschmerzen und Schmerzen in ihren Gelenken. Wenn sie etwas aus der Plastiktüte braucht, in der sie ihre Habseligkeiten aufbewahrt, beugt sie sich aus der Hüfte nach vorn. Sie sitzt, wenn sie ihre Kleider wäscht. Sie wäscht ihren Shalwar Kameez, ihre Dupatta und die ausgefransten Kleiderfetzen, die sie als Monatsbinden benutzt, mit dem Stückchen Seife, das die philanthropische Stiftung den Gefangenen aushändigt. Die Gefängnisdirektion gibt keine Seife aus, dafür reichen die drei Rupien pro Tag nicht. Alle Frauen und Kinder in der Baracke haben die Krätze. Sie sitzt und wartet. Sie wartet, bis sie in dem Bus mitfahren darf, der die Gefangenen zum Gericht bringt, wo sie vielleicht zu hören bekommen, was ihnen weiter bevorsteht.

Gulnaz kennt keine Anwälte. Sie wüßte nicht, wie sie einen Anwalt finden sollte. Sie kennt keine Menschenseele, die sich die Mühe machen würde, einen für sie zu suchen. Und selbst wenn sie sich die Mühe machen wollten, dann wollten und könnten sie keinen Verteidiger für Gulnaz bezahlen. Die Direktorin hat in all den Jahren für sie keinen Platz im Polizeibus freigemacht, der die Angeklagten zum Gericht bringt. Die Direktorin hat auch nie ausdrückliche Anweisungen von weiter oben erhalten, Gulnaz mitzuschicken, wie sie sie anscheinend für die Mutter von Nafisas Pflegekind bekam. Das pakistanische Rechtssystem ist längst mit allen anderen gesellschaftlichen Systemen zusammengebrochen.

Den ganzen Tag hängt sich eine alte Frau an mich. Mit ihrem verrunzelten Gesicht, den tief in die Höhlen gesunkenen Knopfaugen und ihrem Knoten im Nacken wirkt sie wie ein altes Großmütterchen. Henna hat ihren grauen Haaren die Farbe von Samtblumen gegeben. Sie lauscht weder der Geschichte von Afzaal Bibi noch der von Nafisa noch der von Gulnaz. Sie wartet auf eine Lücke zwischen den Gesprächen. Sie wartet auf den Zeitpunkt, an dem sie mich überreden kann, für sie zum Richter zu gehen und ihn davon zu überzeugen, daß sie und ihre Tochter Sumaira unschuldig sind. Sie geht neben mir her und stubst immer wieder drängend meinen Oberarm. Dann schaut sie mich mit dem jämmerlichen, devoten Blick der gut trainierten Bettlerin an. Die Tochter schlurft schwerfällig und schweigend hinter uns her.

Als sie die Gelegenheit sieht, mich endlich ansprechen zu können, läßt sie eine Tirade los. Sie sei das Opfer einer Verschwörung, behauptet sie. Die ganze Polizeimacht Pakistans habe es auf sie und ihre Familie abgesehen. Sie erzählt ihre Geschichte in lautstarkem Ton. Sie und ihre Tochter saßen im Bus von Peshawar nach Multan, um für Sumairas Hochzeit Einkäufe zu erledigen, als sie unterwegs von der Polizei angehalten wurden. Alle Passagiere mußten aussteigen, und die Polizisten begannen den Bus zu durchsuchen. Unter ihrer Bank lagen Pakete mit Haschisch. Sie hatte noch nie Hasch gesehen. Noch nie. Die Polizei habe ihr das Paket einfach unter die Bank geschoben, um sie festnehmen zu können. Sie wisse wirklich nicht, wem sie das zu verdanken habe. Sie habe noch nie in ihrem Leben etwas verbrochen.

Die Direktorin fragt, warum sie 800 Kilometer mit dem Bus reisen mußten, um Einkäufe für eine Hochzeit zu erledigen. Peshawar ist das größte Schmuggelzentrum von ganz Südasien, man kann dort Waren aus aller Welt für einen geringen Preis kaufen, preiswerter als in Multan. «Darf man denn nicht mehr nach Multan reisen?», fragt die alte Frau. Die Stoffe für das Brautkleid hätten in Multan eine viel bessere Qualität als die in Peshawar, behauptet sie.

Mutter und Tochter haben einen guten Platz in der Baracke, in der Ecke, an der geschlossenen Wand. Neben ihren aufgerollten Matratzen stehen mehr Plastiktüten als bei den anderen Frauen. Die Taschen sind ausgebeult von Lebensmitteln, von Tee, Zucker, Milch und Süßigkeiten. Mit so vielen Dingen zum Tauschen oder zum Erkaufen von Dienstleistungen ist ihre Stellung blendend. Sie besitzen einen Eimer mit Kohlen, auf dem sie ihr eigenes Essen kochen. Ihre Familie kommt immer an den erlaubten Tagen zu Besuch.

Die alte Frau und ihre Tochter ziehen mich mit in ihre Ecke. Die Mutter gräbt in ihrem Busen und zieht eine Plastiktüte mit einem Stapel schief gefalteter Dokumente heraus. Sie drückt sie mir in die Hand. In der Tüte steckt ihr Ausweis, ihre Heiratsurkunde, eine Gerichtsvorladung, ein Gesuch ihres Anwalts und ein Papiertaschentuch. Bei einer Verurteilung können beide fünfunddreißig Jahre Gefängnis bekommen, ein Jahr für jedes Kilo Haschisch, das in den Paketen war. Weinend fleht sie, daß ich als weiße Ausländerin die Behörden überzeugen solle, sie und ihre Tochter freizulassen. Sie reibt mit der Ecke ihrer Dupatta ihre trockenen Augen.

Ganz in ihrer Nähe steht ein hoher Tontopf, abgedeckt mit einem Zinnschälchen. Auf dem Schälchen steht ein Zinnbecher mit einer Kette, die an einem Henkel befestigt ist. Der Topf schwitzt. Wassertropfen dringen durch die Tonwand und laufen in dünnen, spärlichen Strahlen herunter. So bleibt das Wasser im Topf kalt. Die alte Frau runzelt die Stirn, als eine andere Gefangene mit ihrem Sohn den Becher nimmt und die Schale hochhebt. Sie hält das Kind nicht an der Hand, sondern am Handgelenk, als würde sie ein Bündel Holz mitschleppen. Sie läßt den Jungen aus dem Becher trinken.

Die Haut um seinen Mund ist heller als der Rest, sie ist eher grau als bleich. Man hat den Eindruck, daß das Kind friert oder nicht genug Schlaf bekommt. Wenn man genau hinsieht, erkennt man, daß alle Kinder in der Baracke dieselben Symptome von Unterernährung und Blutarmut zeigen: Sie frösteln, selbst in der drückenden Hitze, sind matt und grau. Um ihre Mütter ist es nicht besser bestellt.

Das Gefängnis von Peshawar wurde um 1850 von den Engländern erbaut. Sie entwarfen Baracken für jeweils zweiunddreißig Bewohner. Später wurden in der Frauenbaracke drei Latrinen angelegt, vor denen Tücher hängen, die aber nicht gegen den Gestank helfen.

Gulnaz hat nicht den allerschlechtesten Platz in der Baracke. Der miserabelste Platz ist der neben den Latrinen. Dort liegt eine unglaublich dicke Frau auf der Seite. Ihre breiten Oberschenkel und breiten Schultern versperren den Blick auf ihren Kopf. Beim Näherkommen erkennt man eine Afrikanerin. Sie heißt Myriam. Sie ist vierundzwanzig Jahre alt und kommt aus Guinea-Bissau. Sie bezeichnet sich als Geschäftsfrau, die nach Peshawar gereist war, um große Mengen Spielzeug einzukaufen. Daß Peshawar ganz in der Nähe der afghanischen Mohnfelder liegt, habe sie nicht gewußt, sagt sie. Nachdem sie ihre Geschäfte getätigt hatte, das Spielzeug in Containern zum Verschiffen bereitstand, waren Leute in ihr Hotelzimmer gekommen, die fragten, ob sie für Bekannte in Guinea-Bissau noch ein paar Kuscheltiere mitnehmen wolle. Ja, warum nicht? Die Zollbeamten auf dem Flughafen hatten sie alles auspacken lassen. Sie hatten die Kuscheltiere aufgeschnitten, und aus allen strömte Heroin, aus den Giraffen, den Teddybären und den Affen.

Myriam wurde vor zwei Wochen festgenommen und liegt seitdem auf einer Matte auf dem Barackenboden, auf der Seite, eine Hand unter der Wange. Sie kann nicht sagen, wieviel Kilo Heroin in den Kuscheltieren war. Sie weiß nicht, wer die Männer waren, die ihr die Kuscheltiere mitgegeben haben. Wie viele Jahre in Pakistan auf Heroinschmuggel stehen, weiß sie auch nicht. Es ist, als ginge sie die ganze Sache nichts an. Myriam versteht kein Wort von dem, was die Frauen und Kinder in der Baracke sprechen. Sie hält sich abseits auf ihrer Matratze und schläft, die ganze Nacht und den ganzen Tag.

Samia liegt genau wie Myriam den ganzen Tag auf ihrer Matte auf dem Boden. Vor zehn Wochen hat sie im Gefängnis einen Sohn geboren. Das Kind ist unter den Tüchern versteckt, die Samia wie ein Päckchen an sich gedrückt hält. Als ein Tuch nach dem anderen weggeschoben wird, kommt eine kleine Larve zum Vorschein; ein winziges, ausgetrocknetes, graues Gesicht mit durchscheinenden Lidern, mit einem schmutzigen weißen Mützchen mit Bändern um den Kopf gebunden. Das klägliche Wimmern ist kaum zu hören. Es ist, als habe sich Samia damit abgefunden, daß ihr kleiner Sohn nicht lange leben wird.

Samia wurde vom Vater des Kindes, ihrem Ehemann, wegen Ehebruchs angezeigt. Was geschehen ist, sei nicht ihre Schuld, meint sie. Es sei die Schuld eines sechzehnjährigen Jungen, der ihr einen Brief geschickt habe. Er schrieb, daß er in sie verliebt sei. Sie hat ihm nie geantwortet. Aber ihr Mann, ihr Vater und ihre Brüder sagten, es sei ihre Schuld, es läge an ihr, daß ihr der Junge den Brief geschrieben habe. Sie sei eine Schlampe und Hure und hätte die Aufmerksamkeit des Jungen auf sich gelenkt, ein Mann käme von sich aus nie auf eine solche Idee. Samia betet, daß ihr Mann sie wieder zurücknimmt. Oder daß er einmal kommt, um nach seinem Sohn zu sehen. Vielleicht wollen ihre Mutter und Schwiegermutter einmal zu Besuch kommen. Sie hofft es. Aber die Familie findet, daß sie nichts als Probleme mache, sie sei ein Sargnagel für die Verwandten. Ihre Brüder werden sie ermorden, sobald sie aus dem Gefängnis kommt. Das haben sie ihr angedroht. Samia will nicht daran denken.

Zertuna ist vierzehn Jahre alt und wagt, wie auch Samia, nie die Frage zu stellen: Was wird aus mir werden? Zertuna liegt ebenfalls auf einer Matte auf dem Boden. Ihr Sohn ist zwei Wochen alt und wurde im Gefängnis geboren, eine kleine Maus, der sie den Namen Abdul Jamal gegeben hat. Der Vater von Abdul Jamal ist ein Cousin von Zertuna, der bereits eine Frau hat. Zertunas Vater hat sie bei der Polizei angezeigt, als sie schwanger war. Der Richter hat sie zu fünf Jahren Gefängnis verurteilt. Das Kind ist der Beweis für verbotenen Geschlechtsverkehr. Sie hat ihrem Vater versprochen, den Cousin zu heiraten und seine zweite Frau zu werden. Vielleicht muß sie dann ihre Strafe nicht absitzen. Der Cousin sagte zunächst: «Ich heirate Zertuna, wenn es ein Junge wird.» Jetzt, da es ein Junge ist, sagt er: «Zuerst will ich das Kind haben, und dann sehen wir weiter.» Zertunas Gesicht ist ausdruckslos. Es macht ihr nichts mehr aus, ob sie morgen freigelassen wird oder in fünf Jahren. Ihre Brüder oder Onkel werden sie in Stücke hacken. Abdul Jamal ist der Sohn einer gefallenen Frau, er wird als Paria aufwachsen. Niemand wird ihn je liebevoll ansehen. In den zwei Wochen seines kurzen Lebens, hat ihn Zertuna nicht einmal gestreichelt.

Najiba ist ein Jahr jünger als Zertuna, und auch sie wurde von ihrem Vater wegen Unzucht angezeigt. Man muß sein Ohr bis an ihren Mund bringen, um zu hören, daß sie etwas sagt. Sie ist in ihr Schicksal ergeben und mutlos. In ihrem Gesicht ist kein Fünkchen Hoffnung zu entdecken. Die schwarzen Augen sind niedergeschlagen. Sie zieht eine Schulter ein bißchen höher als die andere, als warte sie darauf, den Schlag auf ihren Kopf, den Stock auf ihren Rücken aufzufangen. Die Haltung eines Menschen, der sein Leben lang mißhandelt wurde. Den einzigen Schutz findet sie hinter der Mauer des Schweigens, die sie um sich herum aufgebaut hat. Najiba war immer der Besitz ihres Vaters, ihrer Brüder und Onkel, und das wird sich nie ändern. Das einzige Mal, daß sie etwas Unabhängiges getan hat, etwas gegen den Willen ihres Vaters, hat sie ins Gefängnis gebracht. Er hätte sie auch ermorden können. Das hätte keinen gewundert.

Aus ihrer Geschichte läßt sich folgendes herauslesen: Ihre Familie stammt aus Afghanistan und lebt derzeit in Peshawar. Der Vater schickte ihre Schwestern in andere pakistanische Städte, von wo sie immer mit Geld und mit Schmuck beladen zurückkamen. Die dreizehnjährige Najiba war auch für die Prostitution bestimmt. Aber sie verliebte sich in einen Jungen und lief mit ihm weg. Auf einen Hinweis ihres Vaters wurden sie von der Polizei aufgegriffen. Ihr Vater sagte dem Freund, er müsse Najiba heiraten, und forderte von dem Jungen einen Geldbetrag, der nach seinen Berechnungen genauso hoch war wie der, den Najiba als Prostituierte hätte verdienen können. Der Junge und seine Eltern lehnten ab. Der Junge, der ebenfalls ins Gefängnis kam, wurde von seiner Familie freigekauft. Najiba blieb in Haft. Der Richter hat sie inzwischen zu sieben Jahren Gefängnis verurteilt. Ihr Vater hält das als Strafe für ihren Ungehorsam für richtig. Er hätte ihre Jungfräulichkeit gut an einen reichen Pakistani verkaufen können, der sie, wie es Usus ist, ein paar Jahre als Konkubine gehalten und den Vater des Mädchens gut entlohnt hätte.

Noreen hört, im Gegensatz zu Najiba, nicht auf zu reden. Auch sie ist ein junges Mädchen, siebzehn Jahre alt. Noreen wohnt in Rawalpindi und ist in einen zwanzigjährigen Taxichauffeur mit dem romantischen Namen Noor Halim verliebt. Er ist ein Pathane aus der North West Frontier Province. Die Eltern hatten ihr den Umgang mit dem jungen Mann verboten, aber sie hörte nicht auf sie. Noreen und Noor Halim beschlossen, nach Peshawar zu reisen, um dort zu heiraten. Unterwegs wurde ihr Bus von der Polizei angehalten. Sie wurden herausgeholt und befragt. Die Polizisten wollten wissen, weshalb ein Panjabi-Mädchen mit einem Pathanen reiste. Sie schlugen Noor Halim einfach zusammen, und anschließend wurden er und Noreen in das Gefängnis von Peshawar geworfen. Seit zwei Monaten sitzen sie dort fest. Noreen hat keinen Kontakt zu Noor Halim gehabt. Sie will ihn noch immer heiraten. Das kann sie sich aus dem Kopf schlagen, hat ihr Bruder gesagt. Er will dafür bezahlen, sie aus dem Gefängnis herauszuholen, aber dann darf sie Noor Halim nie mehr wiedersehen.

Noreens Gezwitscher geht völlig an Gulnaz vorbei. Sie hat keine Lust, sich zu bemühen, die kaum hörbare Najiba zu verstehen. Sie hat keine Lust, gleichgültig für wen, aufzustehen. Sie sitzt und starrt auf den Kalk, der auf den gestampften Boden rieselt.

Jemand – sie kann sich nicht erinnern, wer es war – hat Gulnaz erzählt, daß ihr zweiter Mann ebenfalls im Gefängnis sitzen soll. Nicht wegen der Sache mit der Ehe und ihrem Kind, sondern weil er versucht haben soll, Drogen zu verkaufen. Sie hat gehört, daß der Schuster die Scheidungsdokumente unterschrieben hat. Das ändert nichts an ihrer Situation. Sie war von ihrem zweiten Ehemann schwanger, den sie damals noch nicht hätte heiraten und mit dem sie auch keinen Geschlechtsverkehr hätte haben dürfen. Die Zina-Anklage wurde nicht fallengelassen. Sie muß weiter in der Gefängnisbaracke von Peshawar bleiben, bis der Richter eine Strafe wegen eines Vergehens verhängt, von dem sie nicht wußte, daß sie es begangen hatte.

Ehre ist ein zartes Pflänzchen

Ich habe noch nie einen so schönen Garten gehabt wie in Islamabad.
Palmen, Bougainvilleas, Rosen, Geißblatt, Jacaranda: eine beispiellose
Pracht von Grün, Rot, Gelb, Weiß und Lila vor dem Hintergrund der
allerletzten grünen Ausläufer des Himalaya, der Margalla-Berge. Mor-
gens frühstücke ich an einem Tisch, beladen mit pakistanischem Yo-
ghurt und pakistanischen Mangos, Kirschen, Aprikosen und Mandarinen, mit frischgebackenem pakistanischen Fladenbrot so dünn wie
Pfannkuchen, den *Chappatis*, und pakistanischem Honig. Es liegen immer vier gute englischsprachige Zeitungen bereit: *The Nation, Dawn,
The News* und die *Daily Times*. Aber so gut wie jeden Morgen dreht sich
mir beim Lesen der Zeitungsberichte der Magen um, über *Karo-kari*,
Ehrenmorde, und über die Ohnmacht und den Unwillen der pakistanischen politischen Elite, etwas gegen die massenhafte Gewalt gegen
Frauen zu unternehmen. Gelbe und weiße Schmetterlinge tanzen in
der Luft vor mir, und ich lese in den Zeitungen über die letzten Kom-
plikationen in einem berühmt gewordenen *Karo-kari*-Fall.

Karo-kari ist ein Begriff, der aus der Provinz Sindh stammt. *Karo*
bedeutet «angeschwärzter Mann», *Kari* «angeschwärzte Frau», und
Karo-kari steht für das unerlaubte Verhältnis zwischen einem Mann
und einer Frau, zwischen einem Jungen und einem Mädchen, aber
auch für den Mord, den sogenannten Ehrenmord, den die Affäre un-
widerruflich nach sich zieht.

Vor einer Weile standen die Zeitungen voll von Geschichten über
den Ehrenmord an Afsheen Musarrat. Afsheen war eine einundzwan-
zigjährige junge Frau, eine Studentin der Informatik an der Universität von Multan. Sie stammte aus einer wohlhabenden Familie, dem
hier ansässigen Sahu-Clan. Ihr Vater hatte ein Anwaltsbüro, und alle
in der Familie haben ein Universitätsstudium abgeschlossen, ein-

schließlich der Mädchen, oder haben die Militärakademie besucht. Der Clan hat politischen Einfluß in Multan und Umgebung; relativ viele Sahus sind Bürgermeister, und einer der Sahus ist Staatssekretär bei der Regierung in Islamabad. Aber ein Universitätsabschluß und Kenntnisse in Soziologie sind offenbar kein Grund, nicht Ehrenrache zu nehmen.

Afsheen war in einen Kommilitonen namens Hassan verliebt, einen vierundzwanzigjährigen Großcousin mütterlicherseits. Sie wollte Hassan sogar heiraten. Ihr Großvater, ihr Vater und die Brüder ihres Vaters waren entschieden dagegen. Hassans Clan gehörte zu einem anderen politischen Machtblock in Multan, und noch schlimmer: Afsheens Großvater, Allahditta Sahu, wollte nicht, daß ein Teil seiner Ländereien durch Afsheens Erbteil an Hassans Familie fallen könnte, egal wie klein dieser Anteil am Ende sein würde. Er wollte seinen Besitz für seine Söhne, für die Söhne seiner Söhne und für seine Urenkel erhalten. Die Familie beschloß, Afsheen mit einem Luftwaffenpiloten zu verheiraten, einem Enkelkind von Allahditta Sahu, genau wie das Mädchen. Bereits nach wenigen Tagen ging die Ehe in die Brüche, und Afsheen kehrte in ihr Elternhaus zurück. Ihr Großvater kam sofort mit einem neuen potentiellen Ehemann an: einem weiteren Enkel. Afsheen weigerte sich: Sie wollte nur Hassan.

Das Mädchen wurde in das Dorf verbannt, aus dem die Familie ursprünglich stammt und wo sie noch Häuser und Ländereien besitzt. Afsheen wurde ins Haus gesperrt und durfte mit niemandem Kontakt haben. Doch über ihre alte Amme blieben die Liebenden, genau wie über die Amme in *Romeo und Julia*, heimlich in Verbindung. Sie schmiedeten Pläne, gemeinsam zu fliehen. Sie flüchteten nach Rawalpindi, aber der Sahu-Clan fand ihr Versteck. Afsheen fiel auf das Süßholzraspeln ihrer Familie herein: Sie sei im Elternhaus in Multan wieder willkommen und ihr werde kein Haar gekrümmt.

Sobald Afsheen wieder zu Hause war, begannen der Vater und der Großvater, von einem anderen Ehemann als Hassan zu sprechen. Nein, sie wollte nicht, sie wollte nur Hassan. Am nächsten Tag – es war das Ende des Ramadan und *Id ul-fitr*, das Zuckerfest – rief der Großvater seine Söhne und Enkel zu sich. Für sie war es klar: Mit Afsheen konnte man nicht reden, sie war ein unfolgsames Mädchen, das nicht auf die Familie hörte und sich von einer romantischen Liebe, mit allen üblen Folgen, hinreißen ließ. Verliebte Mädchen untergraben die Interessen des Clans, sie machen, was sie wollen, sie sind ungehorsam, sie entehren die Männer der Familie. Die Männer erklärten Afsheen zur Kari und sprachen damit gleichzeitig ihre Strafe aus: die sofortige Auslöschung ihres Lebens und aller Erinnerungen an sie. Während der Feiertage im November wurde Afsheen in ihrem Elternhaus in Multan von ihrem Vater, ihrem Großvater und ihren Onkeln abgeschlachtet. Afsheen mußte büßen, weil sie nicht auf ihre Liebe zu Hassan verzichten wollte.

Für einen Ehrenmord kauft man keinen Mörder, es ist eine Sache der Familie. Die Familie ist zugleich Kläger, Richter und Henker. De facto fällt der Ehrenmord unter das organisierte Verbrechen, denn derjenige, der den Mord begeht, tut dies immer mit der Unterstützung und in Absprache mit anderen. Es sind stets die männlichen Blutsverwandten, die sich als Henker anbieten und die Strafe vollziehen. Man hat *sie* verraten. Man hat *sie* bis auf die Knochen blamiert. *Ihre* Autorität ist untergraben. *Ihnen* wurde Unrecht angetan. *Ihre* Ehre ist aufs äußerste verletzt. *Ihr* Eigentum ist beschädigt. Mit der unerträglichen Schande, die sie wegen des Ungehorsams der Kari mit sich herumschleppen müssen, können sie nicht leben. Sie sehen die Finger, die auf sie deuten, die Münder, die sagen, daß ihnen ihre Frauen auf der Nase herumtanzen. Es ist unerträglich.

Ein richtiger Mann schlachtet die ungehorsame Frau in seiner Familie selbst, wie ein richtiger Mann auch am Morgen des *Id ul-adha*, des islamischen Opferfests, eine Ziege, ein Kamel oder einen Ochsen schlachtet. Das läßt man nicht von einem Metzger machen, das Blut muß über den Fußboden der eigenen Küche oder über die Steine der eigenen Auffahrt fließen und damit die Sünden wegschwemmen. Die einzige Art, der Welt zu beweisen, wer der Herr in der Familie ist, besteht darin, die Ehebrecherin mit Haut und Haaren zu vernichten.

Der Großvater und die Söhne schlugen und traten Afsheen in ihrer zügellosen Raserei. Der Großvater brachte die Sache zu Ende und erwürgte das Mädchen mit ihrer eigenen Dupatta.

Mit dem Tod ist die Strafe noch nicht zu Ende. Karo-karis müssen ewig in der Hölle schmoren. Die Leiche darf auf keinem Friedhof beigesetzt werden, sie wird irgendwo in der Erde verscharrt oder in den Fluß geworfen, ohne die Rituale, die die Tote der Sorge Allahs anbefehlen. Ihre Leiche wird weder gewaschen noch in ein Totenhemd gewikkelt. Es werden keine Gebete gesprochen. Der Mutter, den Schwestern, Cousinen und Tanten ist es verboten, um eine Kari zu trauern. Die Bestrafung der Karis wahrt die Autorität bei den übrigen Frauen, sie führt dazu, daß diese in ständiger Angst leben. Es ist eine Terrorherrschaft der Männer.

In den englischsprachigen Zeitungen konnte man von Tag zu Tag die Entwicklungen im «Fall Afsheen» verfolgen. Der nationalen Menschenrechtsorganisation *Human Rights Commission of Pakistan* (HRCP) war Afsheens Tod zu Ohren gekommen, und sie vermutete gleich, daß etwas daran verdächtig war, und begann mit einer Untersuchung. Der HRCP-Vertreter in Multan wurde vom Polizeichef mit leeren Versprechungen abgespeist. Die Ausrede des Polizeikommandanten bewies vorausschauendes Denken. Sollte es sich um einen Ehrenmord handeln, sagte er, dann würden sich die Täter zweifellos auf «heftige und unerwartete Provokation» berufen, ein mildernder Umstand, den das pakistanische Gesetz bietet und der so gut wie immer in Karo-Kari-Fällen zur Anwendung kommt. Das bedeutet: Ein Mann ist derart gekränkt oder beschämt worden, daß er seine Wut nicht im Zaum halten kann und in einem Anfall von Geistesverwirrung die tötet, die seine Ehre verletzt hat. Er wird milde bestraft: mit einem, höchstens zwei Monaten Gefängnis.

Die HRCP gab nicht auf und machte Afsheens Tod und ihre Lebensgeschichte publik. Man drängte auf eine Autopsie. Afsheens Familie hielt das für «Leichenschändung» und wollte nicht verraten, wo die Leiche begraben war. Das Grab wurde trotzdem gefunden; dann allerdings weigerte sich Afsheens Familie, den Leichnam zu identifizieren. Man fand jemand anderen, eine Frau aus dem Gemeinderat, die Afsheen an ihrer Kleidung erkannte.

Afsheen war buchstäblich totgeschlagen worden. Ihr Gesicht war nicht mehr zu erkennen, ihr Hals wies Würgemale auf. In Armen und Beinen hatte sie tiefe Wunden, ihr Rumpf war kaputtgetrampelt.

In die Ermittlungen bei der Tätersuche kam keine Bewegung. Kommentatoren und Kolumnisten forderten harte Maßnahmen und schwere Strafen. Die Polizei wurde der Laxheit und Korruption bezichtigt, die Politik der kalten Gleichgültigkeit. Das Medienbombardement gegen Ehrenmorde hielt an, bis sich der pakistanische Präsident General Musharraf höchstpersönlich mit dem Mord an Afsheen befaßte. Er beauftragte den Kommandanten des Armeekorps von Multan, den Täter festzunehmen und vor Gericht zu bringen.

Gleich nach der Intervention Musharrafs wurde der Großvater Allahditta Sahu verhaftet, einen Tag darauf war er jedoch schon wieder zu Hause.

Seitdem ist es still geworden um den Mord an Afsheen. Es ist eine Totenstille. Vor Gericht wird die Sache nicht verhandelt werden, so die *Daily Times*. Allahditta Sahus Clan hat Geld verteilt und seinen Einfluß in der Lokal- und der Bezirksverwaltung geltend gemacht, um den Fall in seinem Sinne zu beeinflussen. Und, am wichtigsten: Sie haben sich auf zwei islamische Bestimmungen in der pakistanischen Gesetzgebung bezogen und haben den Mördern vergeben. Gegen Afsheens Großvater und Onkel gibt es keine Strafverfolgung wegen des Mordes, weil der Vater der Ermordeten ihnen verziehen hat.

Ich sitze umgeben von den herrlich duftenden, farbenprächtigen Sträuchern in meinem Garten und lese, welche Möglichkeiten des Vergleichs es in Sachen Ehrenmord gibt. In das pakistanische Gesetz wurden zwei Bestimmungen aus dem Koran aufgenommen, die gewissermaßen als Freibrief dienen können, Mädchen zu ermorden, die eine moralische Grenze verletzt haben. Es handelt sich um die sogenannte *Qisas*, Vergeltung, das alttestamentliche «Auge um Auge, Zahn um Zahn, Leben um Leben», sowie um *Diyat*, das Blutgeld. Die andere Seite der Vergeltung, die Vergebung, fällt ebenfalls unter Qisas.

Vergeben: eine der höchsten menschlichen Tugenden, wie schön, daß Menschen sich gegenseitig Gnade schenken können! Unter der islamischen Gesetzgebung funktioniert dieses Märchen allerdings nicht. Im Falle von Ehrenmorden, zum Beispiel im Falle Afsheens, soll nicht dem Opfer vergeben werden, es ist keine Vergebung ihrer Sünden, sondern eine Schonung ihres Mörders oder ihrer Mörder. Dem *Wali*, dem Aufseher, Wächter, Vormund und Haupterben des Opfers, kommt das Recht auf Vergeltung und das Recht zur Vergebung zu. Afsheens Wali ist ihr Vater, und er hat von seinem Recht Gebrauch gemacht, dem Täter, das heißt seinem Vater und seinen Brüdern, den Mord an seiner Tochter zu vergeben. Afsheens Vater hat seinen eigenen Vater und seine Brüder vom Foltern und Töten seiner Tochter reingewaschen und sie damit von Strafverfolgung freigestellt. Sie müssen nicht vor dem Richter erscheinen und werden nie für den Mord ins Gefängnis kommen.

Als Folge der islamischen Qisas- und Diyat-Bestimmungen ist der Ehrenmord nunmehr eine Familienangelegenheit, eine Sache des Clans oder Stammes geworden. Die Familie ist es, die beschließt, den Karo oder die Kari zu töten. Nach der Hinrichtung ist es die Familie, die als Richter auftritt, den Henker freispricht und bestimmt, daß der Mörder dem Erben, dem Wächter der ermordeten Frau, kein Blutgeld zahlen muß. Der Staat kann durch das islamische Gesetz nicht als Ankläger auftreten.

Der Gärtner Habib kommt und schmückt meinen Frühstückstisch mit einem prachtvollen Strauß aus rosaroten und weißen Bougainvilleas. In die Mitte hat er blaue Blümchen gesteckt. Habib kann weder lesen noch schreiben, und sprechen kann er auch so gut wie nicht: Er stottert stark. Aber er hat den bestentwickelten Farbensinn von allen Männern, die ich kenne. Für große Diners stellt er mit einem Blättchen, einem Zweig, einer Blüte wunderschöne Arrangements zusammen. Heute früh hat er Rosen geschnitten, sie in dicken Sträußen in Vasen verteilt und überall im Haus aufgestellt. Vor kurzem sind wir zusammen in ein Gartencenter gegangen, wo er Dutzende von Töpfen mit jungen Pflanzen gekauft hat, die gerade erst grün aus der Erde spitzen. Er wird sie weiterwachsen lassen und, wenn die Nächte etwas weniger kalt sind, auspflanzen.

In meinen Zeitungen geht das Gemetzel an Frauen immer weiter. In der Nähe von Larkana in der Provinz Sindh haben wildgewordene Dorfbewohner der sechzehnjährigen Shamsha die Hände abgehackt. Danach haben sie das Mädchen mit Messern erstochen. Die Leiche wurde in den Bewässerungskanal geworfen.

Das Drama ereignete sich auf einer Hochzeit. Shamsha hatte getanzt und wurde von einem Jungen ausgelassen am Arm festgehalten. Ein Onkel von Shamsha, der Vater ihres Verlobten, beobachtete die Szene vom Balkon aus und fand, daß sie ihren Arm ein kleines bißchen zu lange in der Hand des jungen Mannes ließ. Der Onkel rannte auf sie zu, ergriff unterwegs einen Backstein und schlug ihr damit auf den Kopf. Der Junge, der Shamsha angefaßt hatte, ergriff sofort die Flucht. Shamsha floh ins Haus einer Tante, verfolgt von ihrem künftigen Schwiegervater, von anderen Onkeln und Cousins und ihrem Vater. Außer sich vor Wut prügelten sie das Mädchen mit Backsteinen und Bambusstöcken. Ihr Gesicht wurde zu Brei geschlagen. Einer der Angreifer schoß mit einer Pistole auf Shamsha, aber die Kugel traf nicht. Wutschnaubend hackten ihr die Männer die Hände ab. Das ganze Dorf und alle Hochzeitsgäste standen daneben, sahen zu und blieben untätig. Shamshas Leiche wurde in den Kanal geworfen und von der Strömung mitgerissen.

Bald darauf trat eine *Jirga* zusammen, ein Rat der Dorfältesten. Diese verurteilte den jungen Mann, der sie am Arm festgehalten hatte, wegen Anstiftung zum Mord und wegen des Verlustes des Mädchens. Durch seine Tat seien die Onkel und der Vater so außer sich geraten, daß sie sich nicht mehr im Griff hatten und ihren eigenen Besitz, das heißt Shamsha, vernichtet hätten. Der junge Mann mußte Shamshas Vater 650 000 Rupien Blutgeld bezahlen.

In der letzten Ausgabe des Monatsheftes *Herald* steht eine Geschichte über ein auf den ersten Blick verschlafenes Dörfchen in der Provinz Sindh. Dort hat ein Mann seine sechzigjährige Mutter und seine fünfundvierzigjährige Cousine erschossen. Dorfbewohner hatten die beiden Frauen in einer nahegelegenen großen Stadt, in Khairpur, mit Männern reden sehen, die keine Verwandten waren. Der Reporter des *Herald* beschreibt, was er in der kleinen Hütte vorfand, in der die ermordete Frau gewohnt hatte: «Sie ist vollgepropft mit ungehobelten Kerlen. Sie reiben sich noch vergnügt die Hände, weil sie die kollektive Ehre des Dorfes gerettet haben. ‹Wir haben uns die Frauen richtig vorgenommen›, sagt der Ehemann der Sechzigjährigen und strahlt vor Stolz. ‹Uns reicht schon eine Verdächtigung. Das ist eine Schändung unserer Ehre.›»

Der Berichterstatter meint, daß die Männer in der Hütte keine richtigen Väter, Ehemänner oder Brüder seien, sondern tickende Zeitbomben, die unumschränkte Macht über das Schicksal ihrer Frauen besitzen.

Ein Beispiel für diese unumstrittene Herrschaft der Männer über die Frauen bringt auch die Tageszeitung *Dawn*: «Fünf Männer einer Familie haben eine achtunddreißigjährige Mutter und ihre zwanzigjährige Tochter an einem Ast in der Nähe des Ravi-Flusses aufgehängt. Nachdem der Tod eingetreten war, wurden die Leichen in den Fluß geworfen. Die Männer hatten sich zu dieser Tat entschlossen, weil die Frauen angeblich Verhältnisse mit fremden Männern gehabt haben sollen.»

Der *Dawn* zufolge ist in den Augen eines jeden Dorfrats und eines jeden Pakistani, der davon überzeugt ist, daß es eine gute Tradition ist, den Stolz und das Prestige einer Familie um jeden Preis zu wahren, ein Ehrenmord kein Mord. Der Mörder hat das Recht auf eine Kompensation, weil seine Ehre verletzt wurde und er sein Eigentum verloren hat. Daß er sein Eigentum selbst zerstört hat, ist nicht seine Schuld, sondern die Schuld des Eigentums, das ihn in eine solche Verzweiflung, in eine solche Wut getrieben hat, daß er nicht anders konnte, als es in tausend Stücke zu schlagen.

In einem anderen Monatsblatt, der *Newsline*, das ich in meinem Garten voller Blumen und Bäume, Schmetterlinge und Vögel beim Genuß von frischgepreßtem Saft süßer pakistanischer Orangen lese, wird der

Fall von Shazia und Hassan beschrieben. Shazia war eine neunzehn-jährige Studentin. Hassan war der Chauffeur ihrer Nachbarn. Die beiden wurden bestialisch ermordet. Shazia und Hassan waren ineinander verliebt. Sie heirateten heimlich und liefen zusammen weg. Das Mädchen gehörte zum Khasheli-Stamm in Sindh, und Hassan zum Stamm der Solangis, die von den Khashelis als Menschen niedrigeren Standes angesehen werden. Die Stammesältesten der Khashelis kamen zusammen, um zu besprechen, welche Strafe sie Shazia für ihre Aufsässigkeit auferlegen sollten, ohne Einwilligung zu heiraten, und dazu noch einen Mann aus einer niedrigeren Kaste.

Das Paar wurde gefunden, und genau wie im Falle von Afsheen und ihrem Hassan wurde ihnen angeblich vergeben, mit der Aufforderung, nach Hause zurückzukommen. Als Shazia und Hassan am nächsten Morgen ins Dorf fuhren, wurden sie angehalten und aus dem Auto gezerrt. Bewaffnete Männer schlugen sie zusammen. Schon in aller Frühe waren in der Polizeiwache, 50 Meter von der Stelle des Unheils entfernt, alle Fenster und Türen verschlossen worden. Kein Polizist war weit und breit zu sehen. Shazia und Hassan wurden in ein anderes Auto gestoßen und zu einem Haus gebracht. In den nächsten drei Stunden wurden sie schwer mißhandelt und mit Messerstichen verletzt. Ihre Angreifer streuten ihnen Salz und Chilipulver in die Wunden. Sie durchbohrten Shazia ein Auge. Beiden wurden Arme und Beine gebrochen. Die «entehrten» Khashelis stießen Hassan Stöcke und Messer in den After. Sie übergossen seine Genitalien mit Benzin. Um einen Blick auf die Folterungen werfen zu können, drängte sich vor dem Haus eine große Menschenmenge, die das Schreien und Jammern des jungen Ehepaars hörte, ohne einzugreifen. Am späten Nachmittag wurden Hassan und Shazia in ein Auto gehievt und zu einem kleinen Flußlauf, drei Kilometer vom Dorf entfernt, gebracht, wo man sie endlich mit Kopfschüssen von ihren Leiden erlöste.

Shazias Familie ließ ihren Leichnam liegen, wo man ihn abgeladen hatte. Eine Kari ist es nicht wert, begraben zu werden, eine tote Kari verdient es, von den wilden Tieren gefressen zu werden. Aber statt der wilden Tiere kamen Journalisten, fotografierten die Leichen und veröffentlichten in ihren Zeitungen die Fotos nebst einem eingehenden Bericht über die Folterungen. In meinem Garten in Islamabad betrachte ich, umgeben von Bougainvilleas und zwitschernden Spatzen, die Fotos der totgeknüppelten Menschen und spüre, wie meine Beine unter mir nachgeben.

Man hat sich kaum von dem einen Fall erholt, da erschlägt einen schon wieder der nächste. Ich lese von einem Karo-Kari-Fall, wieder in Larkana. Der Mann und die Brüder der zweiundzwanzigjährigen Fahmida stachen ihr die Augen aus und hackten ihr die Zehen ab. Sie hätten sie mit einem jungen Mann gesehen, lautete ihre Behauptung. Nach der Folterung wurde sie mit Beilschlägen umgebracht.

In einem Dorf in der Nähe von Chakwal im Panjab wurde die zwanzigjährige Zulakhan Bibi von einem Cousin ermordet. Er hatte sie mit einem Mann gesehen.

Ein neunzehnjähriger Mann und ein achtzehnjähriges Mädchen aus der Gegend von Sukkur in Sindh wurden von den Brüdern des Mädchens ermordet, weil sie heimlich ein festes Verhältnis miteinander hatten.

In der Gegend von Mianwali im Panjab wurden drei Cousinen zwischen achtzehn und zweiundzwanzig Jahren eine Woche lang von männlichen Verwandten gefoltert. Sie waren, ohne um Erlaubnis zu fragen, in die Stadt gegangen. Am Ende dieser grauenhaften Woche wurden die Mädchen zum Ufer des Kanals gebracht und zerstückelt. Ihre Reste wurden ins Wasser geworfen und vom Fluß davongetragen.

Tahira aus Okara im Panjab hatte vor einem Jahr ohne Erlaubnis der Familie einen jungen Mann aus einem anderen Dorf geheiratet. Das Mädchen wurde von seinen Brüdern ermordet.

Nur Khatun aus Khairpur, das bereits weiter oben im Zusammenhang mit Ehrenmorden erwähnt worden ist, wurde von ihrem Mann als Kari getötet. Nur hatte studiert, sie war Forschungsassistentin an der Universität von Sindh, schrieb Gedichte und war Mitglied im Gemeinderat. Sie hatte nicht den Mann heiraten wollen, den ihr die Familie ausgesucht hatte, wurde jedoch dazu gezwungen. Der Mann, ebenfalls ein Akademiker, fühlte sich gedemütigt: War er ihr vielleicht nicht gut genug? Er schlug sie, warf sie an die Wand und goß ihr Terpentin ins Gesicht. Nur floh zum Haus ihrer Eltern, wo man sie jedoch nicht einließ. Sie gehöre zu ihrem Mann, wurde ihr gesagt. Es sei ein Vertrag zwischen den beiden Familien, den könnten und wollten sie nicht rückgängig machen. Ihr Mann kam und sagte, sie mache sich wichtig und hätte sich das Lösungsmittel selbst ins Gesicht geschüttet, um Mitleid zu erregen. Nur konnte dann bei der Bürgermeisterin von Khairpur unterschlüpfen. Gemeinsam brachten sie das Thema Gewalt gegen Frauen auf die Tagesordnung des Gemeinderats. Grund genug für Nurs Ehemann, sie zur Kari zu erklären und umzubringen.

In den vergangenen Jahren habe ich in Pakistan eine Mappe mit Zeitungsausschnitten aus der pakistanischen Presse über Verbrechen gegen Frauen angelegt, die liegt nun auf meinem Frühstückstisch zwischen den frischgebackenen Chappatis, dem pakistanischen Honig, dem weißen Käse und dem Espresso. Die Mappe ist dick. Mit diesen Zeitungsausschnitten könnte man ein ganzes Buch füllen. Die Liste der Karo-Fälle ist endlos lang. Allein in der Provinz Sindh werden pro Jahr mehr als vierhundert Ehrenmorde begangen. Diese vierhundert Toten sind allerdings nur die namentlich bekannten Opfer, die es zu einer Zeitungsmeldung bringen.

Meine Artikelmappe enthält nur einen Bruchteil der Ehrenmorde, die in Pakistan, das seine Bewohner «das Land der Reinen» nennen, verübt werden. Es ist die Spitze des Eisbergs, die den tugendhaften Bewohnern des Standes vom Fußvolk der Journalistik gezeigt wird: den Lokalreportern. Sie inventarisieren die Morde in Zehnzeilern. In den Zeitungen stehen so viele dieser kleinen Meldungen, daß kein Leser sie übersehen kann. Das Wer, Was, Wie und Warum der Ehrenmorde ist dort festgehalten. Lautstark wird Alarm geschlagen wegen der gigantischen Zahl der Opfer. Aber sie wird zur Kenntnis genommen, wie wir die kleinen Meldungen über Verkehrsunfälle hinnehmen und uns nicht weiter darüber aufregen. Und es scheint sattsam bekannt zu sein: Immer wieder dieselben Toten, dieselben Greueltaten, bei denen sich einem der Magen umdreht. Was kann man schon tun gegen diese Verkehrsunfälle? Was kann man schon tun gegen diese Ehrenmorde? Man liest die Namen in der Zeitung, aber sie sagen einem nichts.

Progressive Frauen erhofften sich viel, als Präsident Musharraf vor einigen Jahren dekretierte, daß von nun an 20 Prozent der Sitze in der Nationalversammlung mit Frauen besetzt werden müßten. Die Unmenge von Workshops und Konferenzen, die der pakistanische Staat Jahr für Jahr über Ehrenmorde, Zwangsheiraten und häusliche Gewalt organisiert, begeisterte mich anfangs ebenfalls. Doch nach drei Jahren stellte sich heraus, daß diese Workshops und Informationsveranstaltungen nur dazu gedacht sind, der Welt vorzugaukeln, pakistanische Politiker und Eliten arbeiteten mit allen Kräften daran, Verbrechen gegen Frauen zu verhindern. In Wirklichkeit werden die pakistanischen Frauen und die Außenwelt, die Entwicklungs- und andere Hilfe zahlen soll, hingehalten. In meiner pakistanischen Zeit hat sich kein Jota verändert, und für Frauen ist das Leben in diesem Land noch immer genauso riskant, genauso tödlich, wie es seit eh und je gewesen ist.

Frauen eine feste Anzahl von Sitzen im Parlament zu geben, bringt ihre Sache nicht voran. Die ernannten Mitglieder haben keine Basis, die Druck auf sie ausübt. Sie brauchen nichts zu leisten, um wiedergewählt zu werden. Sie haben es auch ohne Anstrengung geschafft. Und für ihre unterdrückten Schwestern müssen sie ganz sicher nichts tun. Die ernannten Parlamentarierinnen sind nichts weiter als die Statussymbole einer geheuchelten Aufklärung. Diese Damen vertreten nicht die unmündigen Frauen Pakistans, sie sitzen dort als Platzhalterinnen ihrer Brüder, Schwäger, Väter, Ehemänner und Onkel, und sie kommen aus der Oberschicht, aus der Klasse der Großgrundbesitzer und der Industriellen.

Um die gewählten Frauen ist es nicht viel anders bestellt. Sie sind der Ersatz für diejenigen Männer, die sich nicht an den Wahlen beteiligen durften, weil sie unter Korruptionsverdacht standen oder keinen Hochschulabschluß hatten, denn diese beiden Kategorien bewirken einen Ausschluß vom passiven Wahlrecht. Schon bei den Parlamentswahlen war klar, welche Rolle den gewählten Frauen zugedacht war:

den Sitz für ihren Mann, Vater, den Onkel warmzuhalten. Sein Gesicht war auf den Wahlplakaten zu sehen, nicht ihres. Er ging auf Wahlkampftour, nicht sie. Ich habe es aus nächster Nähe miterlebt. Die Mutter eines Mitglieds in meinem Schulvorstand hat in der Nationalversammlung den Platz ihres Mannes, eines früheren Außenministers, eingenommen. Er hatte sein Studium nicht abgeschlossen, hat es aber wieder aufgenommen, damit er den Sitz, den ihm seine Frau warmhält, bei den nächsten Wahlen wieder übernehmen kann.

Von den Frauen im Parlament, seien sie nun gewählt oder ernannt, hielt es die übergroße Mehrheit schon nach zwei Jahren nicht mehr für nötig, in Islamabad in der Volksvertretung zu erscheinen. Man hätte sie dringend gebraucht, als der Abgeordnete Minoo Bhandara einen Antrag gegen Karo-kari einbrachte, aber sie ließen ihn im Stich. Der Parlamentsvorsitzende verweigerte Bhandara ganz einfach das Rederecht, und es war keine einzige Frau im Saal, die ihn hätte unterstützen können. Jedesmal, wenn Bhandara den Mund aufmachte, wurde sein Mikrophon abgeschaltet. Er schrie seinen Protest in den Saal, worauf der Minister für Landwirtschaft und Ernährung, ein Großgrundbesitzer aus Sindh, ausrief, daß es Unsinn sei, im Parlament das Thema Ehrenmord zu behandeln. «Karo-kari», sagte er, «ist eine gute Tradition unseres Landes, und sie löst sehr schnell soziale Spannungen.» Dieser Minister spricht selbst Recht über seine «Untertanen», die Kleinbauern, die seine Ländereien bestellen und nicht mehr als Leibeigene sind. Wenn im Gebiet des Ministers ein Mord verübt wird und der Verdächtige nicht gestehen will, läßt er ihn, wie einst die Feudalherren und Stammesführer Baluchistans, über glühende Kohlen gehen. Hat der Verdächtige keine Blasen an den Fußsohlen, dann wird er freigelassen, dann ist bewiesen, daß er den Mord nicht begangen hat. Hat er aber Blasen, wird er gehängt.

Ein Kollege dieses Ministers, der Minister für Viehzucht und Fischerei in Sindh, selbst ein Großgrundbesitzer, lobte in *Newsline* die Praxis der Ehrenmorde: «Wenn ein Mann seine Frau, seine Mutter, seine Schwester oder seine Tochter in einer kompromittierenden Situation mit einem anderen Mann sieht, dann verliert er den Verstand und tötet sie. Sogar im Koran steht, daß eine Frau, wenn sie Ehebruch begeht und vier Männer das bezeugen, gesteinigt werden muß, bis sie tot zu Boden sinkt. Der Islam heißt Karo-kari an sich nicht gut, aber welcher Mann kann denn um Himmelswillen kühles Blut bewahren, wenn seine Frau mit einem anderen Mann etwas hat? Wenn man so etwas gehört oder gesehen hat, dann wird man doch total verrückt. Nicht einmal in der Tierwelt können es die Männchen vertragen, wenn ein anderer ihnen ihr Weibchen wegnimmt.» Später rief der Vorsitzende des Parlaments Bhandara zu sich ins Zimmer. Dort saßen die anderen Abgeordneten aus Bhandaras eigener Partei, der Regierungspartei. Sie nahmen kein Blatt vor den Mund und forderten ihn rundheraus auf, seinen Antrag zurückzuziehen und dieses Thema nie mehr anzuschneiden. Sie erklärten ihm noch einmal, daß Ehrenmord eine pakistanische Tradition sei und sie im Parlament säßen, «um über unsere Traditionen zu wachen. Niemand», sagten sie, «wird die Gelegenheit bekommen, uns diese jahrhundertealte Tradition wegzunehmen».

Manchmal müssen sich Politikerinnen, weil sie bedroht werden, aus der gesellschaftlichen Diskussion über die Stellung der Frauen zurückziehen. Vor kurzem, als ich in den Bergen, die an meinen Garten grenzen, die Affen kreischen hörte, las ich in einer Meldung in einer meiner Morgenzeitungen über Naseem Akhtar Butt. Sie war Mitglied des Gemeinderats in einem Dorf in der Nähe von Sialkot, eine Witwe und Mutter von sieben Kindern. Sie tat viel für die Armen und erwarb sich aus eigener Kraft einen guten Ruf und Autorität in ihrem Dorf, zum großen Ärger des örtlichen Grundbesitzers. Bei den Parlamentswahlen rief sie die Dorfbewohner zur Wahl eines Kandidaten auf, der nicht eine Marionette des Landbesitzers war. Außerdem bat sie über die Moscheelautsprecher die Dorfbewohner, Geld für eine geschützte Gebetsstätte auf dem Friedhof zu sammeln. Sie forderte den Gutsbesitzer auf, sich zu beteiligen. Statt mit Geld kam er mit seinen Söhnen, bewaffnet mit Stöcken und Gewehren, in die Moschee geeilt. Sie schlugen Naseem mit den Gewehrkolben zusammen, rissen ihr die Kleider vom Leib und zerrten sie halbnackt durch die Dorfstraßen. Sie quälten sie im Beisein des ganzen Dorfes. Kein Mensch wagte es, ihr zu helfen. Erst vier Tage danach traute sich Naseem, ins städtische Krankenhaus zu gehen. Dort, im Krankenhausbett, wurde sie von den Söhnen des Grundbesitzers mit dem Tod bedroht. Naseem ist nie wieder in den Gemeinderat zurückgekehrt.

Ich erinnere mich an einen Artikel des Parlamentsberichterstatters von *The News*, der schrieb, daß die barbarischen Sitten und Gebräuche in seinem Land auf den Feudalismus, das Stammeswesen und die Macht der Großgrundbesitzer zurückzuführen seien. «Angenommen, der politische Islam würde verschwinden, es käme zu einem Frieden mit Indien, und die Kaschmir-Frage und die Aufstände in Baluchistan würden gelöst», schrieb er, «dann bliebe nur noch das Kernproblem übrig: die absolute Macht der Grundbesitzer.»

Ich wundere mich über die Spatzen in meinem Garten, in den Niederlanden sind sie so gut wie ausgestorben, und ich erinnere mich an den Zeitungsbericht über die fünfundvierzigjährige Mumtaz Mai aus einem Dorf in der Nähe von Multan. Der Dorfrat hatte Mumtaz Mai eine Strafe auferlegt, weil sie angeblich ein Verhältnis mit einem Mann hatte. Sie wurde von den Männern aus dem Dorfrat verprügelt, man rasierte ihr Augenbrauen und Haare ab und zerrte sie halbnackt durch die Straßen des Dorfes. Ihr Freund, er hieß Mustafa, mußte seine dreijährige Tochter dem vierjährigen Sohn des Mannes von Mumtaz als Braut geben. Sie selbst wurde aus der Familie verstoßen, auf diese Weise war die Schuld gegenüber der Familie ihres Mannes beglichen. Mustafa mußte Mumtaz' Schwiegereltern einen Ochsenkarren und ein Stück Land als Entschädigung geben.

In *The Nation* las ich folgendes über die Macht eines Grundbesitzers. Die Geschichte spielte sich in einem Dorf in der Nähe von Sargodha ab. Der Tyrann verurteilte eines seiner Dienstmädchen zur öffentlichen Entehrung. Sie hatte gesagt, sie sei krank und könne nicht arbeiten. Er riß ihr die Kleider vom Leib und trieb sie halbnackt durch den Basar. Schließlich zwang er sie auch noch vor den Augen des ganzen Dorfes, Wasser aus seinem Schuh zu trinken. Das sollte sie lehren, keine Lügenmärchen über Kranksein zu erzählen.

Ist es nicht ein primitiver, barbarischer Landherr, dann kann es auch eine Jirga sein, eine Versammlung der Dorfältesten, die ein einfaches, untergeordnetes Wesen verurteilt. *The News* berichtete über eine Jirga, die die Familie eines Jungen verurteilte, der zwei Jahre davor mit einem Mädchen weggelaufen war. Das Paar war inzwischen verheiratet. Die Jirga forderte die Familie des Jungen auf, der Familie des Mädchens zwei kleine Mädchen als Kinderbräute zu übergeben, denn der Junge hatte schließlich Familieneigentum, das ältere, weggelaufene Mädchen, gestohlen, und dieser Schaden mußte ersetzt werden. Die Familie des Mannes wollte die kleinen Mädchen nicht herausgeben. Männer aus der Familie des Mädchens drangen in der Nacht ins Haus ihrer Schwiegereltern ein und ermordeten den siebzigjährigen Schwiegervater, die Schwiegermutter, zwei Schwägerinnen und drei kleine Mädchen im Alter von drei, vier und neun Jahren (die beiden jüngsten hätten eigentlich weggegeben werden sollen) und einen zwei Wochen alten Jungen.

Die Ehre war gerettet.

Ich habe auch eine Mappe mit Zeitungsartikeln über eine andere Sitte, die von den Grundbesitzern und Stammesführern am Leben erhalten wird, nämlich einer gekränkten Partei Mädchen, sehr kleine Mädchen, als eine Art Kompensation zu schenken. Das Mädchen Pathani Bibi aus der NWFP war elf Jahre alt, als sie von ihrem Großvater einem sechzigjährigen Mann als Kinderbraut gegeben wurde. Der Großvater hatte sich 125 000 Rupien von diesem geliehen und konnte die Summe nicht zurückzahlen. Er bot Pathani Bibi als Abzahlung des Darlehens an, und der Mann ging auf das Angebot ein. Nach acht Tagen Ehe lief das Mädchen weg. Im Dorf trat sofort eine Jirga zusammen. Ihr Beschluß lautete: Pathani Bibi müsse noch am selben Tag in die eheliche Wohnung zurückkehren. Ihr Vater wurde in Schuldhaft genommen. Er hatte die Wahl: entweder den Kredit seines Vaters zurückzuzahlen oder seine Tochter dem gesetzmäßigen Ehemann zurückzubringen. Der Vater hatte kein Geld und brachte Pathani Bibi ihrem Mann zurück.

Heute werden Mädchen als Schadenersatz zur Verfügung gestellt, morgen ebenfalls noch, und in zwanzig Jahren, und höchstwahrscheinlich auch noch in fünfzig Jahren.

Ich las von einem Fall in einem Dorf im Distrikt Thatta in Sindh. Dort hatte ein Mann seinen Nachbarn ermordet, weil dessen Hund seinen Nachtschlaf durch Bellen gestört hatte. Die Familie des Opfers forderte Genugtuung. Der Fall wurde gütlich mit der Familie des Täters geregelt, ohne Einschaltung von Polizei und Gericht. Die Familien einigten sich auf folgende Entschädigung: Das sechsjährige Töchterchen des Mörders wurde dem achtjährigen Bruder des Opfers zur Braut gegeben. Ihre elfjährige Schwester ging als Kompensation an den sechsundvierzigjährigen Vater des Opfers. So entging der Mörder seiner Strafe, aber die Mädchen mußten mit ihrem Leben büßen. Ausgetauschte Mädchen sind so gut wie tot. Sie werden von ihrer Schwiegerfamilie schlechter behandelt als Tiere. Für die Mädchen ist es dasselbe, wie lebendig begraben zu werden.

Oft stößt man auch auf Berichte über Vergewaltigung als Vergeltung für eine Vergewaltigung. Irgendwo im Panjab war ein achtjähriges Mädchen von einem Nachbarjungen vergewaltigt worden. Der Junge wurde gefaßt, und die Männer des Dorfes wurden zusammengetrommelt, um zu beraten. Sie beschlossen die sofortige Vergeltung der Vergewaltigung, Auge um Auge, Zahn um Zahn: Der Vater des vergewaltigten Mädchens durfte die Mutter des Jungen vergewaltigen. Was er auf der Stelle tat.

Dann gibt es den Bericht über die beiden zwei- und achtjährigen Schwestern, die für das «unkeusche» Benehmen eines Cousins büßen mußten. Der Junge hatte sich einem Mädchen gegenüber nicht so benommen, wie es sich gehört. Die Dorfjury verurteilte seine Familie zur Wiedergutmachung. Der Junge mußte zwei Mädchen geben, um die Schändung der Ehre des anderen Mädchens ungeschehen zu machen. Er selbst war zu jung für eigene Kinder. Aber seine Schwester und sein Schwager hatten zwei Töchter, die deshalb auch als Wiedergutmachung übergeben wurden. Das zweijährige Mädchen heiratete den Vater des Opfers, einen fünfundvierzigjährigen Mann, ihre siebenjährige Schwester den ältesten Bruder des Opfers, einen achtjährigen Jungen. Bis zu ihrer ersten Menstruation bleiben die Schwestern bei ihren Eltern. Dann können sie Kinder bekommen und ziehen zu ihren Ehemännern.

Weiter erinnere ich mich an den Bericht über die vierjährige Hasina, die an einen Sechzigjährigen verheiratet wurde. Die Mutter des Mädchens war von ihrem Mann, Hasinas Vater, aus dem Haus geworfen worden. Der Vater hatte eine zweite Frau dazugenommen, wogegen Hasinas Mutter protestiert hatte. Um sich eine zweite Braut leisten zu können, hatte er von dem Sechzigjährigen Geld geliehen. Seine vierjährige Tochter war die Abzahlung. Der Mann hatte also seine kleine Tochter verkauft, um sich eine neue Frau anzuschaffen.

Ein «Frauenthema», über das die pakistanischen Zeitungen nur selten schreiben, ist das Problem der fehlenden Frauen. Das «Land der Reinen» hat ein Defizit von mindestens acht Millionen Frauen, eine Folge der Frauendiskriminierung, die wiederum die Folge der männlichen Ehre ist, die immer vom Benehmen ihrer Frauen und Töchter abhängt. Weil sich in der Presse darüber nicht viel Material finden ließ, suchte ich das Gespräch mit Dr. Zeba Sathar, der Direktorin des *Population Council*, des Bevölkerungsrats. Ihre internationalen Kollegen halten sie für die beste Demographin Pakistans. Ihr zufolge sterben in Pakistan verhältnismäßig mehr Frauen und Mädchen als Männer und Knaben. In der Mehrheit der Länder weltweit gibt es mehr Frauen als Männer. Auf der ganzen Welt ist die Lebenserwartung von Frauen höher als die von Männern, selbst in einem armen Land wie Mauretanien, wo Frauen im Durchschnitt fünfzig und Männer sechsundvierzig Jahre alt werden. Kurzum, in einem Land, das ärmer ist als Pakistan, leben die Frauen länger. Pakistan ist für Frauen das tödlichste Land der Welt.

In Pakistan fehlen Millionen von Frauen: Frauen, die nie geboren wurden, weil sie als Föten abgetrieben oder gleich nach der Geburt getötet wurden oder infolge von Diskriminierung und Vernachlässigung gestorben sind. In ganz Südasien, der Region, zu der Pakistan gehört, fehlt eine enorme Zahl von Frauen, zwischen sechzig und neunzig Millionen. Das heißt auch, daß es sechzig bis neunzig Millionen Männer zuviel gibt, Männer, die keine Familie gründen können.

Pakistan hat verhältnismäßig mehr «verschwundene Frauen» als China, wo die berüchtigte Ein-Kind-Politik in Verbindung mit einer Bevorzugung des männlichen Geschlechts ebenfalls zur Schieflage des Geschlechterverhältnisses geführt hat. Das sehr unausgewogene Verhältnis zwischen der Anzahl von Männern und Frauen in Pakistan führt Dr. Zeba allein auf die schlechte Versorgung zurück, der Mädchen nach der Geburt und in ihren ersten Lebensjahren ausgesetzt sind. Für Jungen wird viel besser gesorgt. «Die Mädchen werden nicht ermordet oder wie in vorislamischen Zeiten lebendig begraben, man kümmert sich einfach nicht um sie», sagt sie.

Als Demographin sieht Dr. Zeba Sathar die Welt von Männern und Frauen, die islamischen Gesetze und die Gesetze der Grundbesitzer in Zahlen und Statistiken. 29 Prozent der Frauen in Pakistan, sagt sie, können lesen und schreiben, von den Männern 57 Prozent. In Pakistan gibt es die höchste Wöchnerinnensterblichkeit von ganz Südasien, was wiederum eine Folge der großen Zahl von Schwangerschaften pro Frau ist. Die pakistanischen Frauen sind häufiger schwanger als Frauen in anderen Ländern, eine Auswirkung der Jagd nach Söhnen. Auf 100 000 Geburten in Pakistan kommt der Tod von 500 Wöchnerinnen.

Das pakistanische Gesundheitswesen ist das schlechteste in ganz Südasien. Auf dem Land gibt es kaum Kliniken, und sollten welche vorhanden sein, dann gibt es keine Gemeindeschwestern, geschweige denn Ärzte. Weite Teile des Landes müssen ohne Frauenärzte oder Chirurgen auskommen, die den Kaiserschnitt beherrschen. Schwangere Frauen werden nicht betreut, sie bekommen weder zusätzliche Vitamine noch zusätzliche Nahrung oder nahrhafte Zusatzkost. Das Wachstum der Föten wird nicht überwacht. «Ich habe dir aber noch nichts darüber erzählt, was dem vorangeht», sagt Dr. Zeba in ihrem Büro in Islamabad. «Pakistanische Frauen beginnen ihre fruchtbaren Jahre mit einem gewaltigen Rückstand. Als Mädchen haben sie bei den Mahlzeiten zu Hause immer als letzte Essen bekommen. Wenn sie krank waren, wurden sie als letzte zum Arzt gebracht, die besten Stückchen Fleisch bekamen die Jungen und die Männer. 95 Prozent der schwangeren Frauen in Pakistan leiden an Blutarmut. Wie sollen sie dann ein gesundes Kind zur Welt bringen?»

Sie nennt ein anderes Beispiel für die hohe Mädchensterblichkeit: «Fast alle Kinder in Pakistan haben wegen der unhygienischen Lebensverhältnisse Durchfall. Bei Kindern unter fünf Jahren tritt das bei Jungen wie Mädchen gleich oft auf. Aber es sterben 20 Prozent mehr Mädchen an Durchfall als Jungen. Jungen werden schneller zum Arzt gebracht, bekommen schneller Medizin und mehr Aufmerksamkeit, wenn sie krank sind.»

Die Zahlen haben aus Dr. Zeba eine Feministin gemacht. In ihrem Büro hängen Poster mit einer blutüberströmten Frau und dem Text *Repeal the Hudud Ordinances* (Aufhebung der Hududbestimmungen). Ein anderes Plakat mit einer toten Frau auf dem Boden fordert *No Compounding on Honour Killing* (Kein Vergleich bei Ehrenmorden). Dr. Zeba: «Die vielen aufeinanderfolgenden Schwangerschaften, Jahr für Jahr, schwächen die unterernährten Frauen noch weiter. Die schlechte Fürsorge für schwangere Frauen führt dazu, daß Neugeborene weit unter dem Normalgewicht bleiben. Man wird verstehen, daß dies wiederum allerlei Auswirkungen auf die Gesundheit und die Entwicklung beispielsweise des kindlichen Gehirns hat. Eine Frau aus den ärmeren Klassen Pakistans, auch eine schwangere Frau, bekommt pro Tag nur 500 bis 700 Kalorien. Die Minimumnorm der UNICEF liegt bei 2250 Kalorien täglich. Und so dreht sich das Rad immer weiter: Unterernährte Mädchen und Frauen bringen unterernährte Kinder zur Welt, welche ebenfalls wieder unterernährte und unterentwickelte Kinder bekommen.»

Dr. Zeba leitet aus den Zahlen und Statistiken ab, daß eine pakistanische Familie für jede Tochter unbedingt zwei Söhne möchte. Das Problem der «fehlenden Frauen» ist beängstigend: Um die gewünschte Zahl von Söhnen zu produzieren, werden Frauen so oft wie möglich schwanger. Geschlechtsdiskriminierung ist zu einem großen Teil für das explosive Bevölkerungswachstum in einem bettelarmen Land wie Pakistan verantwortlich.

In gebildeten pakistanischen Kreisen sind die Familien kleiner, aber auch dort werden die Jungen genauso bevorzugt wie in den anderen Milieus. Das Ideal sind zwei, drei Söhne und ein Mädchen.

Ich habe immer gedacht: Je weniger Frauen, desto mehr Männer, desto besser die Stellung der Frauen auf lange Sicht, weil die Nachfrage nach Frauen dann größer ist, ihr Wert steigt und sie ihre Rechte einfordern können. Ich dachte: Bald brauchen die pakistanischen Frauen nur noch mit dem Finger zu schnippen, und all ihre Rechte fallen ihnen in den Schoß. Doch nach der Lektüre des Buches von Valerie Hudson und Andrea den Boer *Bare Branches, Security Implications of Asia's Surplus Male Population* weiß ich, daß die Zukunft für Frauen in Südasien und China noch schlechter werden wird, als ihre heutige Situation bereits ist.

Ich las das Buch an einem sonnigen Herbstnachmittag unter der mit blauen Blättchen übersäten Jacaranda. Beim Zahlenverhältnis von Männern und Frauen funktioniert das Marktdenken nicht, so die Autorinnen. Weniger Frauen bedeuten tatsächlich einen Überschuß an Männern. Die Nachfrage nach Frauen steigt. Das stimmt ebenfalls. Allerdings schreiben die Autorinnen: «Je weniger Frauen es gibt, desto mehr werden sie an der Kandare gehalten. Die wenigen Frauen müssen öfter schwanger werden, um die gewünschte Zahl von Söhnen zu produzieren. Die Knappheit bewirkt auch, daß die Alphabetisierung von Frauen weiter abnimmt, genau wie ihr Beitrag zur Volkswirtschaft.»

Es ist traurig für die Menschen, die Bildung als Wunderwaffe gegen die gesellschaftlichen Übel der Entwicklungsländer sehen: In China gehen so gut wie alle Mädchen zur Schule, und ein großer Teil der Frauen ist dort berufstätig, und dennoch werden pro Jahr Millionen weiblicher Föten abgetrieben. Denn trotz der Bildung und einer Öffnung zur Welt werden nach wie vor Söhne bevorzugt. Der Männerüberschuß in China beträgt inzwischen 111 Millionen. Eine unvorstellbare Zahl: höher als die Zahl aller Einwohner der Niederlande, Belgiens und Deutschlands zusammen.

In den besser ausgebildeten und reicheren Kreisen Indiens ist das Mißverhältnis zwischen der Zahl der Töchter und Söhne noch extremer als in den Kreisen armer Inder. Die höheren Schichten lassen eher im Labor das Geschlecht des Fötus bestimmen, und im Falle des «falschen» Geschlechts steht der Arzt sofort mit der Kürette bereit. Man befürchtet das schlimmste, wenn es Pakistans Mittelschicht einmal wie der indischen ökonomisch besser gehen wird.

Die Millionen «fehlenden Frauen» in Südasien und China und der daraus resultierende Männerüberschuß bedeuten, so den Boer und Hudson, eine gewalttätigere Gesellschaft. Männer, die keine Ehefrau finden können, haben eine größere Neigung zu asozialem Verhalten als verheiratete Männer. «Männer ohne Partnerinnen sind gefährlich. Ein Land, in dem eine große Zahl von Männern mit niedrigem Einkommen ohne Partnerin leben muß, ist ein Land, in dem wir nicht leben wollten.»

Gesellschaften mit einem Männerüberschuß können nur, so die Autorinnen, durch ein autoritäres Regime in Schach gehalten werden, das rücksichtslos Gewalt im eigenen Land unterdrückt. In einem Land mit einem Männerüberschuß ist keine Demokratie möglich. Ein solches Land wird mehr innere Konflikte kennen, mehr sektiererische Gewalt, mehr Hexenjagden auf Minderheiten. In Indien und Pakistan mit ihrer inneren sektiererischen Gewalt und dem ständigen Balancieren auf der Kippe zu einem Krieg wegen der Kaschmir-Frage sind die furchtbaren Prognosen bereits Wirklichkeit.

Häusliche Gewalt

Gewalt gegen Frauen, das ist eine Frage, der in Pakistan zahllose Konferenzen, Malwettbewerbe, Zeitungskommentare, Workshops und Romane gewidmet sind. Es geht um das Abschneiden von Nase und Ohren, das Ausstechen von Augen, das Verstümmeln mit Salzsäure, das Kahlscheren von Kopf und Augenbrauen, um Gruppenvergewaltigung als Strafe für eine von der Familie des Opfers begangene Verfehlung, das Erdrosseln oder Erschießen einer Schwester oder Cousine, die sich nicht so verhalten hat, wie es vorgeschrieben ist, oder das Verbrennen einer Schwiegertochter oder Schwägerin bei lebendigem Leib. Die Schlußfolgerung ist immer dieselbe: Armut und Mangel an Bildung sind Ursachen der Gewalt. Es ist ein optimistischer Glaube an die heilsame Wirkung von Bildung und Aufklärung.

In Rawalpindi, der größeren, ärmeren und kriminelleren Schwesterstadt Islamabads, habe ich einen kleinen Einblick in den Bewußtmachungsprozeß von Gewalt gegen Frauen bekommen. Der *Progressive Frauenbund* hielt auf einem kleinen Innenhof zwischen eng aneinandergebauten armseligen Wohnblöcken einen Konvent über Gewalt gegen Frauen ab. Das Motto des Tages stand in Englisch auf einem Transparent vor einem Hintergrund aus orangefarbenen und roten Flammen. Die Teilnehmer waren Schüler von Grund- und höheren Schulen und der Fachschule für Homöopathie. Auf dem kleinen Platz stank es nach Katzenpisse; an den Seiten, direkt an den Häusern entlang, lief eine offene Kloake. Die Jungen und Mädchen hörten anderthalb Stunden ruhig und brav zu, ohne schlechtes Benehmen oder Hyperaktivität zu zeigen wie niederländische Schüler.

Der Bürgermeister von Rawalpindi, ein gut in seinen knappen Anzug passender Mann um die Vierzig, sagte ins Mikrophon, daß er persönlich jedem Jungen die Knochen brechen werde, der Mädchen belästige. Während seiner Amtszeit müßten sich Mädchen und Frauen nicht fürchten, Anzeige zu erstatten. Er habe die Polizei angewiesen, sie respektvoll zu behandeln und ernst zu nehmen.

Nach der Rede des Bürgermeisters demonstrierten sich die Schüler gegenseitig, wie Gewalt gegen Frauen vor sich geht. Kurze Theaterstücke, in denen Mädchen und Jungen gemeinsam das Elend des pakistanischen Familienalltags darstellten. Bessere Schauspieler und Schauspielerinnen als in den pakistanischen Soaps. Ein Junge spielte einen Mann, der nicht arbeiten will, der seine Frau mit dem Stock schlägt, weil sie einen zu geringen Brautschatz mit in die Ehe gebracht hat. «Meine Freunde sagen: Du hast dich mit einem armseligen Brautschatz abfinden lassen, sie haben dir nicht einmal ein Moped gegeben.»

Seine «Frau»: «Mein Vater hat mich dir, einem alten Mann, verkauft, als ich ein ganz kleines Mädchen war.»

Mann: «Du hast mir nie einen Sohn geschenkt.»

Frau: «Das ist Gottes Wille.»

Mann: «Du wagst es, mir zu antworten?» Er schlägt seine Frau erbarmungslos mit dem Stock zusammen.

Sie rappelt sich auf und fragt das Publikum: «Gibt ihm meine Religion das Recht dazu?»

Am Ende der zweiten Szene steht die Frau, die gerade mit ihrem Schal von ihrem Mann erwürgt wurde, auf und sagt: «Frauen, verteidigt euch. Wehrt euch gegen diese Art von Gewalt!»

In anderen Szenen treten eine gemeine Schwiegermutter und eine gemeine Schwägerin auf. Sie behandeln das neue Familienmitglied wie eine Sklavin: Sie treten, schlagen und verbrennen sie.

Im Haus des Progressiven Frauenbundes ist eine Ausstellung mit Bildern von Schülern aufgebaut. Grauenhafte Szenen von einem Vater, der seine Tochter ersticht, einer Schwiegerfamilie, die zusieht, wie eine junge Frau bei lebendigem Leib verbrannt wird, und von zwei schwarzverbrannten, verkrümmten Händen.

Nach der Konferenz fragt ein junger Journalist, ob ich nicht auch der Meinung sei, daß eigentlich der IWF und die Weltbank schuld an der Unterdrückung der Frauen in Pakistan seien. Er habe eine Studie darüber gemacht, sagt er, und nach seiner Schlußfolgerung seien die beiden Organisationen letzten Endes für die Verbrennungen, die Ehrenmorde und die Ausbeutung der pakistanischen Frauen verantwortlich, weil sie die heutige Situation aufrechterhielten. Statt den Frauen Geld zu geben, gäben sie es den offiziellen pakistanischen Instanzen. Und diese, sagt er, seien, was jederman wisse, völlig von korrupten feudalen Grundbesitzern und korrupten Militärs beherrscht, die das Geld in die eigene Tasche steckten. Die Lektion, die der Journalist von den Schülern hätte lernen können, hat er nicht begriffen: daß nämlich die Gründe für die Gewalt gegen Frauen im eigenen Haus zu suchen sind, und nicht jenseits der Landesgrenzen.

Die ideale muslimische Frau

Ich sitze im Saal des Kongreßzentrums der Fundamentalistenhauptstadt Pakistans, in Peshawar in der North West Frontier Province, als über fünfhundert verschleierten oder mit einem Kopftuch bedeckten Frauen ihr Idealbild ausgemalt wird. *The International Muslim Women Union,* die IMWU, veranstaltet eine eintägige Konferenz mit dem Titel «Die Familie: der Grundpfeiler der Gesellschaft». Ich hatte einfach die Organisatorinnen angerufen und gefragt, ob ich an der Konferenz teilnehmen dürfe. Am nächsten Tag wurde mir die Einladung direkt ins Haus gebracht.

Frauen mit einer großen, farbigen Rosette auf der Brust, wie sie amerikanische Politiker in Wahlkampfzeiten tragen, sind die Platzanweiserinnen und sprechen alle mit «Schwester» an. Mich ebenfalls, ich heiße auch «Schwester», obwohl ich Jacke und Hose trage, was als Männerkleidung gilt, und auch meine Haare nicht bedeckt sind. Alle Platzanweiserinnen tragen den Gesichtsschleier. In Pakistan ist das Kopftuch schon längst kein Diskussionsgegenstand mehr; diskutiert wird das Bedecken der Haare und des Halses oder des ganzen Körpers, vom Scheitel bis zur Sohle.

Ich sehe keine Burkas: die blauen und weißen Zelte mit der kleinen Rosette vor den Augen, den oben schmalen und unten weiten Schleier, der die Form eines Federballs hat. Die Burka ist zu gewöhnlich, denke ich, für die Fundamentalistenelite, die den Saal bevölkert, sie gehört zu den untersten Schichten Afghanistans und der NWFP. Die Burkas sind nicht «in» bei der weiblichen Vorhut der muslimischen Fundamentalisten; die schwarzen saudischen *Abayas* übrigens auch nicht. So gut wie jede im Saal trägt die lange graue oder dunkelblaue Jacke, den sogenannten *Manteau,* die Mode der Fundamentalistinnen in der Türkei, im Iran, in Syrien, im Irak, in Ägypten und Pakistan.

Ich trage keinen Manteau. Ich bin verdammt, verdammt wegen der angeblichen Männlichkeit des Damenanzugs und zugleich auch wegen des Schnitts, der zuviel weibliche Konturen sichtbar werden läßt. Und wenn ich nun auch noch Männerschuhe trüge – was auf der Konferenz nicht der Fall war, sie wären zu warm, aber im Winter habe ich eine Art Cowboystiefel an –, dann wäre ich dreimal verdammt. In *A Gift for Muslim Women* von Maulana Ashiq Elahi Madani gibt der Geistliche seinen Lesern ein *Hadith* weiter: Aischa, die Lieblingsfrau des Propheten, hatte gehört, daß eine Frau aus ihrem Viertel Männersandalen trug, und erzählte dies dem Gesandten Allahs. Auf der Stelle verfluchte der Prophet die Frau, weil sie die Kleidung von Männern imitierte.

In den Etikettebüchern für die ideale Fundamentalistin stehen zahlreiche Ermahnungen des Propheten, die auf unsere Gegenwart und das Tragen sogenannter Männerkleidung bezogen werden. Der Gesandte Gottes hat gesagt: «Allahs Fluch soll auf den Männern ruhen, die Frauen imitieren, und Allahs Fluch soll auf Frauen ruhen, die Männer imitieren.»

Keine Fundamentalistin im Saal benimmt sich, als stünde ich schon mit einem Bein in der Hölle. Alle sind ungeheuer nett zu mir. Die Platzanweiserinnen setzen mich auf einen für Prominente reservierten Platz in der ersten Reihe. Die vollständig verschleierte stellvertretende Generalsekretärin der Union, Dr. Kausar Ferdoz, heißt mich mit Vor- und Nachnamen vom Podium herab willkommen. Dr. Ferdoz ist die einzige Senatorin der *Jama'at-e Islami*, einer der größten fundamentalistischen Parteien Pakistans. Sie ist häufig im pakistanischen Fernsehen mit Gesichtsschleier und allem, was dazu gehört, zu sehen, und man muß eben akzeptieren, daß sie es ist, denn kontrollieren läßt es sich nicht. Sie sagt immer dasselbe: Der Islam sei gut für die Frauen, im Westen würden die Frauen ausgebeutet und müßten sich prostituieren, seien Arbeitstiere und Sklaven. Im Senat hat Dr. Ferdoz gegen eine Regierungsvorlage gestimmt, die Strafe für Ehrenmorde von vierzehn auf fünfundzwanzig Jahre zu erhöhen. Der Änderungsantrag hätte, so Dr. Ferdoz, die Scharia untergraben. Denn die Regierung versuche auf Dauer und hinterlistig, Qisas und Diyat (das islamische Vergeltungsrecht) aus dem Gesetz herauszunehmen. Und das ginge einfach nicht, Allah habe schließlich in Vers 178 der *Sure al-baqara* Qisas und Diyat festgelegt, und ein Mensch dürfe nicht an Allahs Willen deuteln. Hinzu komme noch, daß die ganze Vorlage nur darauf aus sei, die Familie und Sippe als Grundpfeiler der Gesellschaft zu zerstören. Die Regierung, sagte Dr. Ferdoz, habe sich vor den Karren internationaler Menschenrechtsorganisationen spannen lassen. «Wir befinden uns mitten in einem Kulturkampf. Westliche Länder üben ständig Kritik an den Rechten, die der Islam den Frauen geschenkt hat. Ihr einziges Ziel besteht darin, unsere Zivilisation kaputtzumachen.» Dr. Ferdoz verliert kein Wort über die Opfer der Ehrenmorde.

Hinter mir im Saal das Publikum: Reihe für Reihe Frauen in langen, weiten, bleigrauen Gewändern, mit grauen Schleiern über Haaren und Stirn, vor dem Gesicht ein bis über den Busen reichendes ebenfalls bleigraues Schamtuch, neben den Schläfen mit Sicherheitsnadeln am Haarschleier befestigt. Nur ein winziger Spalt, eine Ritze zum Durchsehen. Sie erinnern an Kasematten, an die Bunker aus dem Zweiten Weltkrieg, die in den Niederlanden noch am Afsluitdijk stehen. Vor dem Spalt trägt fast jede eine Brille: große, runde Gestelle, über dem Schamtuch getragen, mehr Stoff als Auge hinter den Gläsern. Ich frage mich, warum die Gesichter hinter den Keuschheitsschürzchen verborgen sind. Hier gibt es doch nur Frauen? Nur beim Kontakt mit Männern, die ja beim Anblick entblößter Frauengesichter und fester Frauenmähnen ganz hitzig werden, muß der ganze Körper bedeckt sein. Als eine Gruppe von Schulmädchen auf der Bühne mit dem Absingen der pakistanischen Nationalhymne fertig ist, begreife ich es. Der Saal beginnt zu klatschen. Wie das Teufelchen aus der Schachtel springt links von den Kasematten ein kleiner Mann hervor. Roter Flauschbart, lange Jacke, weißer Turban, so groß wie eine Wassermelone, auf dem mageren Köpfchen, ein Schal in der Farbe des Islam um die Schultern.

Ein Mann im Saal!

Und jetzt sehe ich noch weitere Männer. Sie sitzen eng zusammengedrängt an der weit entfernten Seite des Saals, Männer mit Filmkameras und Fotoapparaten, mit Mikrophonen und Notizblöcken. Frappant: Offiziell ist es Medienvertretern in der NWFP verboten, bei Frauenveranstaltungen anwesend zu sein. Eines der ersten einer langen Reihe von Verboten, die von der fundamentalistischen Regierung in dieser Provinz erlassen wurden, betraf die Anwesenheit von männlichen Journalisten bei Frauensportwettkämpfen.

Der Saal klatscht. «Schluß!» schreit der Maulana mit dem großen Turban. «Schluß mit dem Klatschen! In die Hände klatschen gehört nicht zum Islam. Muslime applaudieren nicht. Muslime rufen: Allahu akbar!». Er macht es vor und reckt, wie früher marxistische Revolutionäre, eine Faust nach oben: «Allahu akbar!»

«Allahu akbar», sagt der Saal sittsam.

Der Maulana macht es noch einmal vor, und noch einmal, bis alle Damen laut «Gott ist groß» skandieren.

Die Generalsekretärin der IMWU, Dr. Ehsan Abdullah aus dem Sudan, ergreift das Wort. Ihr Gesicht ist nicht verhüllt, aber Haare, Hals und Ohren sind verpackt. «Das Ziel der Internationalen Union muslimischer Frauen ist es», sagt sie, «aus Frauen ideale Muslimas zu machen.» Die ideale muslimische Frau ist in erster Linie Mutter. «Wir Muslime», sagt Dr. Ehsan, «lassen unsere Mädchen so früh wie möglich heiraten. Der Islam befiehlt den Mädchen, unmittelbar nach dem Einsetzen der Pubertät zu heiraten.» Sie meint, sobald die erste Regel kommt, bei manchen Mädchen ist das erst mit fünfzehn oder sechzehn Jahren der Fall, bei anderen kann sie schon mit neun Jahren einsetzen. Das Durchschnittsalter für die erste Menstruation liegt ungefähr bei dreizehn Jahren. Dr. Ehsan findet frühe Eheschließungen sicher, da damit außereheliche sexuelle Beziehungen verhindert würden. Ihr zufolge hat der Islam die Verwendung von Verhütungsmitteln verboten. «Der Islam ist gegen Familienplanung», sagt sie. «Bevölkerungspolitik ist eine westliche Verschwörung gegen den Islam. Muslime wissen, daß Allah für alle Säuglinge sorgt.» Dr. Ehsan zitiert auswendig aus dem Koran (Sure 6, Vers 151): «Und ihr sollt nicht eure Kinder wegen Verarmung töten – wir bescheren ihnen und euch (den Lebensunterhalt).» Die Generalsekretärin meint, daß der Koran den

Muslimen aufgetragen habe, sich zu vermehren. «Armut», sagt sie, «ist kein Grund, die Zahl seiner Kinder zu beschränken. Bevölkerungspolitik ist keine Lösung für soziale und ökonomische Probleme, denn der Mensch kann dafür keine Lösung finden. Es ist Allah, der entscheidet, ob man arm sein soll.»

Ich frage mich, in welcher Wissenschaft Dr. Ehsan ihren Doktortitel erworben hat.

Der Saal ruft wie aus einem Muslimmund: «Allahu akbar.»

Eine andere Sudanesin fährt mit dem Loblied Dr. Ehsans auf die Stellung der Frau im Islam fort. Gulsoom Abdul Qasim sagt: «Es sind schmutzige Reden, die aus dem Westen kommen und behaupten, daß der Islam es den Frauen verbiete, außerhalb des Hauses zu arbeiten.» Hier wird versucht, etwas Krummes geradezubiegen. «Vom Standpunkt des Islam aus darf eine Frau Ärztin oder Anwältin sein», sagt Gulsoom, «sogar LKW-Fahrer oder Bauarbeiter, wenn sie das werden möchte. Nirgendwo haben der Koran und der Prophet Mohammed (Friede sei mit ihm) das verboten. Sie darf jeden Beruf ausüben, den sie möchte, aber nicht in gemischten Betrieben mit Männern. Frauen können nur dann LKW-Fahrer werden, wenn alle Fahrer Frauen sind und alle Packer und Schauerleute Frauen. Sonst ist es nicht erlaubt, denn es könnten schmutzige Dinge zwischen männlichen und weiblichen LKW-Fahrern passieren. Jeder weiß doch, daß es in Situationen sogenannter Kollegialität schnell mit der Keuschheit vorbei ist. Eine Ärztin darf durchaus in einem Krankenhaus arbeiten, in dem nur Frauen beschäftigt sind und Patientinnen liegen. Das sagt der Islam. Frauen dürfen an einer Mädchenschule mit einem weiblichen Kollegium und Hausmeisterinnen unterrichten. Das ist erlaubt und sehr gut.»

Aber selbst wenn es sich um einen reinen Frauenbetrieb handelt und alles äußerst keusch zugeht, ist es doch nicht so leicht, als Frau zu arbeiten. Gulsoom weist auf «große praktische Hindernisse» hin: Die vorherige Sprecherin hatte bereits darauf aufmerksam gemacht, wie wichtig es sei, so viele Kinder wie möglich zu gebären. All diese Schwangerschaften, das Stillen und zwischendurch die Menstruation führten allerdings dazu, daß es einer Frau physisch nahezu unmöglich ist, außer Haus zu arbeiten. «Und dabei darf man nicht vergessen, daß das alles bis zum fünfundvierzigsten Lebensjahr einer Frau so weitergehen kann», sagt Gulsoom.

«Wir müssen auch gar nicht arbeiten, um unseren Lebensunterhalt zu verdienen», ruft Gulsoom aus, «ein muslimischer Mann ist verpflichtet, für seine Frau zu sorgen.» Das ist der Beweis für die Frauenfreundlichkeit des Islam.

«Allahu akbar!»

«Mädchen dürfen sich weigern, einen Mann zu heiraten, der für sie ausgesucht wurde. Wenn sie schweigen oder zustimmen, sind sie mit der Heirat einverstanden. Wenn sie das nicht wollen, müssen sie ein sehr klares ‹Nein› aussprechen. Aber das ist nicht dasselbe, als wenn ein Mädchen losgeht und sich selbst den Mann aussucht. Das würde nämlich bedeuten, daß es sich unter die Männer begibt, mit ihnen in Kontakt kommen muß, mit Jungen spricht. Und das ist im Islam absolut verboten. Nein, unter dieser Koranvorschrift ist zu verstehen, daß eine Frau die Zustimmung zu ihrer Heirat geben muß, daß sie sehr wohl oder aber auch nicht mit dem Mann einverstanden sein kann, den ihr die Eltern oder die Verwandtschaft ausgesucht haben. Muslime sind einfach überlegen, weil sie eindeutig wissen, was gut und was schlecht ist.»

Der Maulana und der Saal jubeln: «Allahu akbar.»

Gulsooms Worte erinnern mich an die Kapitel über «Die Ehe» in dem Buch einer Schriftstellerin, die unter dem Pseudonym *The Wife of Thanvi* ihr gleichnamiges Buch veröffentlichte. Da wurde der Rat gegeben: «Am glücklichsten ist eine Ehe, die auf Anraten der Sippenälteren geschlossen wurde. Obwohl der Islam einer Frau das Recht gibt, einer Ehe zuzustimmen oder sie abzulehnen, ist sie ein schamloses Wesen, wenn sie ohne die Zustimmung ihres Vormunds, Vaters oder Bruders heiratet.

Eine erwachsene Frau, die bei vollem Verstand ist und eigenmächtig einen Ehevertrag schließt, handelt falsch. Die Scharia erlaubt dies nicht.» Die Autorin zitiert einen Hadith des Propheten, der vor dem

Abkommen vom empfohlenen Weg warnt: «Heirate keine Frauen ohne die Anwesenheit ihrer Verwandten, heirate sie nur im Beisein ihrer Vormünder.» Der Gesandte Allahs hält es für lasterhaft, wenn sich ein Mädchen selbst in die Ehe weggibt: «Sie ist nicht sittsam. Ein vernünftiger Mann hat keinen Umgang mit dieser Sorte Frauen, denn diese Frauen kennen keine Scham.»

Im Konferenzsaal in Peshawar haben die Fundamentalistinnen inzwischen ihre Tiraden gegen den Westen fortgesetzt. Wenn man die humorlosen Muslimas so auf den Westen schimpfen hört, glaubt man eines der berühmten Turniere zwischen Muslimen und Christen im alten Britisch-Indien mitzuerleben: die Mubahahala. Wörtlich bedeutet es: ein Spiel, bei dem man den anderen in die Hölle wünscht. Die Teilnehmer dieses Wettkampfs rufen den Fluch Gottes auf den Gegner herab, der nicht hat beweisen können, daß sein Gott der wahre Gott ist.

Die muslimischen Teilnehmer an der Mubahala beschrieben die Schönheit und Wahrheit des Korans. Sie wiesen nach, daß der Koran aus Allahs eigenen Worten und Offenbarungen besteht. Zum Beweis zitierten sie dann wohlgemerkt Suren aus dem Koran, in denen der Herr der Schöpfung sagt, daß *Er* das Buch offenbart und *Er* die Wahrheit auf immer und ewig festgelegt habe. Die Muslime meinten auch, beweisen zu können, wie sehr andere Religionen unrecht hätten. Niemals würden sie in den christlichen Schriften die Wahrheit, Weisheit und Erkenntnis in derselben Qualität finden können, wie sie im Koran offenbart worden seien, weil diese Schriften im Lauf der Zeit von Christen und Juden verfälscht worden seien, während Allah höchstselbst in seinem heiligen Buch festgelegt hat, daß die Muslime im Besitz der Wahrheit seien. Derartige Wettkämpfe zwischen Islam und Christentum werden nicht mehr durchgeführt. Heutzutage sind es Turniere zwischen dem Islam und der Aufklärung, auch wenn nur selten oder nie ein Vertreter der letztgenannten Gruppe dabei ist. Ich habe das zumindest in Pakistan nie erlebt: eine Diskussion zwischen Fundamentalisten und Aufklärern – den Menschen, die an wissenschaftliche Beweise, Toleranz und Rationalismus glauben, in der Diskussion mit den Wortklaubern. Die Mubahala ist zum einseitigen Turnier geworden:

Muslime, die nachtragend, neidisch und mit einem tiefen Gefühl der Unterlegenheit beweisen, daß der Rationalismus von der Macht Allahs ausgemerzt werden wird.

Auf dem Podium sitzen im Halbkreis die Ehrengäste und die Sprecherinnen aus dem In- und Ausland. In der Mitte stehen einige Sessel, die wie Throne aussehen. Die Throne sind leer. Auf dem Podium wimmelt es von Farben der Rosetten der Platzanweiserinnen: Gelb, Grün, Rosa, Rot, Schwarz. Eine Frau ist völlig in Weiß gekleidet: weißer Manteau, weißer Shalwar, weiße offene Schuhe. Vor dem Gesicht ein weißes Tuch, vor dem Spalt eine mächtige goldene Brille, die Augen dahinter geschminkt. Die weiße Pluderhose ist an den Knöcheln mit weißer Spitze besetzt, die Manschetten des Manteau sind mit weißen Stickereien verziert. Am rechten Handgelenk baumelt anmutig ein Glöckchen. Zehen- und Fingernägel sind rotbraun lackiert. Sie muß wichtig sein: Andere Frauen kommen zu ihrem Sessel, legen ihr Texte vor, flüstern in ihr bedecktes Ohr. Sie ruft mit einer subtilen Handbewegung eine «Schwester» zu sich, sagt etwas zu ihr. Die «Schwester» läuft zu einem Gast auf dem Podium und überbringt die Nachricht. Ab und zu steht die Frau in Weiß auf und geht graziös und selbstbewußt in ihren offenen weißen Schühchen mit hohen Absätzen über die Bühne, um mit einer ausländischen Vertreterin etwas zu besprechen. Als sie sich wieder setzt, sehe ich, daß ihre kleinen Füße weiß und hübsch sind, beinahe verführerisch. Die weiße Frau fasziniert mich. Ihre Haltung strahlt aus, daß sie hier das Sagen hat, aber ihr Schmuck, ihre herausgeputzte Kleidung und die lackierten Nägel sind schon sehr kokett in dieser fundamentalistischen Umgebung.

An Ton und Inhalt der Vorträge ist zu hören, daß es hier nicht darum geht, im internationalen islamischen Verbund das Los der muslimischen Frauen zu verbessern, die in großer Mehrheit zu den ärmsten Bevölkerungsschichten gehören, zu den Analphabeten und denen mit der schlechtesten Gesundheit. Wir sind hier auf einer Tagung des politischen Islam, das ist offenkundig, und nicht auf einer Konferenz über Sozialarbeit und soziale Dienste. Das besondere Kennzeichen des politischen Islam ist das völlige Fehlen einer Wirtschafts- oder Sozialpolitik. Noch nie habe ich von islamischen Fundamentalisten Lösungsvorschläge gehört für Umweltverschmutzung, Rechtlosigkeit, für Zurückgebliebenheit und Ausbeutung, die Folgeerscheinungen von Feudalismus und Korruption sind, für ansteckende Krankheiten, die die Welt heimsuchen, oder für die gigantischen Unterschiede zwischen Reich und Arm. Wenn sie sich denn einmal dazu äußern, dann so, daß der Westen, die Juden und die Hindus die Schuldigen und Ausbeuter und die Muslime die Opfer teuflischer Verschwörungen sind. In dieser Abgrenzung gegen andere, vor allem gegen den Westen, finden die Islamisten ihre Identität: der überlegene Islam gegenüber dem minderwertigen Westen. Oder mit anderen Worten: eine überlegene Moral und Ethik gegenüber einer unterlegenen Moral und Ethik.

Nach Ansicht der Fundamentalisten hat der Westen die moralische und ethische Überlegenheit des Islam untergraben. Das konnte geschehen, weil in weiten Teilen der Welt der Westen auf Kosten der früheren Vormachtstellung der muslimischen Kalifen und Sultane die politische Macht an sich gerissen hat. Demzufolge müssen Muslime die politische Macht wieder zurückbekommen oder zurückholen, auf jeden Fall in den Gebieten, in denen sie leben. Nur dort, wo Muslime an der Macht sind, so lautet ihre Argumentation, kann der Islam völlig zu seinem Recht kommen und können islamische Moral und Ethik ihre Überlegenheit beweisen. Schlußfolgerung der Fundamentalisten: Die islamische Renaissance ist von politischer Macht abhängig, also müssen wir die Herrschaft erlangen. Alles andere, wie etwa die Lösung des Armutsproblems, ergibt sich ganz logisch daraus, sobald der Staat und seine Institutionen in muslimischer Hand sind.

Alles und jeder wird eingesetzt, um die politische Macht zu erobern. Eigentlich ist der Platz der Frau im Haus, aber wenn es hilft, die Macht der Bewegung zu demonstrieren, dürfen Frauen auf einem Podium stehen, im Fernsehen Werbung für die heilige Sache machen und auf der Straße gegen Amerika und für die Hudud-Verordnungen demonstrieren. Kein Polizeikommandant in ganz Pakistan wird es wagen, seinen Mannschaften den Auftrag zu geben, anständige, fromme, verschleierte muslimische Frauen anzufassen, geschweige denn mit dem *Lathi* zu schlagen.

Haben die Fundamentalisten erst einmal die politische Macht erobert und ist der islamische Staat etabliert, dann werden die Muslime ganz von selbst entsprechend ihrer Leistung entlohnt; Feudalismus und Korruption werden verschwinden wie Schnee in der Sonne. Über ökonomische und soziale Gerechtigkeit braucht jetzt, heute, nicht gesprochen zu werden. Die Armen, diejenigen Männer und Frauen, die ausgebeutet werden, müssen sich noch ein bißchen in Geduld üben, bis der islamische Staat der Fundamentalisten existiert, aber dann hat auch ihr Leid ein Ende. Es ist genauso eine Utopie wie die Utopie von der Diktatur des Proletariats, die per definitionem dem Verbrechen ein Ende machen wird.

Der politische Islam wird wie der Marxismus auf Dauer nicht überleben können. Die kommenden Generationen können nicht länger dem Versprechen Glauben schenken, daß die Beibehaltung von Schleier, Hochwasserhosen, von Bart und Stirnschwiele Früchte tragen wird, in Form von sauberem Trinkwasser, ausreichender und gehaltvoller Nahrung, von Gesundheitsfürsorge, Arbeitsplätzen und Bildung für jeden und außerdem der Korruption ein Ende bereiten wird. Gerade weil der politische Islam für die Nöte der Menschheit, für die ökonomischen und sozialen Probleme keine praktisch umsetzbaren Lösungen zu bieten hat, wird er auf mittlere Sicht an Attraktivität verlieren.

Bis dahin müssen wir mit ihm leben, mit dem Obskurantismus, der Diskriminierung von Frauen und Minderheiten und mit dem Jihad, der mit terroristischen Mitteln geführt wird.

Der Ideologe der pakistanischen muslimischen Fundamentalisten, Maulana Sayyid Abul A'la Maududi (gestorben 1979), ist zusammen mit dem Ägypter Sayyid Qutb der Vordenker der muslimischen Fundamentalisten, auch der Fundamentalisten in Europa. Maududi sah die Welt nur in moralischen Kategorien. In seinen Augen hatten Europa und Amerika das moralisch und ethisch Böse verbreitet, und dieses Böse war die Frauenemanzipation.[2] Maududi zufolge ist Gehorsam das grundlegende Anrecht Allahs und die Lösung für alle Probleme der Welt, vom Hunger bis zur Pornographie. Menschen haben keine Wahl, sie können nicht zwischen Gehorsam und Ungehorsam wählen. Der Mensch ist Gott unterworfen. Er kann nicht einfach vom Pfad des Gehorsams abweichen. Genausowenig hat er das Recht, sich auszusuchen, wie er leben möchte, oder in einigen Punkten gottgefällig zu leben und in anderen nicht. Maududi war der Meinung, daß absoluter Gehorsam gegenüber Gott für das komplikationslose Funktionieren einer gesunden Gesellschaft notwendig sei. «Der Islam», schrieb er, «fordert völlige Unterwerfung, Hingabe und Gehorsam gegenüber Allah. Wenn das befolgt wird, wird der Islam wieder mächtig sein, und unsere Probleme werden gelöst sein.»[3]

Westliche Frauenrechte entziehen dem Islam die Grundlage. Frauenrechte im westlichen Sinne kollidieren mit der Lehre des Propheten Mohammed. In Maududis Argumentation unterminiert die Frauenemanzipation die gesamte islamische Kultur, wodurch – hier macht er einen Riesensprung – die Wirtschaft der Muslime ernstlich geschwächt worden sei und die Welthegemonie verloren habe.

Der Koran und die Hadithe, und in ihrem Schlepptau die Fundamentalisten, sind in verblüffendem Ausmaß auf Frauen und auf die Beziehungen zwischen Männern und Frauen fixiert. Die Gebrauchsanweisungen für orthodoxe und fundamentalistische Muslime haben zu jedem Detail eines Frauenlebens etwas zu sagen: darüber, wie eine Frau ein Bad nehmen, sich die Nägel und die Haare schneiden soll, darüber, daß sie sich nicht die Kleider vom Leib zu reißen oder zu jammern habe, wenn ein naher Verwandter stirbt, nicht in der Moschee zu beten habe, und was sie während ihrer Menstruation zu tun habe. Menstruation, ein gläubiger Muslim kommt um vor Angst: dieses unreine, dieses widerliche, dieses dunkle Blut. Mein Gott, wie unheimlich! Nacktheit, dasselbe. Selbst wenn es sich nur um ein winzigkleines Stückchen Unterarm handelt, es läßt den Gläubigen schaudern vor Angst. Die Gefahren, die in einem unbedeckten Zentimeter Frauenhaut stecken, sind nicht aufzuzählen. Es ist schaurig! Hölle und Verdammnis!

Das Regime in Islamabad wird von den Fundamentalisten massiv unter Druck gesetzt. Ohne die taktische Unterstützung der religiösen Parteien kann es sich womöglich nicht im Sattel halten. Also trägt die Regierung, die sich eigentlich aufgeklärte Mäßigung auf ihre Fahnen geschrieben hat, auch wiederholt zur Beachtung der Sittsamkeit bei. Das pakistanische Kultusministerium belegte den Filmstar Meera mit einer hohen Geldbuße, weil sie in einem indischen Film in einer Szene ihren indischen Filmpartner geküßt hatte. «Was Meera getan hat, ist gegen die islamische Moral und Ethik», teilte der pakistanische Informationsminister mit, ein Mann, der in der Urdu-Klatschpresse regelmäßig mit immer wieder neuen Filmsternchen zu sehen ist. Es ist Meera verboten, je wieder in einem indischen Film mitzuspielen.

Gut: Die Geschlechtertrennung hat die höchste Priorität für die Islamisten. Aber hier im Konferenzzentrum von Peshawar werde ich schon wieder auf die falsche Fährte gelockt. Denn, sieh an, da kommt eine Schar Männer in den Saal, mächtige Fundamentalisten: Minister und hohe Funktionäre der Islamistenregierung der NWFP. Sie steigen auf das Podium, grüßen die Muslimas, die dort auf ihren Sesseln sitzen: natürlich ohne Händeschütteln. Wohl mit einer Hand auf dem Herzen und einem Neigen des Kopfes. Sich ansehen, das gehört sich nicht, die Blicke der Männer bleiben auf der Höhe der bedeckten Busen hängen. Die Männer nehmen auf den leeren Thronen in der Mitte des Halbkreises Platz. Nur gut, daß sich das Publikum verschleiert hat. Die Männer sitzen diesem direkt gegenüber und wären womöglich auf wer weiß welche schmutzigen Gedanken gekommen, wenn die Frauen ihre Gesichter nicht hinter den Schamtüchern versteckt hätten.

Der wichtigste Mann ist auch der auffallendste. Es ist Akram Khan Durrani, der Chief Minister der NWFP. Sein Minister für Soziale Fragen und Frauenangelegenheiten hat ebenfalls auf dem Podium Platz genommen. Was sie hier als Männer zu suchen haben, ist mir nicht klar.

Akram Khan Durranis Kabinett besteht gänzlich aus Mitgliedern der *Muttahida Majlis-i-Amal*, der MMA oder auch Vereinigte Aktionsfront, einer Union aus sechs fundamentalistischen Parteien. Anfangs weigerten sich bestimmte Gruppierungen der MMA, ihre Zustimmung zur Ernennung Durranis zu geben: Er trug keinen Bart. Heute hat Durrani den schönsten Bart von allen Fundamentalisten: einen dikken, weißen Kranzbart. Mit seinem schlohweißen Bart, dem dunkelgrauen Haar, den schwarzen Brauen und scharfen braunen Augen sieht er aus wie die indischen Prinzen, die auf Miniaturen früherer Jahrhunderte dargestellt sind.

Im vergangenen Sommer standen Durrani und seine bart- und turbantragenden Kollegen im Parlament von Peshawar und strahlten vor Glück. Selig blickten sie sich an, als habe ihnen Gott soeben einen Sohn geschenkt. Sie schoben sich gegenseitig *Gulab Jamun*, fritierte Milchbällchen, und *Besan Barfee*, Sahnebonbons aus Kichererbsen, in die lachenden Münder. Auf der anderen Seite des Saals fielen sich die verschleierten Volksvertreterinnen vor Freude weinend in die Arme. Die Islamisten hatten es geschafft! Der Islam hatte den Westen besiegt. Das Parlament der NWFP hatte soeben die Scharia als Gesetz für die Provinz erlassen.

Neun Monate vorher hatte die MMA die Wahlen in der NWFP gewonnen und sofort mit der Talibanisierung der Provinz begonnen. Etwas Neues führte sie nicht ein, wohl aber allerlei Verbote. In Bussen dürfen keine Musiktapes mehr abgespielt werden. Orchester, Tanzgruppen und Instrumentenbauer bekamen Berufsverbot. Schuljungen dürfen in der Schule nicht mehr Hose und Hemd tragen, sondern müssen im Shalwar Kameez kommen. Die Maulanas, die keinen Funken Bildung haben, halten den Shalwar Kameez für eine islamische Tracht, aber sie wissen nicht, daß diese Kleidung ursprünglich die Tracht der Parsen war. Die Parsen oder Zoroastrier trugen diese Kleidung, als sie vor den muslimischen Heeren aus Persien auf den Indischen Subkontinent flohen, wo sie dann später doch noch von den Muslimen eingeholt wurden. Mädchen müssen in der NWFP mit Kopftuch zur Schule kommen. Kinos sind geschlossen. Drachen steigen lassen, ein Volksvergnügen von Afghanistan bis Indien, ist verboten: Es könnte ein Hindubrauch sein. Am Silvesterabend darf nicht gefeiert werden. Der Unterricht kennt eine strikte Geschlechtertrennung.

Männern ist es verboten, Sportlerinnen zu trainieren. Sie dürfen auch nicht zu Sportveranstaltungen von Frauen kommen. In der NWFP dürfen Männer keine Ultraschalluntersuchungen oder EKGs bei Frauen durchführen. Männliche Ärzte dürfen keine Patientinnen untersuchen. Der MMA graut vor möglichen unkeuschen Beziehungen in den Sprechzimmern. Der Generalsekretär der Provinzverwaltung der fundamentalistischen Allianz gab folgende Erklärung für das Verbot: «Wir glauben, daß Männer während einer Ultraschalluntersuchung oder eines EKGs sexuelles Vergnügen durch den Körper einer Patientin empfinden. Es gibt auch Frauen, die versuchen, einen Mann zu verführen, während er sie untersucht. Unserem Verbot ist es zu verdanken, daß die erhabenen Werte des Islam und die Botschaft des heiligen Propheten wieder in die Praxis umgesetzt werden.»

Das Verbot für männliche Ärzte oder medizinisch-technische Assistenten, Untersuchungen am Körper von Patientinnen durchzuführen, beschränkt sich nicht auf lebende Frauen, es gilt auch für die toten. Autopsien an Frauen dürfen nur von Pathologinnen durchgeführt werden. Die Erklärung für dieses Verbot lautet: «Die Leiche wird für die Autopsie nackt auf den Tisch gelegt. Männliche Ärzte haben freien Zugang zum Saal. Männer aus dem medizinischen Hilfsteam machen Gebärmutterabstriche. Das ist ein Skandal. Es ist nicht nur eine Beleidigung der Verstorbenen, sondern auch der Hinterbliebenen der Frau. Außerdem stehen Autopsien von Männern an Frauenleichen völlig im Widerspruch zu den Geboten des Islam.»

Durrani und seine Brüder haben noch eine Anzahl weiterer Dinge auf ihrer Prioritätenliste stehen. Nein, nicht die Bekämpfung von Terrorismus oder das Anlegen von Wasserreservoirs, Straßen und Stromleitungen, sondern so etwas, wie die Ehe eines Mädchens, das ohne Zustimmung des Vaters oder Bruders heiratet, für unislamisch zu erklären und aufzulösen. Mädchen, die sich ihren Mann selbst aussuchen, so argumentiert Durrani, gehen frei, ohne daß sie jemand im Auge behält, mit Männern um, und das kann nur zu Katastrophen führen.

Weiter will die MMA Banknoten mit der Abbildung von Mohammed Ali Jinnah ersetzen, da Darstellungen von Menschen im Islam nicht erlaubt sind. Außerdem sind und waren die Fundamentalisten und der säkular denkende Jinnah nicht gerade die besten Freunde. Papier, auf dem Korantexte stehen, darf nicht mehr recycelt werden.

Die MMA will mittelfristig alle Versicherungen verbieten, weil diese Absicherung gegen den Islam verstoße. Allah bestimme, was mit einem geschieht, und dagegen dürfe ein Mensch keine Schutzvorkehrungen treffen.

Schließlich will die MMA alle Gefängnisse schließen und alle muslimischen Beamten, die nicht fünfmal täglich beten, entlassen. Die Fundamentalistinnen haben später ihre eigenen Wünsche angemeldet: Universitäten und Schulen ausschließlich für Frauen, die Entfernung aller nichtislamischen Hinweise aus den Lehrbüchern und die Schließung der Abteilungen für Geburtenbeschränkung in den Regierungskrankenhäusern.

Die Frau in Weiß tritt ans Mikrophon. Fotografen und Kameraleute drängen sich gegenseitig ab, um Fotos von ihr zu schießen. Woher wissen sie, wer sich hinter dem weißen Schamtuch verbirgt? Woher sollen ihre Zuschauer und Zuhörer es wissen? Diese sehen eine weißgekleidete Person ohne Gesicht. Eine Frau mit einer Rosette auf der Brust flüstert, als ich sie frage, wer das denn sei: «Dr. Samia Rahil Qazi.» Ah, die kenne ich. Ich bin ihr bei einem Meeting weiblicher Parlamentsabgeordneter begegnet. Damals hatte sie ebenfalls ein Schamtuch vor dem Gesicht, aber sie stellte sich vor, und deshalb wußte ich, mit wem ich sprach.

Dr. Rahil ist die Tochter von Qazi Hussain Ahmad, dem Emir, wie er von der JI genannt wird, der *Jama'at-e-Islami,* der Partei, die vor langer Zeit von Maulana Maududi gegründet wurde. Dr. Rahil sitzt in der Nationalversammlung auf einem für Frauen reservierten Sitz. Keine der MMA-Frauen in Parlament, Senat oder den Provinzparlamenten ist gewählt. Ihre Parteien haben ihnen die Teilnahme an den Wahlen verboten. Als unislamisch. Aber als sich herausstellte, daß nach den Wahlen auch für die Islamisten Frauensitze freigehalten worden waren, ließ die MMA diese Chance auf eine größere Mehrheit in den Volksvertretungen nicht sausen und berief Töchter, Schwestern, Tanten und Cousinen auf die Damensitze. Wie Dr. Kausar ist Dr. Rahil häufig im Fernsehen, um die fundamentalistische Sicht auf die Stellung der Frau zu verkünden.

Dr. Rahil war bei unserer ersten Begegnung ungemein freundlich zu mir. Wir tauschten unsere Telefonnummern aus, und sie lud mich zu einem Besuch zu sich nach Hause in Lahore ein. Es war Ende Dezember, und sie wünschte mir «insha Allah, fröhliche Weihnachten». Aber aus weiteren persönlichen Begegnungen wurde nichts mehr. Seit ihrem Vater Qazi Hussain Ahmad die Einreise in die Niederlande und nach Belgien verboten wurde, haben wir keinen Kontakt mehr.

Qazi Hussain war von der *Arabisch-Europäischen Liga,* einer fragwürdigen Bewegung von Muslimen in den Niederlanden und Flandern, gebeten worden, eine Reihe von Vorträgen zu halten. Qazi Hussain stand immer hinter den Taliban, er unterstützte die Zerstörung der riesigen Buddhastatuen in Afghanistan, er ist ein Bewunderer von Osama bin Laden, er findet, daß ein Jihad gegen die *Kuffar,* die Ungläubigen, geführt werden müsse, und er gibt die üblichen islamistischen Sprüche gegen den Westen und gegen Juden von sich.

Aber seine größte Untat ist es, zur Diskriminierung und Gewalt gegen zwei muslimische Gruppierungen in seinem eigenen Land aufzuhetzen: gegen die Ahmadis und gegen die friedlichen und humanitären Ismailis, die Anhänger von Prinz Agha Khan. Qazi Hussain ist der Ansicht, sie seien keine Muslime, keine reinen Muslime wie er und seine Anhänger. Wenn sie die Gelegenheit dazu bekämen, würden Qazi Hussain und seine Konsorten diese beiden muslimischen Gemeinschaften aus dem «Land der Reinen» vertreiben.

Ich weiß nicht, ob die Anweisung der belgischen und der niederländischen Regierung, Qazi Hussain die Einreise zu verweigern, auch mit der Tatsache zusammenhing, daß Mitglieder seiner Partei Leuten aus dem Umfeld der al-Qaida Unterschlupf gewährt hatten. Die Nummer drei hinter Osama bin Laden, Khalid Sheikh Mohammad, wurde in Rawalpindi aufgestöbert, im Haus eines weiblichen Mitglieds der Partei von Qazi Hussain. Nicht allzu lange davor waren in Karachi zwei al-Qaida-Prominente verhaftet worden. Auch sie hatten sich in Wohnungen von Parteimitgliedern aufgehalten.

Eine Woche nach der Verhaftung Khalid Sheikhs organisierte Qazi Hussain in Karachi einen, wie er es nannte, *Million Men March*, an dem sich 100 000 Menschen beteiligten. Hunderte verschleierter Frauen marschierten in der Demonstration mit, als Schlußlicht, natürlich hinter den Männern. Sie hielten ihre kleinen Söhne hoch und riefen: «*Al-Jihad, al-Jihad.*» Sie stellten die Kinder der Jihadi-Bewegung zur Verfügung, kleine Nachfolger von Khalid Sheikh, dem Erfinder der terroristischen Angriffe auf New York und Washington am 11. September 2001. Einer der Führer von Qazi Hussains Partei sagte eindringlich zu den Demonstranten: «Es ist die Pflicht aller Muslime, jedem, der es nötig hat, einen Unterschlupf zur Verfügung zu stellen.»

Dr. Rahil, Qazi Hussains Tochter, erklärte am Tag der Demonstration im Fernsehen: «Niemand kann beweisen, daß die Eigentümerin des Hauses, in dem Khalid Sheikh verhaftet wurde, Mitglied der JI ist. Das wird nur gesagt, um unsere Partei anzuschwärzen.» Sie behauptete, daß Khalid Sheikh Mohammad bereits geraume Zeit in den Händen des FBI und des Geheimdienstes von Pakistan gewesen sei, es diesen im Augenblick aber passe, mit ihm auf der Bildfläche zu erscheinen, als schmutziger Schachzug gegen die Partei ihres Vaters.

Die pakistanische Regierung hat gegen die Partei nie irgendwelche Maßnahmen wegen Unterstützung von Anhängern aus dem al-Qaida-Umfeld oder wegen Anstiftung zur Gewalt gegen Andersdenkende ergriffen.

In der Zeitschrift der Fundamentalisten, *Jasarat,* bekamen Den Haag und Brüssel anschließend ziemliche Prügel, weil sie einen derart prominenten und in Pakistan hochgeehrten Mann wie Qazi Hussain Ahmad die Einreise verweigert hatten.[4] Die jüdische Lobby sei schuld. Unsere Länder seien Zweigstellen des Pentagon, und die belgische und die niederländische Regierung hätten die Gefühle der Anhänger der zweitgrößten Religion in ihren Ländern verletzt: der Muslime.

Die liberale Presse Pakistans dachte anders darüber. Sie bejubelte die Demütigung Qazi Hussains. «Endlich», schrieb die *Daily Times* in einem Leitartikel[5], «haben die Niederlande und Belgien ein bedeutsames Signal gegeben. Die religiösen Führer Pakistans werden in Europa mehr und mehr als Aufwiegler von Randgruppen emigrierter Muslime gesehen. Die Erklärungen Qazi Sahibs in der pakistanischen Presse gegen den Westen waren der guten Sache der Muslime in Europa nicht förderlich.» Die *Daily Times* zog im selben Leitartikel gegen Abu Jahya vom Leder, der, so schreibt die Zeitung, Libanese sei und in Belgien politisches Asyl bekommen habe. «Heute ist er einer der extremistischsten islamistischen Führer Europas. Er wurde in den Lagern der Hisbollah im Libanon trainiert, bevor er sich nach Europa aufmachte und dort die Arabisch-Europäische Liga gründete.»

Der Kommentator von *The News*: «Endlich haben die politisch korrekten Europäer getan, was sie schon seit Jahren hätten tun sollen: jedem, der in seinem Heimatland zum Haß aufwiegt, die Einreise zu verweigern; jedem, der die Botschaft der Gewalt unter den halb analphabetischen jungen muslimischen Immigranten Europas verbreitet, auszuschließen.»[6]

Auf dem Podium in Peshawar erwähnt Dr. Rahil mit keinem Wort die Niederlande und Belgien. Sie stimmt eine Lobeshymne auf die Mutterschaft an: «Mütter erhalten die *Umma*, die Gemeinschaft der Muslime», sagt sie. «Mütter erziehen die Kinder zu guten Muslimen, das ist ihre Aufgabe und auch ihre Pflicht im Islam: aus den Kindern vorbildliche Muslime zu machen.» Nach Rahil seien die Mütter im Westen ärgerliche Egoisten, für die Kinder eine Last seien und keine Freude. Die Karriere sei ihnen wichtiger als das Wohlergehen ihrer Familie. «Muslimische Frauen sind besser als westliche Frauen, muslimische Frauen kennen ihren Platz als Tochter, Ehefrau und Mutter.»

Rahil bejubelt die Stellung der Frau im Islam: «Muslimische Frauen sind überaus zufrieden mit den Segnungen und den Rechten, die ihnen der Islam geschenkt hat. Der Islam ist die einzige Religion der Welt, die das Leben, die Ehre und das Eigentum der Frauen schützt. Andere Religionen und Kulturen sehen Frauen lediglich als Attraktion, als Ware. Männer machen mit der Ehre und der Würde von Frauen, was sie wollen.» Sie sagt, daß sie kein gutes Wort für sogenannte Feministinnen übrig habe, die immer nur schlecht vom Islam sprächen.

Es gibt viele «Allahu akbars» für Dr. Rahil.

Akram Khan Durrani, der letze und vornehmste Sprecher, zählt die proweiblichen Maßnahmen seiner Regierung auf: Der Unterricht für Jungen und Mädchen sei definitiv getrennt. Für Mädchen bis einschließlich der achten Klasse gelte die Schulpflicht. Mädchen erhielten gratis Schuluniformen und Bücher. Eltern ließen ihre Töchter wieder am Sport teilnehmen, seit die Regierung den Zutritt für männliche Trainer, Schiedsrichter, Fotografen und allgemein männliches Publikum beim Frauensport verboten habe.

«Allahu akbar!»

Nun will es der Zufall, daß ich vor Beginn der Konferenz über die Familie als Grundpfeiler bei Syed Mehmood Asghar, dem Direktor von *Save the Children* in der NWFP, gewesen bin. Seit Wochen wurde über einen Sexskandal in Peshawar gesprochen, der von der von den Fundamentalisten so hochgelobten Apartheid der Geschlechter herrührt. Lehrer, männliche Reinigungskräfte der Schule, Hausmeister, Hotelbesitzer und Schüler waren daran beteiligt. Es ging um den jahrelangen sexuellen Mißbrauch von Jungen. Syed Mehmood Asghar vermutet, daß in der Schule, in der sexueller Mißbrauch zum ersten Mal angeprangert wurde, dieser schon seit rund zwanzig Jahren gang und gäbe war.

Die Lehrer erpreßten die Schüler mit schlechten Noten. Eine schlechte Note konnten sie verbessern, indem sie mit dem Lehrer oder anderen Männern in kleinen Hotels in der Nähe der Schule Geschlechtsverkehr hatten. Diese sogenannten Hotels, die nicht mehr sind als schmutzige Absteigen mit dunklen Zimmern und einer schmuddligen Matratze auf dem Boden, wurden von Männern bewohnt, die ihre Ehefrauen, Töchter oder Mütter in dem nahegelegenen Krankenhaus, dem *Lady Redding Hospital*, besuchten. Aber einen

Tag ohne Sex hielten sie nicht aus. Weil die Besitzer der kleinen Hotels keinen Ärger mit der Polizei wollten, weigerten sie sich, Mädchen zu den Kunden zu schicken. Die Lehrer ließen die Jungen von den Hausmeistern der Schule zu den Hotels bringen. Wenn sie zurückkamen, wurde ihre Note nach oben korrigiert, und der Lehrer teilte den Gewinn aus der Prostitution mit dem Hotelbesitzer. Manchmal kam der Kunde in die Schule. Dann holte der Hausmeister einen Jungen aus dem Unterricht, brachte das Paar auf den Dachboden und stand Schmiere.

Der Skandal kam ans Licht, als einem Lokalberichterstatter auffiel, daß sich sein kleiner Neffe merkwürdig benahm und Angst hatte, in die Schule zu gehen. Er ging der Sache nach und publizierte die Geschichte in einer Zeitung in Peshawar. Der Bericht wurde sofort in der landesweiten Presse nachgedruckt. Nicht, daß anschließend auch nur das geringste geschehen oder ein Täter bestraft worden wäre. Obwohl es in allen pakistanischen Zeitungen und Zeitschriften zu lesen war und in allen Fernsehsendern ausgestrahlt wurde, die Sache wurde wie immer unter den Teppich gekehrt.

Ein weibliches Mitglied der Opposition stellte dem Bildungsminister im NWFP-Parlament Fragen zu dem Skandal und zur Verhaftung der beteiligten Erwachsenen. Der Minister antwortete, er könne in dieser Sache nichts tun. Es habe keine Augenzeugen gegeben, und keiner der Jungen, die mißbraucht und zur Prostitution gezwungen worden waren, wolle eine Erklärung abgeben. Genau wie bei sexuellen Übergriffen, Vergewaltigung oder Mißbrauch von Mädchen müssen vier Männer, Muslime von untadeligem Ruf, zusammengetrommelt werden können, die Augenzeugen des sexuellen Verkehrs der Männer mit den Jungen waren.

Ein Mitglied der Kommission für Gesundheitswesen sagte im Parlament, Mißbrauch von Jungen komme auf so gut wie allen Grund- und höheren Schulen in Peshawar vor. Der Bildungsminister erklärte später, er könne nicht mehr tun, als einige der Lehrer, die am Mißbrauch der Jungen beteiligt waren, an eine andere Schule zu versetzen.

Dem Direktor von *Save the Children* zufolge läuft die Sache folgendermaßen ab: In den Hotels liegen Alben mit Schulfotos der Jungen, aus denen die Kunden auswählen können. Dann wird ein Botenjunge zur Schule geschickt, und der Lehrer holt den Jungen aus dem Unterricht. Dies geschieht häufig tagsüber, und wenn ein Junge später am Tag noch gebraucht wird, sagt man den Eltern, er habe nachsitzen müssen oder sei beim Crickettraining gewesen.

Syed Mehmood zufolge versuchen die älteren Jungen die jüngeren Knaben mit Vergewaltigungen zu dominieren und zu erpressen. Später führen die älteren die kleineren bei den Lehrern und den Hotels ein und zeigen ihnen, wie sie sich lieb Kind machen oder ihre Noten verbessern können.

Bannu, ein Gebiet etwa 180 Kilometer südlich von Peshawar gelegen, ist die Machtbasis des Chief Ministers der NWFP, Akram Khan Durrani, und, wie *Save the Children* berichtet, ein Gebiet, wo es ein Brauch der reichen Grundbesitzer ist, sich Jungen als Mätressen zu halten. Auch wenn die Grundbesitzer verheiratet sind und Kinder haben, gehören die Jungen als eine Art sexueller Page zu ihrer Entourage. Sie bekommen schöne Kleider, werden mit Blumenkränzen behängt und dürfen immer ganz in der Nähe ihres «Herrn» sitzen. Manchmal erhalten sie Geld, manchmal wird ihnen ein teures Geschenk zugeschoben, und für die Familie des Knaben wird gut gesorgt. Diese bekommt Mehl, Zucker, Tee, und in manchen Fällen wird das Schulgeld für einen jüngeren Bruder bezahlt. Und wenn der kleine Freund zu alt geworden ist, nicht mehr hübsch und frisch, dann wird er nicht auf die Straße gesetzt, sondern sein restliches Leben von seinem früheren Herrn unterhalten, für den er dann allerlei Aufträge erledigen muß.

SAHIL ist eine Organisation in Islamabad, die versucht, Gesetzgeber und Öffentlichkeit auf den sexuellen Mißbrauch von Jungen und Mädchen in Pakistan aufmerksam zu machen. Auch SAHIL schreibt in einem Bericht von 2003 (verfaßt von Samira Masroor im Vierteljahresheft von Januar – März 2003), daß in der North West Frontier Province mehr als im übrigen Pakistan sexuelle Kontakte zwischen Jungen und Männern und Jungen untereinander nicht nur eine Gewohnheit, sondern sozial akzeptiert seien. Im Paschtu, der Sprache der Paschtunen, der Mehrheitsbevölkerung der NWFP, hat jede Männerbeziehung eine eigene Bezeichnung. *Balkay* ist der Name für einen Jungen, der von wechselnden Männern für homosexuelle Aktivitäten benutzt wird. Also ein Strichjunge. *Bachabzai* ist ein wichtiger Junge. Er ist der wahre Günstling des Grundbesitzers, die «Konkubine», von der alle anderen die Finger zu lassen haben. «In den Gebieten der Paschtunen ist es eine Frage des Stolzes und der Macht, der aktive, der männliche Partner in einer homosexuellen Beziehung zu sein.»

Wie häufig es auch vorkommt und wie stolz die Männer auf ihre «Konkubinen» auch sind, es ist doch sehr schwer, mit ihnen darüber zu reden. Samira Masroor gelang es, sich mit einer Reihe von Männern über Sex mit Jungen zu unterhalten. Sie fragte, warum sie es täten. «Junge Knaben machen einen richtiggehend süchtig», sagte einer. Ein anderer: «Es ist die einzige Möglichkeit in der langweiligen, abstumpfenden Gesellschaft, in der wir leben müssen, noch ein bißchen Spaß zu haben.» Und: «Der einzige Sex, den man noch wirklich genießen kann, ist Sex mit Jungs.» Alle waren sich darüber einig, schreibt Samira, daß Geschlechtsverkehr mit Jungen sicher sei: Sie werden nicht schwanger, und man bekommt keinen Ärger mit der Familie, weil man sie angefaßt hat. Von Mädchen sollte man besser die Finger lassen.

Das ist genau dieselbe Antwort, die ich in Interviews über Homosexualität in Pakistan von Syed Mehmood Asghar von *Save the Children*, vom Straßenkinderprojekt in Rawalpindi und von der Aidsbekämpfung in Karachi bekommen habe.

Pädophilie, Knabenprostitution, Knabenkonkubinat, Homosexualität: verboten im Islam, natürlich, wie es in allen Offenbarungsreligionen verboten ist. Aber er kommt doch vor, der Geschlechtsverkehr mit Jungen, und zwar in großem Maßstab. Gerade durch die «Apartheid der Geschlechter», durch den Ehrbegriff der Männer, der an die Jungfräulichkeit und Sittsamkeit ihrer Frauen gebunden ist, und durch den Konkurrenzkampf zwischen Männern und Jungen darum, wer die meisten Erektionen pro Tag hat und am häufigsten einen Orgasmus hat, denken Männer und Jungen den ganzen Tag an Sex. Sex ist die nationale Zwangsvorstellung. Der einzige Sex, an den man problemlos herankommt, ist derjenige mit Jungen. Sex ohne Risiken, so denken Männer in Pakistan. Kein Getue mit Jungfernhäutchen, keine unerwünschten Schwangerschaften, keine Familienehre, die verletzt wird und wegen der gekämpft werden muß, kein Karo-kari, kein Theater wegen Vergewaltigungen. Die Vorteile von Sex mit Knaben in einer Gesellschaft der «Apartheid der Geschlechter» lassen sich gar nicht alle aufzählen, so viele sind es. Kondome werden nicht benutzt. Syphilis und Aids verbreiten sich in rasendem Tempo.

Es gibt Viertel, wie das exotische Shahi Mohalla in der Altstadt von Lahore, die genau wie das Amsterdamer Rotlichtviertel «de Wallen» mit weiblichen Prostituierten und deren Zuhältern voll sind. Der Beruf des Freudenmädchens wird von der Mutter auf die Tochter vererbt. Städte wie Rawalpindi, Multan, Karachi und Peshawar haben ihre eigenen Rotlichtreviere. Seit dem Aufkommen der Fundamentalisten werden die Viertel ständig von der Polizei gestürmt und saubergefegt und die Huren und ihre Zuhälter ins Gefängnis geworfen. Die Hüter der guten Sitten beschmieren in den Städten gleich gruppenweise Plakatwände, auf denen Frauen abgebildet sind. Pech drüber. Und niemand tut etwas dagegen.

Aber kleine Jungen auf Reklamewänden, die mit fröhlichem Gesicht und einem Milchbart die Milch einer bestimmten Marke anpreisen, werden von den Moralwächtern immer in Ruhe gelassen. SAHIL zufolge kommt der sexuelle Mißbrauch von Jungen am häufigsten in den Madrasas vor. An zweiter Stelle stehen Vergewaltigungen von Jungen in großem Maßstab in Gefängnissen. Dort werden noch nicht einmal zehn Jahre alte Jungen zusammen mit erwachsenen Verbrechern in Baracken eingesperrt. Und die unverbesserlichsten Knabenvergewaltiger sind die Polizisten.

SAHIL hat in seinen Berichten Vorfälle in den Madrasas beschrieben, in den Zeitungen stehen jede Woche Geschichten von Vergewaltigungen von Jungen durch Polizisten, aber nie wird einer deswegen angeklagt.

Manchmal hat jemand den Mut, das Problem anzugehen. Der Vizeminister für religiöse Fragen, Dr. Amir Liaquat Hussain, berichtete im

Dezember 2004 auf einer Versammlung islamischer Geistlicher über die große Zahl von vergewaltigten Schülern in Madrasas.[7] Er selbst sei, sagte er, über die Vergewaltigung von 2000 Jungen in Madrasas allein im Jahre 2004 informiert. Polizei, Geistliche und Politiker reagierten nie auf seine Anzeigen, sagte der Minister. Er sei der Ansicht, daß es dringend notwendig sei, daß Pakistan endlich aufwache und zur Kenntnis nehme, was mit den Schülern in den Madrasas passiert.

Wie zu erwarten war, bezichtigten die Fundamentalisten den Vizeminister der Lüge. Die MMA forderte einen Tag nach Dr. Liaquat Hussains Rede, daß er sich im Parlament bei den islamischen Geistlichen entschuldigen müsse. Die schmutzigen Anschuldigungen seien ihm von den Feinden des Islam eingeflüstert worden: von den Juden, den Hindus, den Europäern und den Amerikanern. Die MMA teilte in einer Presseerklärung mit, daß islamische Geistliche überhaupt nicht fähig seien, diese schmutzigen Dinge zu tun, deren der Vizeminister sie beschuldigt habe.

Einen weiteren Tag darauf ließ Dr. Liaquat Hussains Chef, der Minister für Religiöse Fragen, seinen Stellvertreter wie eine heiße Kartoffel fallen. Der Minister ist der Sohn des früheren Diktators Zia ul-Haq, des Mannes, der die Hududgesetze eingeführt hat, die aus Pakistan, das bereits ein muslimisches Land war, ein islamistisches Land gemacht haben. Der Minister ist kein Mitglied der MMA, er hat sein Haar schwarz gefärbt, ist glattrasiert, zeigt sich am liebsten in westlicher Kleidung und spricht fehlerfreies Englisch, aber er ist genauso fundamentalistisch wie die Bartträger in der MMA. Dieser Kryptoislamist wurde von einem anderen Militärdiktator, dem «aufgeklärt gemäßigten» Pervez Musharraf, der der Welt und seinen Landsleuten versprochen hatte, eine liberale Spielart des Islam zu versuchen, zum Minister für Religiöse Fragen ernannt. In dieser Funktion hat er die Aufsicht über die Madrasas und andere muslimische pädagogische Einrichtungen und muß die verschiedenen islamistischen Sekten, die miteinander auf Kriegsfuß stehen, näher zusammenbringen. Im Parlament sagte er allerdings über die Vergewaltigungen von Madrasaschülern: «Unsere *Ulama* sind dazu überhaupt nicht in der Lage. Lügen sind es, nichts davon ist wahr. Aber», fügte er hinzu, «angenommen, daß es wahr wäre und solche Dinge geschähen, dann sollten wir das nicht an die große Glocke hängen, sondern geheimhalten. Unsere Ulama werden schon genug von den Feinden des Islam angegriffen und dürfen nicht noch mehr besudelt werden.» Minister ul-Haq behauptete weiter, daß man, wenn Sunniten Schiiten in die Luft jagten oder Schiiten Sunniten angriffen, in Pakistan keineswegs von Sektierertum sprechen könne. Hinter dem Bombardieren von Moscheen und den Angriffen der Selbstmordterroristen auf Mitglieder einer anderen muslimischen Gruppierung steckten, so der Minister, «ausländische» Elemente, denn «Muslime ermorden sich nicht gegenseitig, sie verüben keine terroristischen Anschläge aufeinander». Die Anzahl der Opfer des Sektierertums während der Amtszeit des Ministers ist höher als je zuvor. Die islamistische Geistlichkeit hat er über die Sittengesetze Pakistans gestellt. Im Grunde hat er ihnen gesagt: Macht mit euren Schülern, wozu ihr Lust habt, wenn ihr nur dafür sorgt, daß nichts davon nach außen dringt.

Doch sogar der Sohn Zia ul-Haqs kann die Sexskandale in den Madrasas nicht aus den Zeitungen heraushalten. Im Juni 2004[8] kam ein fünfjähriger Junge namens Talha nach dem Koranunterricht nicht nach Hause. Das ganze geschah in Lahore. Seine Mutter machte sich auf die Suche und kam in die Moschee, wo das Kind angefangen hatte, den Koran auswendig zu lernen. In einer dunklen Ecke des Gebäudes fand sie Talha, blutend und bewußtlos. Sie wollte bei der Polizei Anzeige erstatten, aber die Geistlichen der Moschee sagten, sie solle es sein lassen, sie seien von der al-Qaida, und diese wisse gut, was sie mit Lügnern wie Talhas Mutter zu tun hätte. Die Mutter, eine Witwe, erstattete keine Anzeige.

Sanam, ein neunjähriges Mädchen aus einem Dorf in der Nähe von Sukkur, mußte an einem Tag im Februar 2004 nachsitzen. Der Madrasalehrer sagte, daß sie mit ihm in sein Haus gehen müsse. Sie sei seine Frau, sagte er. Das Mädchen flüchtete zu seinen Eltern, der Koranlehrer hinter ihr her. Aber die Geschichte stellte sich als wahr heraus. Der Geistliche hatte Sanams Vater, der ein bettelarmer Mann war und weder lesen noch schreiben konnte, am Tag davor ein Papier unterzeichnen lassen. Es sei ein Brief mit einer Bitte um *Zakat*, Almosen. Der Vater unterschrieb. Aber damit hatte er seine kleine Tochter an den Mann verheiratet, denn es handelte sich um einen Ehevertrag. Der Vater wollte seine Tochter bei sich behalten, aber es war nichts mehr zu machen. Am selben Abend noch rief der Geistliche einen Rat der Dorfältesten zusammen, welcher ihm recht gab: Sanam hatte bereits ihre Periode und war deshalb im heiratsfähigen Alter. Und der Ehevertrag war von ihrem Vater unterschrieben worden, also war alles den Regeln entsprechend abgelaufen.

Im September 2002[9] schnitt ein Koranlehrer einem seiner Schüler die Zunge ab. Der Junge war achtzehn Jahre alt und jahrelang von seinem Lehrer mißbraucht worden. Irgendwann wurde es ihm zuviel und er weigerte sich, noch länger sexuell zur Verfügung zu stehen. Sein Koranlehrer wurde daraufhin so wütend, daß er ihn überwältigte und ihm mit einem Messer die Zunge abschnitt.

Ein achtjähriger Junge aus einer armen Familie aus einem Dorf in der Nähe von Murree wurde von seiner Mutter, einer Witwe, in eine Madrasa in Islamabad geschickt. Dort bekam er zu essen und zu trinken und einen Pullover für den Winter, ansonsten lernte er den Koran auswendig. Nach einem halben Jahr merkte die Mutter, daß ihr Sohn nicht mehr in der Madrasa war, sondern schwer verletzt im Krankenhaus lag. Der Junge erzählte ihr, daß ihn einer der Lehrer täglich vergewaltigt hatte. Er blutete und hatte starke Schmerzen im Bauch. Der Leiter der Koranschule sagte, er solle sich nicht so anstellen. Das Kind versuchte, etwas über die Vergewaltigungen durch einen der Lehrer zu erzählen, aber der Schulleiter sagte, er hätte gefährliche Phantasien und müsse den Mund halten. Wenn er auch nur mit einem einzigen anderen Jungen oder einem Lehrer darüber spräche, dann wisse er, so drohte der Direktor, welche Strafe ihn erwarte. Die übliche Strafe, die Kinder in Madrasas bekommen, wenn sie ihre Lektionen nicht gut lernen, vor Müdigkeit einnicken oder sonst in den Augen des Lehrers irgendwas falsch machen, besteht in Stockschlägen oder stundenlangem Sitzen in der Hocke, mit hinter den Knien verschränkten Händen.

Die Vergewaltigungen hörten nicht auf, bis der Junge bei einem der sexuellen Spielchen mit dem Koranlehrer schwer verletzt wurde und ins Krankenhaus kam. Der betreffende Lehrer kehrte in sein Dorf zurück und bekam dort eine Stelle als Koranlehrer in der Madrasa seines Onkels. Der Junge ging mit seiner Mutter in das Dorf bei Murree zurück.[10] Bestraft wurde niemand.

Was in Pakistan ebenfalls jeder weiß, worüber aber nur selten geschrieben wird, ist, daß die kleinen Jungen, die in den fröhlich bemalten pakistanischen Lastwagen mitfahren, de facto die «Konkubinen» der Fahrer sind. Die Jungen sind dazu da, beim Ausladen zu helfen, den Lastwagen sauberzumachen, Tee und Essen für den Fahrer zu holen und den Beruf des Lastwagenfahrers zu erlernen. Aber wozu sie vor allem dienen, ist Sex. Ich sprach mit einem Arzt von der Aidsbekämpfung auf dem größten Truckerparkplatz in Karachi. Von dort fahren täglich rund zehntausend Sattelschlepper in alle Teile des Landes. Und auch dieser Knabensex, erzählte er mir, ist eine Folge der «sexuellen Apartheid», der *Purdah*. Die Fahrer sind monatelang von ihren Familien und von ihren Ehefrauen getrennt und müssen trotzdem sexuell zum Zug kommen. Sie gehen lieber nicht zu den Huren, da diese Geld kosten und Geschlechtskrankheiten verbreiten. Die kleinen Jungen sind gratis. Sie kosten nicht mehr als ein bißchen Tee und Brot und bekommen überdies eine Ausbildung zum Lastwagenfahrer. Alle Trukker in Pakistan haben auf diese Weise angefangen.

Zurück zu den Fundamentalistinnen. Die Konferenz «Die Familie: Der Grundpfeiler der Gesellschaft» ist so gut wie zu Ende. Nach der Rede von Chief Minister Akram Khan Durrani darüber, wie gut es den Frauen in der NWFP geht, seit seine gottesfürchtige Regierung dort an die Macht gekommen ist, ergreift Dr. Samia Rahil Hussain noch kurz das Wort: um gegen Frauen zu protestieren, die die Hududgesetze abschaffen wollen. «Die Hududgesetze stellen die Regeln Allahs dar und schützen die Ehre und Würde der Frau in unserer Gesellschaft. Die Hududgesetze kommen von Allah, und wir Menschen dürfen sie nicht verändern. Sie stärken die Familienbande, und die Familie ist der

Grundpfeiler der Gesellschaft. Die Hududgesetze sind die einzige Garantie, daß zwischen Männern und Frauen kein gesellschaftlicher Verkehr stattfinden kann», sagt Dr. Rahil. «Wir weisen die Männer und Frauen, die die Hududgesetze abschaffen wollen, darauf hin, daß Pakistan das Land der Muslime ist und wir die Anhänger des Heiligen Propheten sind und wir jedem, der es wagt, die Gesetze Allahs zu verändern, eine Lektion erteilen werden!»

«Allahu akbar! Allahu akbar! Allahu akbar!»

Die Fäuste des kleinen Männchens und der verschleierten «Kasematten» fliegen nach oben. Die Minister verlassen sittsam, mit niedergeschlagenen Augen, das Podium und gehen zu ihren Autos vor dem Gebäude. Die Fundamentalistinnen werden von den Platzanweiserinnen mit den farbigen Rosetten in einen großen Saal geleitet. Große Kupferschalen mit Essen stehen bereit. Man muß sich selbst bedienen. Die Frauen halten mit einer Hand den Teller, mit den Fingern der anderen Hand formen sie Bällchen aus dem Gericht. Sie beugen sich ein wenig vor, damit der Schleier nicht an ihrem Gesicht klebt und genügend Platz ist, damit das Fett der Schafe, Ziegen und Hühner nicht auf das Schamtuch tropft und sie das Essen in den Mund stecken können.

Der Islam und die Rechte der Frauen

Der Sprachgebrauch islamistischer Fundamentalisten lockt mich ständig auf die falsche Fährte. Sie sprechen von Gleichheit und von den Rechten der Frau. Manchmal macht mich das ganz verwirrt. Nie hört man Fundamentalisten sagen, daß eine Frau ein minderwertiges Wesen oder nicht mehr wert sei als ein Wasserbüffel. Im Gegenteil, sie behaupten, die Frau auf ein Podest zu stellen. Sie preisen sie und sagen, ihr läge das Paradies zu Füßen. Aber darunter verstehen sie etwas ganz anderes als ich. Man nehme beispielsweise die Überschrift eines Artikels in *Dawn*: «Der Islam hat als einzige Religion der Welt den Frauen Rechte gegeben», steht da. Der Artikel wurde von Professor Fazlur Rahman verfaßt, einem bekannten pakistanischen Islamgelehrten. Er beginnt mit den Worten: «Für Frauen ist der Islam immer besser gewesen als für Männer.» Davon habe ich in all den Jahren, die ich in der islamischen Welt verbracht habe, nie etwas bemerkt, und mir war es immer als Katastrophe erschienen, als Frau in diesen Regionen geboren zu werden. Ich kann durchaus etwas übersehen haben und will gern Neues lernen, deshalb lese ich mit großem Interesse Artikel wie die von Professor Rahman.

In langen Absätzen jubelt der Islamwissenschaftler über die Frauenfreundlichkeit des Islam. «Der Islam hat den Männern gesetzlich und moralisch nichts als Verantwortung und Verpflichtungen aufgebürdet», schreibt er, «aber die Frauen mit Privilegien und Rechten gesegnet.» Das ist sehr schön vom Islam. Vielleicht sind der Koran und die Sunna falsch gelesen worden und haben Männer die Vorschriften und Anreize manipuliert. Der Mann hat im Islam die Aufgabe, zu arbeiten und für seine Familie und seine Verwandten zu sorgen. «Es ist seine Pflicht», schreibt Professor Rahman. Die Frau hat diese Pflicht nicht: Selbst wenn sie eigenes Geld besitzt oder über einen Arbeitsplatz und ein Einkommen verfügt, verpflichtet sie Allah nicht, dieses Geld für die Ernährung ihrer Familie oder zur Bezahlung der Arztrechnungen zu verwenden. Sie darf ihr ganzes Geld in die eigene Tasche stecken. «Der Islam ist als einzige Religion der Welt frauenfreundlich.» Wo gibt es heute denn noch so etwas? Bestimmt nicht im Westen, wo beide, Mann und Frau, aushäusig arbeiten müssen, um ihr Einkommen und ihren Status aufrechtzuerhalten. Dort, im Westen, kann eine Frau überhaupt nicht zu Hause bleiben und ihre Ruhe und ihre besondere Stellung auf Erden genießen. Kein Gott kommt an Allah heran, der, so Professor Rahman, seine «sublime Logik und Humanität» bewiesen habe, als er die Rollen zwischen Männern und Frauen verteilte.

Von diesem Punkt an scheint der ganze Sinn des Artikels über die Frauenfreundlichkeit des Islam darin zu liegen, die ungerechten Regelungen im Islam, die die Aufteilung des Erbes betreffen, zu verteidigen. Denn die seien, schreibt er, nicht ungerecht, das erscheine nur in den Augen von Westlern so, die selbst ihre Frauen ausbeuten und sie zum Arbeiten aus dem Haus schicken. Nach islamischem Recht erben Töchter immer weniger als Söhne. Allah hat nämlich den Männern befohlen, für ihre Familie und Verwandten (Eltern, Onkel und Tanten) zu sorgen. «Männer unterhalten Familie und Verwandte», wiederholt Professor Rahman. «Die Söhne sorgen nach dem Tod des Vaters für ihre Mütter. Daraus folgt, daß sie mehr Geld und Güter brauchen als die Frauen. Deshalb ist es auch überaus gerecht, daß Söhne mehr erben als Töchter und Mütter.»

Der Koran ist das buchstäbliche Wort Allahs. Gemäß Allah, der die Zukunft und die Vergangenheit kennt, war diese Aufteilung des Erbes gut für die Frauen im Arabien des 7. Jahrhunderts unserer Zeitrechnung und daher, so schreibt Professor Rahman, seien diese Vorschriften auch gut für die muslimischen Frauen im Pakistan des 21. Jahrhunderts. Allah habe damals die Verteilung so befohlen, und wenn das nicht gefalle oder nicht in die moderne Zeit passe, dann sei das zwar schade, aber wir dürften die Vorschriften des Korans nicht verändern oder zeitgemäß interpretieren.

Dabei handle es sich aber nicht um Frauendiskriminierung. «Absolut nicht», sagt Dr. S. M. Zaman, der ehemalige Vorsitzende des *Council for Islamic Ideology*, in einem Interview mit *The News*. Gerade die Erbgesetze seien das große Beispiel für die Rechte, die der Islam den Frauen gegeben habe. «Selbst wenn die Frau Millionärin ist, darf ihr Mann nicht von ihr verlangen, einen Beitrag zur Haushaltskasse zu leisten. Der Mann muß für das Essen, die Wohnung und die Ausbildung aufkommen. Das sind die Rechte, die Allah unseren Frauen geschenkt hat. Wir dürfen unseren Frauen diese Rechte nicht nehmen.» Allah habe diese Vorschriften an Mohammed weitergegeben und im Koran festgelegt. Allah und Mohammed seien unfehlbar, und angenommen, etwas wäre diskriminierend, dann müßte ein Muslim es trotzdem akzeptieren. Denn Allah verfolge damit einen Zweck.

Allah, schreibt Professor Rahman, habe die Rechte der Frau aber nicht auf das Recht beschränkt, sich von ihrem Mann unterhalten zu lassen. Nach Meinung des Autors sei die Einführung der Hududgesetze das beste, was Frauen in der Islamischen Republik Pakistan je passieren konnte. Ein Vorbild für die gesamte islamische Welt. Die Hududgesetze berücksichtigten in einzigartiger Weise die Gefühle und die Würde von Frauen und ihre besondere Rolle in der Gesellschaft. Die islamischen Gesetze stellten sie im Fall eines Verbrechens von einer Zeugenaussage frei. Der Islam sei das einzige juristische System der Welt, das sie vor der Einbeziehung in blutige und unangenehme Dinge schütze. Dem Islam sei es zu verdanken, daß sie vor Traumata bewahrt würden, die Gewalt und Todschlag meist mit sich brächten, schreibt Professor Rahman.

Daß die Aussage einer Frau vor Gericht nur halb zähle, wie es in der islamischen Gesetzgebung festgelegt sei, habe nichts mit Diskriminierung zu tun, meint er. «Es beweist im Gegenteil die Hochachtung und den Respekt, den der Islam vor der Frau hat. Ein weiterer Beweis für die Frauenfreundlichkeit des Islam. Für Männer ist das Ablegen einer Zeugenaussage eine religiöse Pflicht, eigentlich eine Last. Männer laufen nämlich Gefahr, schwer bestraft zu werden, falls sich herausstellt, daß sie falsch ausgesagt oder jemanden zu Unrecht beschuldigt haben.»

Was Professor Rahman auch behauptet, es ist und bleibt so, daß er allem, was besonders herabsetzend und diskriminierend ist, eine positive Wendung gibt: Frauen zählen nur als halbe Menschen. Wo die Aussage eines Mannes akzeptiert wird, wird die Aussage einer Frau nicht akzeptiert. Eine Frau muß ein Verbrechen gleichzeitig mit einer anderen Frau gesehen oder gehört haben, um dem Richter davon berichten zu dürfen. Professor Rahman sieht das natürlich genau anders: «Das ist keine Diskriminierung, es ist ein Vorrecht.» Ein weiterer Beweis für die Vorzugsbehandlung von Frauen. «Seid dankbar», rät er, «daß ihr als Frauen nicht ganz allein vor dem Richter erscheinen müßt. Ihr müßt immer eine zweite Frau mitbringen, die dasselbe gehört und gesehen hat, diese kann dann beim Verhör beistehen, helfen, wenn man zweifelt oder sich nicht richtig an etwas erinnert, und korrigieren, wenn man einen Fehler macht. Damit wird eine Frau vor einer Falschaussage und der damit verbundenen schweren Strafe bewahrt.»

Ein anderer Autor aus der orthodoxen Ecke, Maulana Wahiduddin Khan, trägt in seinem Buch *Women Between Islam and Western Society* noch ein bißchen dicker auf: «Der Koran schreibt für das Abschließen eines Vertrags vor, daß zwei männliche Zeugen anwesend sein müssen. Und sind nicht zwei Männer da, dann sei es ein Mann und zwei Frauen, die euch als Zeugen passend erscheinen, damit, wenn sich eine der beiden irrt, die andere daran erinnern kann.» (Sure 2, Vers 282) Der Maulana erteilt seinen Lesern eine ernste Warnung: Das sei keine Diskriminierung, und es sage auch nichts über die Überlegenheit des Mannes. Hier handle es sich um ein Naturgesetz, um einen biologischen Unterschied, den schon die ersten Muslime im 7. Jahrhundert gekannt hätten und der erst kürzlich durch wissenschaftliche Untersuchungen bewiesen worden sei. Das Ergebnis der biologischen Studien laute, so der Verfasser von *Women Between Islam and Western Society*, daß Frauen ein schlechteres Gedächtnis hätten als Männer. Deshalb sei es völlig in Übereinstimmung mit den Naturgesetzen, daß zwei weibliche Zeugen gebraucht würden, wo sonst ein einziger Mann ausreiche. «Dieses Gebot legt also großen Wert auf die Erinnerung an sich und ist einfach ein praktisches Erfordernis.»

Dann gibt es die Überschrift über dem Artikel in *Dawn*[11] von einem anderen Rahman, Abdur Rahman, der einen auf die falsche Fährte lockt: «Die Gleichheit der Geschlechter in Koran und Sunna», steht da. Der Artikel beginnt so: «Im Islam gibt es absolut keinen Unterschied zwischen Männern und Frauen.» Keinen Unterschied, nein, wenn sie brav und fromm sind, kommen Männer *und* Frauen in den Himmel, und wenn sie sündigen und ungehorsam sind, kommen beide Geschlechter in die Hölle. Allah macht auch keinen Unterschied zwischen den Geschlechtern, wenn es um die Belohnung von gutem Verhalten und Strafen für sündiges Verhalten geht.

Die Geschlechter sind gleich, schreibt Abdur Rahman, weil Allah von ihnen dasselbe verlangt, nämlich sich an die Rollenverteilung zu halten. Allah habe diese Rollenverteilung peinlich genau festgelegt und Männern und Frauen ihre besonderen Pflichten, Rechte, Tugenden und Talente geschenkt.

Abdur Rahman und die Seinen fechten noch immer einen 1400 Jahre alten moralischen Streit aus. Sie blicken noch immer ins 7. Jahrhundert zurück, in eine Zeit, in der, so schreibt Abdur Rahman, der Koran die revolutionäre Regel eingeführt habe, daß ein Mann mit nicht mehr als vier Frauen verheiratet sein durfte. Davor sei die Zahl der Ehefrauen und der Beischläferinnen unbeschränkt gewesen und hätten die heidnischen Araber neugeborene Mädchen ermordet. Und dies sei, seit Mohammed der Koran offenbart wurde, nicht mehr erlaubt.

Frauen seien nicht weniger wert als ein Mann, das sei Geschwätz der christlichen Kirchenväter, schreibt Abdur Rahman. Diese behaupteten, daß Frauen keine Seele hätten und als geschlechtslose Wesen ins Jenseits eingingen. Im Islam, schreibt er, hätten gerade Frauen eine besonders hohe Stellung. Im Islam seien sie keine Instrumente des Teufels, sondern im Gegenteil ein Bollwerk *gegen* den Satan. Frauen beschützten die Menschheit vor dem Bösen: Durch die Ehe hielten sie die Männer auf dem Weg der Rechtschaffenheit und Keuschheit.

Immer wieder wird in Büchern, in Zeitungsartikeln und in Fernsehinterviews die frohe Botschaft wiederholt: Frauen bekommen nach ihrem Tod denselben Lohn – oder dieselbe Strafe – wie Männer, und Allah unterscheidet nicht zwischen einem toten Mann und einer toten Frau. Bei näherer Betrachtung stellt sich allerdings heraus, daß es auch nach dem Tod keine Gleichheit für muslimische Männer und muslimische Frauen gibt. Die Freuden des Paradieses, der *Janna*, der Gärten, werden im Koran detailliert beschrieben: Der Mann bekommt seine *Huris*, Paradiesmädchen, die immer Jungfrauen sind und ihm ungekannte sexuelle Genüsse schenken, außerdem bekommt er seine Eltern, Ehefrauen und Kinder wieder. Im Paradies ist jeder gleich alt: dreiunddreißig Jahre, das Alter, in dem Jesus am Kreuz starb. Dort gibt es auch die schönsten Jünglinge: «Ewig junge Knaben machen unter ihnen die Runde. Wenn du sie siehst, meinst du, sie seien ausgestreute Perlen.» (Surat al-insan, «Der Mensch», Sure 76, Vers 19). Diese Adonisse sind offensichtlich nicht für die Damen im Paradies, auf jeden Fall nicht für ihre sexuellen Genüsse gedacht. Die Knaben sind eine Art Superbutler. Sie sind Diener, «die auf der Stelle jedem Wunsch des Gläubigen Folge leisten und ihm permanent zu Diensten sind».[12] Wo sich die Männer im Paradies im ewigen Genuß eines Orgasmus befinden, wird weder im Koran noch im Hadith auch nur ein einziges Wort über die sexuellen Freuden der Frauen verloren, die auf Erden fromm und ihrem Ehemann gehorsam gewesen sind und sich damit ihren Platz im Paradies verdient haben. Und nirgendwo steht, daß Frauen im Himmel mit ihren Eltern wieder vereint werden.

Ich gehe davon aus, daß Frauen wohl aus den Flüssen von Milch, Wein und Honig trinken dürfen, die durch das Paradies strömen. Ja, in den Gärten strömt sogar Wein, Wein, der merkwürdigerweise nicht betrunken macht. Auf Erden darf man ja keinen Wein trinken, im Himmel aber wohl, auf Erden darf man keine Musik hören, ein Mann darf weder Seide noch Goldschmuck tragen, aber all diese Verbote sind im Himmel aufgehoben und dort Quellen des höchsten sinnlichen Genusses. Ich gehe auch davon aus, daß Frauen im Paradies die «herrlichen Früchte», «die kostbaren Gewänder», «die schattenreichen Täler», «die mit Gold und Edelsteinen eingelegten Ruhebänke», die Ufer der Flüsse, «ausgekleidet mit Perlen und Rubinen», und «die vortrefflichen Festmähler» genießen dürfen, die in Koran und Hadith beschrieben werden.

Aber wie steht es dann mit der Behauptung, daß Frauen im Himmel eine höhere Stellung zukäme als Männern, daß sie viel besser dran wären? Männer dürfen sich mit ihren Huris in einem permanenten orgastischen Zustand befinden, ihre früheren Ehefrauen brauchen wohl im Paradies diese Sinnenfreuden überhaupt nicht. Außerdem gehen nur wenige Frauen ins Paradies ein: Die meisten Frauen bevölkern die Hölle. Daß die Hölle tatsächlich mit Frauen übervölkert ist, wissen wir vom Propheten Mohammed, der wie Dante einen Blick in die Hölle werfen durfte.

In allen Buchläden von Islamabad und Karachi kann man ein Büchlein mit dem Titel *Women Who Deserve to Go to Hell* kaufen, das von dem Ägypter Mansur Abdul Hakim verfaßt und im Jahr 2000 von dem islamischen Verlag Darul-Ishaat in Karachi publiziert wurde. Es ist ein dünnes Büchlein mit 91 Seiten. Das zentrale Thema ist der Besuch Mohammeds in der *gehenna*, der Hölle, der in einem Hadith beschrieben wird. Der Prophet sah: «Das Feuer, das in der Hölle toste, wurde mit Frauenkörpern geheizt. Eine Frau nach der anderen wurde ins Feuer geworfen, wodurch es noch lauter toste.»

Als der Prophet von seinem Ausflug in die Tiefen der Unterwelt zurückkehrte, erzählte er seinen Begleitern: «Ich habe die Hölle geschaut, und siehe, die meisten Bewohner waren Frauen!»

Seine Begleiter fragten: «Oh, Gesandter Allahs, warum ist die Zahl der Frauen in der Hölle größer als die Zahl der Männer?»

Er antwortete ihnen: «Das kommt daher, weil Frauen Menschen verfluchen und weil sie undankbar zu ihren Ehemännern sind. Selbst wenn er immer freundlich zu seinen Frauen ist und nur ein einziges Mal unfreundlich, dann sagen sie, er sei keinen Schuß Pulver wert.»

Mansur Abdul Hakim sagt, er habe sein Büchlein geschrieben, um Frauen vor der Hölle zu bewahren und sie auf den rechten Weg zu bringen. Ihm zufolge sind es allesamt ungehorsame Frauen, die in der Hölle schmoren, und er wolle mit seinem Büchlein helfen, daß auch sie ins Paradies eingehen können. Er erinnert an einen überlieferten Satz des Propheten: «Frauen verdienen es, in die Hölle zu kommen.»

«Eines Tages», so berichtet Mansur Abdul Hakim, «sprach Allahs Gesandter mit einer Gruppe von Frauen. Er erteilte ihnen Ratschläge und Ermahnungen. Er erzählte ihnen von allen Dingen, die sie in die Hölle bringen würden, und sagte zu ihnen: ‹Oh Frauen, seid freigebig und barmherzig. Ich habe viele eurer Art in der Hölle gesehen. Es ist wahr, daß ihr schnell jemanden verwünscht und verflucht und euren Ehemännern nie dankbar seid. Ich habe keine Menschen getroffen, die so wenig Verständnis haben, die so wenig fromm und so wenig dankbar sind wie ihr Frauen. Und dennoch gelingt es euch, intelligente und weise Männer wie eure Ehegatten zum Narren zu halten.›

Die Frauen fragten ihn: ‹Warum sagen Sie, daß wir kein Verständnis hätten und nicht fromm seien?› Und er sagte zu ihnen: ‹Ist es nicht wahr, daß das Zeugnis einer Frau nur die Hälfte vom Zeugnis eines Mannes wert ist? Das ist es genau, was wir unter dem Mangel an Denkvermögen von Frauen verstehen. Und eine Frau, die ihre Menstruation hat, darf nicht das Gebet sprechen und nicht fasten. Aus diesem Grund ist sie in religiöser Hinsicht nicht vollwertig. Und das ist, was der Prophet gesagt hat.›

Zu einer anderen Gruppe von Frauen sagte er: ‹Gewöhnt euch doch an, viele Almosen zu geben, denn weil ihr nicht freigebig genug seid, kommen mehr Frauen als Männer in die Hölle. Ihr verflucht zu oft eure Ehemänner und beweist ihnen keine Dankbarkeit. Ich habe noch nie Menschen gesehen, die so sehr in ihrer Religion versagten und so wenig Verständnis hatten wie ihr [Frauen]. Und dennoch seid ihr die Herren über eure Ehemänner!›»

Abdul Hakim weiß genau, welche Frauen in die Hölle kommen. Es sind: Frauen, die klagen, Frauen, die sich aufputzen, Frauen, die Männer nachäffen, die sich tätowieren lassen, die ihr Haar kurz schneiden, und Frauen, die widernatürlich sind. Der Autor zitiert einen Satz des Propheten: «Allah hat die Frauen verflucht, die Männer imitieren, und Männer verflucht, die Frauen imitieren.»

Frauen, die garantiert verflucht werden, sind diejenigen, die ihre

Männer von sich stoßen, wenn diese Geschlechtsverkehr haben möchten, und behaupten, sie hätten ihre Periode, auch wenn es gar nicht zutrifft. «Aber auch Frauen, die Haustiere und Vögel töten, fahren direkt in die Hölle, genau wie Frauen, die der Vielgötterei anhängen, und scheinheilige Frauen. Letztere sind die größten Lügnerinnen, vor allem wenn es ihnen gelingt, ihren Mann zu überreden, ein Kind zu adoptieren, diesem den Namen seines eigenen Vaters zu nehmen und ihm den Namen der neuen Familie zu geben. Der Islam hat so etwas absolut verboten. Wer ein Kind adoptiert, kommt garantiert in die Hölle, weil er einen Befehl Allahs und seines Gesandten nicht befolgt hat.»

Der Prophet hat auch gesagt: «Es hat eine Unmenge perfekter Männer gegeben, aber unter den Frauen gibt es nur wenige, die vollkommen waren, das waren Maria [die Mutter Jesu], Fatima [die Tochter des Propheten], Khadija [die Frau des Propheten und Mutter von Fatima] und Aischa [die Frau, die der Prophet am meisten liebte].» Kurzum, nicht gerade eine berauschende Anzahl.

Abdul Hamid hat Mitleid mit Frauen, weil es ungemein schwierig für sie sei, ins Paradies eingelassen zu werden. Er ermahnt die Männer: «Unterdrückt sie nicht und erlaubt ihnen nicht, sogenannter Freiheit und Gleichheit hinterherzujagen und zu tun, was sie selbst möchten.» Abdul Hamid nennt das «Unterdrückung», davor müssten die Frauen errettet werden, denn es sei Unterdrückung und Ausbeutung, ihnen Dinge zu erlauben, die sie in die Hölle brächten. «Das erst ist wahre Unterdrückung der Frauen! Wollt ihr ihnen die Gleichheit geben, die Frauen im Westen besitzen? Was denkt ihr denn? Allah hat ja gesagt: ‹Die Männer sind Sachwalter der Frauen, weil Gott sie über die Frauen gestellt hat, und weil sie ihren Besitz für sie ausgegeben haben.›

Der Prophet hat eindeutige Anweisungen hinterlassen, in denen er den Männern befohlen hat, die Frauen zu beschützen und sie nicht ihrem eigenen Willen und ihren Vergnügungen nachrennen zu lassen. Aber der moderne Mann gehorcht Allah nicht mehr. Er hat den Frauen die Zügel schießen lassen, und sie tun nun, wozu sie Lust haben, im Namen der Freiheit für Frauen und Gleichheit! Oh, muslimische

Frauen, hütet euch vor diesen Männern, sie gehen euch voran auf dem Weg in die Hölle!»

Das ist die schreckliche Realität, auf die Abdul Hamid die Frauen hinweisen möchte, nein, hinweisen muß, vor der er sie beschützen muß: «Folgt nicht diesem westlichen Unsinn über Gleichheit, denn sonst fahrt ihr in die Hölle. Das ist todsicher!»

Auch Abdul Hamid setzt sich für die Rechte der Frau ein, und das bedeutet, daß sie genau wie der Mann das Recht hat, ins Paradies einzugehen!

Erneut wurde ich auf die falsche Fährte gelockt, als ich in *The News* den Artikel eines gewissen Waseem Hameed Qureshi[13] las. «Der Islam», so beginnt der Text, «erlaubt keine Gewalt gegen Frauen.» Das ist schön, dachte ich, und ein guter Anfang, die Greuel der Ehrenmorde einmal anzugehen oder zumindest die Behauptungen der muslimischen Männer zu entkräften, daß der Koran ihnen das Schlagen ihrer Frauen erlaube. Qureshi zitiert den berühmten Vers, der mit den Worten beginnt: «Die Männer sind Sachwalter für die Frauen, etc.», aber er zitiert auch den restlichen Vers: «Und die rechtschaffenen Frauen sind Gott demütig ergeben und geben acht auf das, was den Außenstehenden verborgen ist, weil Gott darauf acht gibt. Und wenn ihr fürchtet, daß irgendwelche Frauen sich auflehnen, dann ermahnt sie, meidet sie im Ehebett und schlagt sie! Wenn sie euch daraufhin wieder gehorchen, dann unternehmt weiter nichts gegen sie!»[14]

Qureshis Kommentar zu diesem Vers lautet: «Laßt darüber kein Mißverständnis aufkommen: Der Islam hat den Gebrauch von Gewalt gegen Schwächere nicht erlaubt, und schon gar nicht gegen Frauen. Alle menschlichen Gesellschaften haben in irgendeiner Form Gerichte, durch die Konflikte gelöst werden und eventuell gestraft wird.» Phantastisch, daß der Islam Gewalt verbietet, denn heutzutage hört man von nichts anderem als von der Pflicht der Muslime, Jihad zu führen.

Beim Weiterlesen kennt Gewalt gegen Schwächere und Frauen offenbar verschiedene Abstufungen. Unter den Begriff «Frauen» fallen nach Qureshi nicht alle Frauen. Ungehorsame Frauen, Frauen, die Anstoß erregen, fallen dem Islam Qureshis folgend nicht unter die Kategorie «Frauen». In biologischer Hinsicht sind sie zwar Frauen, und leider gibt es für diese ärgerliche Sorte keine andere Bezeichnung, aber es gibt demnach Frauen und Frauen.

Im orthodoxen Islam fallen unter die falsche Sorte Frauen unbequeme Frauen, Frauen, die Anstoß erregen, Frauen, die Ärgernis erregen, Frauen, die sich nicht in ihr Schicksal ergeben, und ungehorsame Frauen. Daneben existiert noch eine andere Art mißratener Wesen: die aufsässigen Frauen, Frauen, die ihr eigenes Leben bestimmen wollen, Frauen, die heiraten, wen sie wollen, oder sogar überhaupt nicht heiraten wollen, und Frauen, die Karriere machen wollen. De facto ist das die Beschreibung meiner eigenen Töchter, nur bezeichne ich sie als unabhängige, freie, junge Frauen mit einem starken eigenen Willen und einer eigenen Meinung, junge Frauen, die ihren Lebensweg selbst gestalten, die nichts und niemandem unterlegen sind und denen die ganze Welt offensteht. Junge Frauen, die keinerlei Einschränkungen unterworfen sind.

Allerdings sind in Qureshis Augen Frauen wie meine Töchter sündige Frauen. Eine wahrhaft brave Muslimin ist gehorsam, ihrem Mann gehorsam. Und hier sind wir wieder bei der Gewalt gegen Frauen, gegen die der Islam ist, wie es bei Qureshi im ersten Satz seines Artikels heißt. Ungehorsam in der Ehe, schreibt er nun aber, muß sofort unterdrückt werden, und wenn das nicht im Guten geht, dann eben im Bösen. «Wenn Warnungen und Argumente einen Erwachsenen [eine Frau] nicht zur Vernunft bringen, dann müssen wir etwas anderes tun, um wieder Frieden und Eintracht in eine Familie zu bringen. Wie wir das tun, hängt vom Ernst des Aufruhrs ab. Wir müssen immer die Interessen aller Beteiligten berücksichtigen.»

Qureshi vermeidet das Wort Frauen in diesen Absätzen. Aber der Erwachsene, der keine Vernunft annehmen will, ist doch eindeutig eine Frau und kein Mann. Und «alle Beteiligten», deren Interessen gewährleistet bleiben müssen, sind wieder Männer, nicht Frauen. Das zeigt sich im weiteren. Der Autor fährt fort: «Es ist nicht schlimm, wenn ein gewisses Maß an Härte angewandt wird, um die eheliche Eintracht und Harmonie wiederherzustellen, denn absolut schrecklich ist, wenn rebellisches Benehmen nicht gebändigt wird und womöglich dazu führt, das Familienleben zu zerrütten.»

Hier kommt es: «Streitigkeiten in der Ehe läßt man am besten nicht an die Öffentlichkeit dringen, vor allem wenn es um die Ehrbarkeit einer Frau geht. Am allerbesten ist es, wenn einer der beiden Partner als Schlichter auftritt.» Eine schwer nachvollziehbare, verquere Argumentation: Ein Mann und eine Frau haben Streit, und einer von beiden ist zugleich der unabhängige Vermittler oder der Richter, der den Zwist beilegt und den Schuldigen straft. Wer diese Mittelsperson, dieser Vermittler sein soll, ist nicht schwer zu erraten. Natürlich der Mann. Qureshi: «Der Mann als Ernährer ist am besten dafür geeignet, bei Streitigkeiten innerhalb der Familie eine Lösung zu finden.» Der Mann, meint der Autor, sei nicht nur der Ernährer, sondern auch «Allahs Stellvertreter». Er habe allerdings keine göttlichen Eigenschaften, schreibt Qureshi, ein Mann bleibe ein Mensch. Bevor der Mann «seine Frauen zur Ordnung ruft, muß er zuerst bei sich selbst ein paar Dinge erforschen». Er muß sich beispielsweise sicher sein, daß «die Widerspenstigkeit seiner Frau nicht seinen eigenen Launen zuzuschreiben ist». Hat er dann festgestellt, daß die Gründe für die Renitenz seiner Frau nicht bei ihm liegen, dann soll er «nicht weiter zögern und keine halben Maßnahmen ergreifen. Im Fall des Ungehorsams darf ein Mann seine Frau mit dem Stock schlagen, ja, aber Allah, der oft vergibt und barmherzig ist, hat Frauen Schutz gegen Ungerechtigkeit gewährt.» Qureshi zitiert Sure 24, Vers 4: «Und wenn welche von euch ehrbare Ehefrauen mit dem Vorwurf des Ehebruchs in Verruf bringen und hierauf keine vier Zeugen für die Wahrheit ihrer Aussage beibringen, dann verabreicht ihnen 80 Peitschenhiebe und nehmt nie mehr eine Zeugenaussage von ihnen an!»

Sehr schön, daß Allah Frauen nicht ihrem Schicksal überläßt. In der Realität hat jedoch keine einzige Frau die Macht, zu beweisen, warum sie zu Unrecht von ihrem Mann mit dem Stock verprügelt wurde.

Qureshi sieht den Koranvers als ernste Warnung für diejenigen Männer, die Frauen emotional und physisch mißhandeln, «ohne, daß sie klare Beweise für den Ungehorsam haben».

Er hält das für ein gutes Beispiel seiner Behauptung, daß der Islam Gewalt gegen Frauen ablehne: Man darf eine Frau nicht fälschlicherweise bezichtigen, und wenn es dennoch geschieht und der Mann nicht vier fromme Muslime als Zeugen für die Tat der Frau beibringen kann – Männer mit Bärten, mit einer Schwiele auf der Stirn und einer Hochwasserhose –, dann wird er selbst ausgepeitscht. In den dreißig Jahren, die ich, mit Unterbrechungen, in islamischen Ländern gelebt habe, habe ich kein einziges Mal gehört, daß ein Mann bestraft worden wäre, weil er seine Frau fälschlicherweise des Ungehorsams beschuldigt und zusammengeschlagen hat.

Aber für Qureshi sind derartige Behauptungen – und er ist nicht der einzige pakistanische Fundamentalist, der das von sich gibt – ein weiterer Beweis für die Besudelung des Islam, denn: «Der Status der Frauen im Islam wurde immer völlig mißverstanden, und die islamischen Gesetze wurden immer falsch interpretiert.»

Die Unterwerfung der Frau ist ein wesentlicher Bestandteil des Islam, daran kann keine feministische islamische Theologie etwas ändern. Ohne Unterwerfung und Servilität bleibt von der Lehre der Muslime wenig übrig. Man lese, was Maulana Wahiduddin Khan in seinem *Women Between Islam and Western Society* schreibt: «Es ist ein Naturgesetz, daß einem Mann, dem befohlen wurde, für seine Familie zu sorgen, von seiner Frau Gehorsam entgegengebracht wird. Eine Frau hat das Recht, gelegentlich nicht einer Meinung mit ihm zu sein und ihm einen Rat zu geben. Doch wenn der Mann einmal eine Entscheidung getroffen hat, ist es ihre Pflicht, seinen Entschluß zu akzeptieren und ihm treu zu folgen. Ein Mann hat mehr Erfahrung mit der Welt draußen und ist dadurch erfahrener als eine Frau. Seine Art des Denkens ist realistischer. Das weibliche Denken fällt dagegen durch seine Beschränkungen auf. Die Frau ist eine leichte Beute ihrer Gefühle. Das hat sie nun einmal von der Natur mitbekommen, und solange sich ihr Leben im Haus abspielt, sind ihre Beschränkungen und Gefühle nichts, was sie unvollkommen macht. Eine Frau muß sich freilich sehr wohl dessen bewußt sein, daß sie von Natur aus bestimmte Mängel hat. Gut, sie darf ihrem Mann manchmal einen Rat geben, aber auf ihrer Meinung zu beharren, steht ihr keinesfalls zu.» (S. 178)

Das Angebot an Büchern über die Rechte, die der Islam Frauen zuerkannt hat, ist groß. Es gibt die Urdu-sprachigen, natürlich, aber mehr Werke sind in Englisch verfaßt, denn auch die orthodoxe und fundamentalistische Mittelschicht Pakistans schickt ihre Kinder lieber auf englischsprachige Privatschulen als auf die Urdu-Schulen der Regierung, die notorisch schlecht sind: Oft tauchen die Lehrer nicht auf, es gibt weder Schreibzeug noch Papier, und auch keine Bücher.

In diesen kleinen Broschüren, die in den Buchläden von Karachi, Lahore und Islamabad verkauft werden, kann eine Muslimin nachlesen, was ihre Rechte und Pflichten sind. Auf Seite 9 des Büchleins *Miscellaneous Questions and Answers for the Muslim Women* von Ibrahim M. Kunna wird die Frage gestellt:

Was hält der Islam für die beste gesellschaftliche Stellung einer Frau? Antwort: Hausfrau.

Auf Seite 10: Wenn eine Frau sich weigert, ihrem Ehemann zu erlauben, mehrere Ehefrauen zu nehmen, wie ist die Position des Islam dazu? Antwort: Ihre Weigerung ist mit Blasphemie gleichzusetzen, denn sie [die Polygamie] ist eine göttliche Anordnung, und es steht einem Menschen nicht zu, daran etwas zu ändern.

Im restlichen Buch werden Fragen behandelt wie: Eine menstruierende Frau darf bestimmte Dinge nicht tun. Was darf sie nicht? Antwort: Sie darf den Heiligen Koran nicht berühren, ohne ihre Hände zu bedecken, sie darf sich nicht an der Umrundung der Kaaba beteiligen, sie darf keinen Geschlechtsverkehr haben, sie darf nicht beten und nicht fasten.

Darf ein Mann seiner Frau während der Fastenzeit einen Kuß geben?

Ja.

Darf eine Muslimin einen Mann einer anderen Religionsgemeinschaft heiraten?

Nein.

Darf ein muslimischer Mann eine Frau einer anderen Religionsgemeinschaft heiraten?

Ja, aber nur eine christliche oder jüdische Frau.

Welcher der Ehepartner hat das Recht, sich scheiden zu lassen?

Männer, denn Frauen sind wollüstig und emotional.

Wieviele Tiere muß man bei der Geburt eines Kindes schlachten, um Allah seine Dankbarkeit zu zeigen und seinen Segen zu erbitten?

Eines für eine Tochter, zwei für einen Sohn.

Wie groß ist der Anteil, den eine Ehefrau oder mehrere Ehefrauen zusammen von ihrem Mann erben dürfen?

Ein Achtel.

Dürfen Frauen ihr Haar im Stil der Männer schneiden lassen?

Nein.

Dürfen ein Mann und eine Frau ohne Anwesenheit und Zustimmung eines Wali heiraten?

Nein.

Darf eine Muslimin mit einer Nichtmuslimin befreundet sein?

Nur wenn die Frau bereit ist, sich zum Islam zu bekehren, sonst ist es gegen die Vorschriften des Korans.

Dürfen Frauen Richter sein?

Nein.

Welche Berufe sind dem Islam zufolge die besten für Frauen?

Lehrerinnen an Mädchenschulen, Pflegepersonal für Patientinnen, andere medizinische Berufe, jedoch beschränkt auf den Umgang mit Frauen, und eine Tätigkeit, die völlig von Männern getrennt ist.

Von welchem Alter an dürfen Kinder geschlagen werden, wenn sie ihre Gebete nicht sprechen?

Ab zehn Jahren.

Welches ist das beste Alter für Mädchen zum Heiraten?

Sobald die Menstruation einsetzt. Je früher desto besser.

Wenn eine Frau die Wahl zwischen Schulbesuch und Heirat hat, wofür sollte sie sich dann entscheiden?

Für die Ehe.

Offensichtlich ist es verlogen von Professor Fazul Rahman, zu schreiben: «Für Frauen ist der Islam immer besser gewesen als für Männer», und genauso verhält es sich mit der Überschrift von Abdur Rahman «Gleichheit der Geschlechter im Islam».

Bösartige Erfindungen, meine ich.

Man nehme das Buch *Instructions of Schariah for Women* von 1999 zur Hand, zusammengestellt von einer Frau, die sich «Wife of Zarif Ahmad Thanvi» nennt. Sie schreibt, daß sogar der Urin eines neugeborenen Jungen besser sei als der eines neugeborenen Mädchens. Sie weiß es, weil es der Prophet Mohammed gesagt hat (S. 55). Sie zitiert uns den Hadith, in dem es um Babyurin geht. «Eines Tages lag der Enkel des Propheten, Hussein, auf seinem Schoß und machte Pipi. Eine Freundin des Hauses sagte zum Propheten: ‹Gib mir deine Unterwäsche, damit ich sie waschen kann.› Er jedoch antwortete: ‹Du mußt nur ein bißchen Wasser darauf [über meine Kleider] sprenkeln, wenn ein kleiner Junge Pipi gemacht hat. Aber wenn ein weibliches Baby auf deinen Schoß uriniert, mußt du das Kleidungsstück und die Unterwäsche waschen.›» The Wife of Thanvi erklärt es so: «Den Islamgelehrten zufolge ist der Urin eines weiblichen Babys dicker und riecht unangenehm, das ist der Grund, warum der Urin gut ausgewaschen werden muß. Aber der Urin eines kleinen Jungen hat nichts dergleichen.»

Von westlichem Unterricht für Mädchen rät The Wife of Zarif Thanvi ab. Für Jungen sei er in Ordnung. «Die Wahrheit ist», schreibt sie, «daß eine Frau, die den Islam studiert, große Hochachtung verdient, aber wenn das nicht möglich und die einzige Alternative westlicher Unterricht ist, dann ist es besser und sicherer, wenn sie Analphabetin bleibt.»

The Wife of Zarif Thanvi hat eine Reihe ernster Warnungen an Frauen parat, die ihrem Mann nicht gehorsam sind, keinen Geschlechtsverkehr mit ihm wollen oder ihm ständig in den Ohren liegen (S. 334). Sie zitiert einen Hadith, in dem der Prophet sagt: «Wenn ein Mann seine Frau in sein Bett ruft und sie sich weigert zu kommen, dann hat er eine abscheuliche Nacht, und die Engel verfluchen sie, bis es Morgen wird.» Nach der Verfasserin müßten sich Frauen, die diesen Hadith nicht beachteten, darüber im klaren sein, daß ihr Mann sich bald eine weitere Ehefrau dazunehmen werde.

Eine brave Frau ist wie die Frauen, die ich in Baluchistan sah, die sich an eine Wand drückten und über welche The Wife of Thanvi schreibt: «Als der Gesandte Allahs die Moschee verließ, sah er, daß Männer und Frauen durcheinander liefen. Er sagte zu den Frauen: ‹Geht zur Seite. Ihr dürft nicht mitten auf der Straße gehen. Bleibt am Wegrand.› Seither gehen alle Frauen immer am äußersten Straßenrand und so nah an den Wänden, daß ihre Kleider sie streifen.» (S. 411)

Ein anderer, 2004 erschienener Erziehungsratgeber läßt von dem soge- nannten Recht der Frauen im Islam auch nicht sehr viel übrig. Das Buch heißt *Bringing up Children in Islam* und wurde von Sheikh Abdul- lah Nasih Ulwan verfaßt. Der Sheich schreibt, daß Sport gut sei, gut für Jungen. Sie dürfen nur Sportarten ausüben, die für den Jihad gele- gen kommen: Schwimmen, Bogenschießen, Reiten und andere For- men der Kriegskunst, die nötig sind, um den Jihad zu gewinnen (S. 80). Über Fußball oder das in Pakistan populäre Cricket und Hockey sagt der Scheich nichts. Aber über Schach- und Damespielen stößt er einen Alarmruf aus. Die Sünde des Schach- oder Damespiels sei so groß, daß es mit dem Eintauchen der Hand in Schweineblut zu vergleichen sei. Es sei eine Zeitverschwendung, das sei an sich schon eine schreckliche Sünde, hielte es doch die Gedanken von den religiösen Pflichten ab (S. 348). Ringen will er eventuell noch erlauben, genau wie Speerwer- fen. Körperliche Betätigung für Mädchen kommt in seinem Erzie- hungsführer nicht vor.

Kinder müssen von Gesang und Musik ferngehalten werden. Wer das als Elternteil versäumt, tut seinen Kindern großes Unrecht an, er miß- handelt seine Kinder, denn beim Jüngsten Gericht wird heißes, ge- schmolzenes Blei in die Ohren eines jeden gegossen, der verbotenen Lie- dern gelauscht hat. Ein guter Vater oder eine gute Mutter wird einem

Kind so etwas doch nicht antun? Gute Eltern sorgen dafür, daß ihr Kind gehorsam und gottesfürchtig ist und nicht in der Hölle bestraft wird.

Als einziges Kindervergnügen ist das Singen von Schlafliedern erlaubt oder von Liedern, die Kamele antreiben, schneller zu laufen, sowie das Rezitieren frommer Dichtung.

Die Islamische Republik Pakistan hat, Gott sei Dank, viele widerspenstige Frauen hervorgebracht, die sich nicht narren lassen und den Fundamentalisten eine lange Nase zeigen. Jugnu Mohsin ist die Herausgeberin der progressiven Wochenzeitung *The Friday Times*. Sie steht an der Spitze des Kampfes gegen die Hududgesetze und setzt sich für die harte Bestrafung von Mördern ein, die aus verletzter Ehre getötet haben. Als einzige Journalisten Pakistans wagen sie und ihr Mann, der Chefredakteur der *Daily Times*, in ihrer Berichterstattung und ihren Kommentaren, die Blasphemiegesetze und die Verfolgung der islamischen Sekte der Ahmadis zu kritisieren. In einer ihrer Kolumnen führte Jugnu, die gern ironisch schreibt, eine Liste der schlechten Manieren auf, mit denen sie als Frau in Pakistan täglich konfrontiert wird:

«Niemand fragt jemals, ob du eine Stelle hast.

Du kannst einem Mann, der ganz normal aussieht – ohne Schnurrbart oder Bart –, völlig außer sich geraten lassen, indem du ihm die Hand gibst.

Du kannst so häßlich wie die Nacht sein, und trotzdem starren dich alle Männer an.

In einem Restaurant schiebt der Ober deinem Mann den Stuhl hin, dir aber nicht.

Männer denken, daß Frauen schwache Wesen sind, aber sie werden niemals einer Frau anbieten, ihre schwere Tasche oder ihren Koffer zu tragen.

Auf der Straße darfst du nicht Hand in Hand mit deinem Mann gehen, aber niemand zuckt mit der Wimper, wenn ein Mann in der Öffentlichkeit seine Hand im Shalwar eines anderen Mannes tief in der Schamgegend vergraben hat.

In Pakistan haben sie nie von ‹Ladies first› gehört. Frauen gehen hinter ihrem Mann.»

Mord in Karachi

Ich muß meine Nase auf die Glasscheibe drücken, um sehen zu können, was sich in dem Raum befindet. Es ist nicht viel. Vor der Tür ein abgeblättertes Scherengitter. Auf einem Schreibtisch ein rotes Telefon und eine angebrochene Flasche Mineralwasser. Die Türen zur Rezeption sind geöffnet, aber ich kann von hier aus nicht erkennen, was sich dahinter verbirgt. An den Wänden keine Poster, keine Kalender, an der Tür kein Namensschild. Die Einlegeböden der Schränke hinter dem Schreibtisch sind leer. Auf allem liegt dick der Staub.

Vor neun Monaten wurden sieben der neun Menschen, die an jenem Morgen hier im Büro arbeiteten, kaltblütig ermordet. Ein achter überlebte den Kopfschuß, und der neunte hatte nicht die kleinste Schramme. Alle neun waren Christen. Das Büro gehörte der *Idara-e Amn-o-Insaf*, dem Komitee für Frieden und Gerechtigkeit, einer Entwicklungshilfeorganisation der pakistanischen protestantischen und katholischen Kirchen. Es war der vierte Anschlag auf Christen in Pakistan innerhalb von sieben Monaten, der mehrere Todesopfer forderte.

Den ganzen Morgen hatte ich versucht, Pater Peter John und Pater Arnold telefonisch zu erreichen, zwei pakistanische Priester, die für die Idara arbeiteten, sich aber zum Zeitpunkt des Blutbads nicht im Büro aufhielten. Beide nahmen den Hörer nicht ab. Ich beschloß, direkt zur Idara zu gehen, dort vielleicht auf sie zu warten oder von einem der Mitarbeiter zu erfahren, wie ich sie sonst erreichen könnte.

Das Büro des Komitees für Gerechtigkeit und Frieden hat seinen Sitz im *Rimpla Plaza*, einem riesigen Geschäfts- und Bürogebäudekomplex im Herzen von Karachi, der zwischen vier Straßen liegt und Dutzende von Eingängen hat. Im Parterre gibt es kleine Geschäfte und Werkstätten, kleine Eßlokale und (islamische) Gebetsräume. Niemand weiß, was die Idara e Amn o Insaf ist, als ich danach frage. Aber nachdem ich erklärt habe, daß ich den Ort suche, an dem die sieben Christen ermordet wurden, wedeln die im Schneidersitz auf dem Boden sitzenden Männer schlaff mit der Hand und deuten mit einer Seitwärtsbewegung des Kopfes zu einem anderen Teil der Rimpla Plaza. Ich werde von einem Eingang zum nächsten geschickt. Hinter jedem Zugang verbirgt sich ein Gewirr von Werkstätten und kleinen Büros. Ich gerate in ein Labyrinth aus kleinen Läden, die nicht größer sind als eine Wandnische; dort wird in jeweils acht oder zehn Nischen mit jeweils einem eigenen Geschäftsführer und verschiedenen Laufburschen genau ein Autoteil verkauft: Die eine Ladenreihe hat nur Lenkräder, eine andere nur Sonnenblenden, eine dritte Rückspiegel und die daneben Seitenspiegel, die ein Stück weiter Bezüge für die Autositze, und ganz hinten gibt es eine Reihe von Lädchen, die nur Antennen im Angebot haben. Hier zeigt man mir den Weg zum Lift: durch enge, stinkende, unbeleuchtete Gänge zu einer Treppe, die in den zweiten Stock führt, wo der Lift sein soll. Oben an der Treppe sehe ich nur Betonpfeiler und eine dunkle, halb fertig gebaute Etage. Hier sind Autos geparkt. Es ist dunkel, still, verlassen. Hinter ein paar Pfeilern befindet sich in einer Ecke eine Tür und daneben ein quadratischer, roter Knopf. Der Lift bringt mich quälend langsam und rüttelnd nach oben.

Die Mörder der Idara-Mitarbeiter sind ungesehen entkommen. Nach dem Mord hat sich kein Zeuge gemeldet. Drei Monate vor dem Blutbad im Rimpla Plaza war der Vorsitzende der Idara in einem anderen Stadtteil in seinem Büro grausam ermordet worden: Die Täter hatten ihn auf seinen Stuhl gebunden, ihm den Mund zugeklebt und eine Giftspritze verpaßt.

Im Vorraum des nächsten Stockwerks sitzt ein Mann auf einem kaputten Stuhl, ein großes Gewehr lehnt an seiner Schulter. Er trägt die dunkelblaue Uniform des größten Wachdienstes in Pakistan. Durch die Gänge gehen Leute – Männer und Frauen, die in den kleinen Büros arbeiten, Jungen mit Tabletts voller Teetassen und Eßschalen, Leute, die etwas fragen wollen oder eine Unterschrift auf einem Dokument brauchen. Der Wachmann bringt mich zu der schmuddeligen Tür mit dem eingestaubten Schreibtisch und dem Telefon dahinter. Es ist klar, daß in diesem Büro schon lange nicht mehr für Frieden und Gerechtigkeit gearbeitet wurde. Höchst seltsam, daß es trotz der vielen Läden, der vielen Büros, der vielen Menschen, die sich hier aufhalten, niemanden geben soll, der am Morgen des Blutbads etwas gesehen oder gehört hat. Es ist zwischen halb zehn und Viertel nach zehn passiert, also mitten am Vormittag, aber für die Einwohner Karachis sehr früh. Die meisten kommen erst um elf zur Arbeit, etwas, worüber ich mich immer gewundert habe, denn mit diesen Zeiten müssen sie in der größten Tageshitze arbeiten. Das scheint mir völlig im Widerspruch zu ihren eigenen Interessen zu stehen, die den Menschen ja eigentlich am nächsten liegen.

Die Idara hat sich dreißig Jahre lang für Menschen eingesetzt, die in Pakistan nicht als Mitmenschen gelten: für die Ausgestoßenen, die Unreinen, die Leibeigenen und für die große Mehrheit der pakistanischen Christen, die sich vor drei, vier Generationen als hinduistische Parias zum Christentum bekehrt haben. Parias sind sie geblieben, Menschen, für die es in Pakistan eigentlich keinen Platz gibt.

Die Idara setzte sich für die Abschaffung der Blasphemiegesetze ein, denen unschuldige Christen und Muslime zu Dutzenden zum Opfer fielen und die große Angst bei den Minderheiten verbreiten. Pater Peter John und Pater Arnold spielten in der Idara eine führende Rolle. Jeder Müllsammler von Karachi und jeder Leibeigene in den ländlichen Gebieten des südlichen Sindh kannte Pater Arnold mit seinem Moped.

Ich wähle noch einmal Pater Peter Johns Nummer. Endlich nimmt jemand ab und holt den Pater ans Telefon. Ich möchte mich gern mit ihm unterhalten, sage ich, über die Morde und über die möglichen Täter. Das könne er nicht, sagt er, er sei krank. Seit den von ihm so bezeichneten «Ereignissen im Rimpla Plaza» ist er krank. Und Pater Arnold? Nein, Pater Arnold ist nach den Vorfällen nach Australien gegangen, in das Land, das ihm vor längerer Zeit die Staatsbürgerschaft verliehen hat. Am besten solle ich mit Zafar Iqbal sprechen, dem Verwaltungsleiter von *Dar al Kush*, einer Schule für behinderte Kinder. Ich bekomme eine Handynummer.

Herr Zafar ist offenbar nicht im Büro, sondern zu Hause, in einem weit entfernten Außenbezirk. Er meint, es sei für mich zu gefährlich, ihn dort aufzusuchen, und außerdem würde ich das Haus nie finden. Und das gelte auch für den Chauffeur, den ich für heute angeheuert habe. Aber er will mir gern Auskunft geben und heute nachmittag um vier Uhr in der Schule sein, auf dem Gelände der *Holy Trinity Church*, einer protestantischen Kirche.

In den freien Stunden bis dahin lasse ich mich ohne rechten Plan durch die Stadt fahren. Karachi besitzt keine touristischen Attraktionen; die wenigen historischen Gebäude aus der Zeit der Briten sind verfallen, die Strände stinken. Karachi ist als Stadt wie ein Geschwür gewuchert, ohne jede Planung. Es ist eine häßliche Drittweltstadt, hochgezogen aus schlechten, porösen Hohlblocksteinen, mit offenen Kloaken, ständigen Stromausfällen und einem gigantischen Trinkwassermangel. Eine Stadt, in der viel zuviele Menschen wohnen (nach der letzten Schätzung vierzehn Millionen), wimmelnd und arm wie die Kirchenmäuse, grau und krank von den Entbehrungen. Aber auch eine Stadt der Luxusjachten, Firmenimperien, Modeshows, der pakistanischen Popmusik, der Mercedesflotten, der Jaguars, der Dekadenz. Die einzige Stadt im Land mit einem internationalen Hafen. Die Türen meines kleinen weißen Honda sind verriegelt, die Fenster geschlossen; ich sitze auf der Rückbank und achte darauf, daß sich keine Mopeds mit Soziusfahrern neben unser Auto setzen. Soziusfahrer begehen die meisten Morde. Der Fahrer ist der Reiter, der Mann auf dem Rücksitz der Schütze. An bestimmten islamischen Feiertagen ist Soziusfahren verboten. An diesen Tagen erreicht der Haß zwischen den sunnitischen und den schiitischen Pakistani den Siedepunkt, und das nur, weil sie verschiedene Meinungen über die Nachfolge des Propheten Mohammed vor vierzehnhundert Jahren haben. Der eine Muslim findet, daß der andere Muslim kein Recht habe, in der Islamischen Republik Pakistan zu leben, die 1947 als das neue Vaterland für alle Muslime des Indischen Subkontinents gegründet wurde.

Man kann ohne Übertreibung behaupten, daß Karachi die gefährlichste Stadt Pakistans ist. Verbrecher haben dort einen Freibrief, Schiiten und Sunniten gehen mit Terroranschlägen gegeneinander vor. Es gibt Selbstmordanschläge gegen Menschen aus dem Westen. Karachi ist der Unterschlupf für Osama bin Ladens Topleute. Sie sind bei Pakistanis untergetaucht, viele wurden schließlich verhaftet und nach Guantanamo geschickt, dank der Fahndungen des amerikanischen FBI, nicht dank der pakistanischen Kriminalpolizei.

Ehrlich gesagt berühren mich diese Geschichten über Verbrechen und über die «Terrorismushauptstadt der Welt» nicht besonders. Sie jagen mir keine Angst ein. Ich habe zwar Angst, Krebs zu bekommen oder im Stich gelassen zu werden, aber nicht vor Entführungen oder Anschlägen. Ich glaube einfach, daß mir das nicht zustoßen wird. Ich gehe nicht leichtfertig Risiken ein. Ich glaube, daß man meinem Gesicht ansieht, daß ich mit der Welt nur das Beste vorhabe. Ich bin eine Frau mittleren Alters, ich reise allein und bin als Zielscheibe absolut wertlos. Mit mir als Opfer, ob verwundet oder tot, läßt sich für einen Terroristen kein Staat machen. Mehr Gedanken möchte ich mir darüber nicht machen. Gedanken an Gefahren blocke ich ab. Für manche Dinge muß man eben Scheuklappen tragen, um sich das Leben nicht zu verleiden.

Bei der erstbesten Ampel wird das Auto von Bettlern belagert. Auf einem flachen, winzig kleinen Karren mit Holzrädern kommt ein Junge zwischen den Autos angesaust. In den Händen hat er zwei Holzklötze, mit denen er sich auf dem Asphalt abstößt. Fadendünne Beine, die kleinen Füße baumeln verkehrtherum. Er klopft an die Autotür, er ist nicht zu sehen. Auf der anderen Seite hält ein Junge die Hände auf, das heißt, was davon übriggeblieben ist. Eine schreckliche Krankheit hat seine Finger weggefressen. Er hat nur noch einen Zeigefinger, und damit deutet er auf mich und dann auf seinen Mund. Der Chauffeur tut, als sähe er die Kinder nicht.

An der nächsten Kreuzung: ein Mädchen, nicht älter als zehn, mit einem Baby auf der Hüfte. Auf der anderen Seite des Autos ein Transvestit mit verschleiertem Haar.

Wieder eine Kreuzung: ein einbeiniger Mann, der den Stumpf des anderen Beins auf einen Ast stützt; an der Tür gegenüber eine völlig verschleierte Frau.

Eine pakistanische Freundin ist davon überzeugt, daß die Mafia hinter der Bettelei steckt, Banden, die Kinder aufkaufen, verkrüppelte Kinder oder normale Kinder, die sie verstümmeln. Ein Bettler kann nicht einfach auf einer Kreuzung die Hand aufhalten. Alle rentablen Stellen werden von Banden kontrolliert, die einen Gutteil des Almosens fordern. Meine Freundin, sie ist Ärztin und arbeitet in einem Armenhospital, findet das am schlimmsten: daß die armen Schlucker alles bei einem anderen, der sie ausbeutet, abliefern müssen. Sie sagt nicht: Laßt sie für ihren Lebensunterhalt arbeiten. Sie sagt: Es ist die Pflicht der Muslime, Notleidenden zu helfen. Zusammen mit ihrem Mann, einem Bankier, hat sie eine Organisation gegründet, die Bettelkinder von der Straße holt und in die Schule schickt. Und sie gibt reichlich Almosen: einem armen Mädchen, damit es sich eine Aussteuer anschaffen und dann heiraten kann, oder der Garküche einer Moschee für die Verteilung von Gratismahlzeiten.

Ein Werbeschild für PSO (*Pakistan State Oil*): gelbes Cabrio, junge Frau am Steuer, wehende Haare, wehende *Dupatta*, der lange Schal, den alle pakistanischen Frauen überall und jederzeit tragen, über den Schultern, mit den Enden hinter ihnen herflatternd oder um das Haar gewickelt. Für wen ist diese Reklame gedacht in einem Land, in dem nur wenige Frauen Auto fahren, wo man wegen der Hitze, des Drecks und der Kriminalität nicht im offenen Auto fahren kann? Oder soll das bei den Männern etwas bewirken? So eine freie, unabhängige Frau, ist das sexy? Kein Mann in diesem Land würde seiner eigenen Frau oder Tochter erlauben, so durch die Stadt zu fahren. Die Haare der Autofahrerin müssen für Männer verlockend sein: Als bravste und beste Frau gilt in der hiesigen Gesellschaft die, die ihre Haare verdeckt, weil Haare nach islamischer Vorstellung Männer so sehr erregen, daß sie dafür alles im Stich lassen. Dicke, lange Haarmähnen sind überall auf den Reklamewänden zu sehen: für Shampoo (logisch), für Prepaidtelefone, für Tee, für Spülmittel. In der Stadt Peshawar ist es seit dem Wahlsieg der fundamentalistischen Parteien 2002 verboten, Frauen mit offenen Haaren abzubilden, noch schlimmer: Reklametafeln mit Frauenbildern werden abgerissen.

Auf einem Müllhaufen am Straßenrand liegt ein totes Pferd, das linke Vorder- und Hinterbein starr zur Seite gestreckt.

Eine Werbetafel: HAJI RENT A CAR; ein Haji ist jemand, der eine Pilgerreise nach Mekka gemacht hat.

Männer haben Haar und Bart und ihre Esel mit Henna rot gefärbt.

Ein anderer Müllberg: Männer in der *Shalwar Kameez* (der pakistanischen Tracht für Männer und Frauen: eine weite Hose mit einem weit fallenden, langen Hemd oder Kleid darüber) in der Hocke, mit weit nach außen gestellten Knien, das Hemd wie ein Zelt um sich, den Rükken der Straße zugewandt. Sie sitzen da und kacken und pissen und schauen aufmerksam nach unten, um zu sehen, wie das vor sich geht. Frauen und Mädchen sieht man das nie tun. Sie müssen auf den Einbruch der Dunkelheit warten, dann gehen sie aufs Feld oder an den Rand eines Kanals. Gleich werden die Müllsammler von Karachi mit bloßen Händen in den Dreck greifen. Für diese Leute, die Müllsammler, hat sich die Idara eingesetzt. Sie arbeiten ohne Handschuhe, an den Füßen tragen sie nur Plastikslipper. Sie verdienen 3000 Rupien im Monat (etwa 45 Euro), von denen sie jeden Monat 500 Rupien an höhere Beamte der Gemeinde abgeben müssen, um ihre «Stelle» zu behalten.

Die Straßen quellen über von motorisierten Rikschas; sie knattern und spucken schmutzigen Rauch aus. Die Fahrer sitzen alle in der gleichen Haltung am Lenker ihres Mopeds, das die kleine Kutsche zieht: die Hände locker auf den Handgriffen, barfuß, ein Knie hochgezogen, mit einem Fuß auf dem Sitz.

Wir fahren am *Bones and Joints Hospital* und am *Blood Donation Camp* vorbei, bei *Kentucky Fried Chicken, McDonald's* und *Pizza Hut*. Wir passieren den Eingang des *Karachi Psychiatric Hospital*, wo man «addiction, sex and the supernatural» behandeln lassen kann. Eine Reklametafel für *Benson and Hedges*. Ich sehe ein Schild mit HAPPY TEETH DENTAL SURGERY, und ein anderes mit BISMILLAH MEDICAL CENTRE (Medizinisches Zentrum «Im Namen Allahs»).

Wir machen einen Umweg zum Mausoleum des *Quaid-e-Azam* – des Großen Führers – Mohammed Ali Jinnah, des Architekten von Pakistan, des Mannes, der glaubte, daß die Muslime des Indischen Subkontinents einen eigenen Staat haben sollten, in dem sie befreit vom Joch der Hindus in Frieden und Wohlstand miteinander leben könnten. Jinnah war selbst ein kaum praktizierender Muslim: Er trank Alkohol, aß Schinken und rauchte sich buchstäblich zu Tode. Er war immer untadelig rasiert und trug englische Maßanzüge. Sein Englisch war besser als sein Urdu, das die offizielle Sprache der neuen Nation werden sollte. Jinnah war ein arroganter, autoritärer Mensch, rachsüchtig und mißgünstig gegenüber den Hindus Jawaharlal Nehru und Mahatma Gandhi, den beiden anderen Helden des Unabhängigkeitskampfes gegen die britische Kolonialherrschaft über das ganze Gebiet, das damals Indien hieß. Ich habe noch nie ein Foto von einem lachenden Jinnah gesehen. Er und die Anhänger seiner Muslim-Liga wollten nach dem Abzug der Briten nicht in dem, was sie Hindustan nannten, leben, einem Land, in dem die Muslime eine Minderheit gewesen wären. Dieser Widerstand gegen Hindus, gegen «Hindustan», ist die Basis, auf der Pakistan gegründet wurde. Erst nach dem Tod des Quaid-e-Azam – er starb ein Jahr nach der Unabhängigkeit – brachen die Diskussionen, die Auseinandersetzungen und Bruderkriege los über die Frage, was Pakistan sonst noch sein müsse außer Anti-Indien: eine Nation für Muslime oder eine islamische Nation? Jinnah war für das erstere: für einen säkularen Staat, in dem Muslime leben könnten, ohne von Hindus diskriminiert zu werden. Religiöse Parteien haben das Land im Laufe der Jahre zu einem islamischen Staat gemacht. Sie wollen noch weitergehen: Sie wollen das ganze Pakistan der Scharia, dem islamischen Recht, unterordnen. Unter ihrem Einfluß wurden die Minderheiten, die Nichtmuslime, die sich 1947 für Pakistan und nicht für Indien entschieden hatten, völlig an den Rand gedrängt. Hindus, Sikhs, Parsis, Christen: Alle zusammen stellen nicht mehr als drei Prozent der Bevölkerung, ein Tropfen in einem Ozean von Muslimen. Um zu beweisen, daß die heutigen Regeln und Gesetze ein Verrat an den Idealen des Vaters des Vaterlands sind, zitieren diese Gruppen, aber auch die liberalen Muslime, immer wieder eine Rede, die der Quaid kurz nach der Unabhängigkeit hielt. Er sagte den frischgebakkenen Pakistanis: «... euch steht es in diesem Staat Pakistan frei, eure Tempel zu besuchen, es steht euch frei, in eure Moschee zu gehen oder an einen anderen Ort, um euren religiösen Pflichten nachzukommen. Ihr dürft euch zu gleichgültig welcher Religion, Kaste oder Gesinnung bekennen – das ist nicht Sache des Staates. Wir beginnen unseren Staat ohne Diskriminierung, ohne Unterschied zwischen der einen und der anderen Gemeinschaft, ohne Diskriminierung von Kasten oder Gesinnungen. Wir beginnen mit dem grundsätzlichen Prinzip, daß wir alle Bürger sind, gleiche Bürger eines einzigen Staates.» Diese Botschaft liegt nun zusammen mit dem Großen Führer unter der Grabplatte des weißen Marmormausolems in der von Haß und religiösen Zwisten zerrissenen ersten Hauptstadt Pakistans.

Als ich vom Hausmeister in das Büro der Schule für behinderte Kinder eingelassen werde, sitzen dort Zafar Iqbal, ein Mann mit einem freundlichen, offenen Gesicht, und ein anderer Mann, den er als Alan Lobo vorstellt. Lobo ergreift gleich das Wort und sagt, daß er es ungeheuer wichtig fände, mich über die Fakten der terroristischen Anschläge auf die Idara zu informieren. Er vertritt den katholischen Bischof von Karachi in dem Komitee, das sich mit den Auswirkungen des Mordanschlags beschäftigt. Zafar Iqbal sitzt dort für die Kirche von Pakistan, ein protestantisches Gemeinschaftsprojekt der Anglikaner, Methodisten, Lutheraner und Presbyterianer.

Leider scheinen sich die Fakten zu widersprechen oder gar keine Fakten zu sein, sondern Spekulationen, Mutmaßungen, Verschwörungsphantasien. Alan Lobo äußert sie in bester Absicht, und er versucht keineswegs, mich hinters Licht zu führen. Es ist die Art von Gesprächen, wie ich sie in Pakistan häufig erlebe. Der Mann oder die Frau mir gegenüber trägt das Herz auf der Zunge, sie geben auf alle Fragen Antwort, sie verkünden ohne Angst vor Verfolgung ihre Meinung, sind freundlich und behilflich, wirklich bereit, für mich das äußerste zu tun. Meine Güte, welch ein angenehmer, netter Mensch, denke ich dann. So offen. So etwas habe ich im Mittleren Osten nicht oft erlebt.

Nur werde ich aus dem Gesagten überhaupt nicht schlau, bin total verwirrt und weiß nicht mehr, was ich eigentlich wissen wollte oder was ich eigentlich herausfinden wollte. Handelt es sich dabei vielleicht um ein Kommunikationsproblem? Erneutes Weiterfragen, noch einmal auf das Gesagte zurückkommen. Es hilft nichts, alles wird nur noch unklarer.

Auf meine Frage, ob sie denn wüßten, wer die Morde begangen habe oder wer womöglich dahinterstecke, beginnt Alan Lobo zu erzählen, was der Polizeipräsident von Karachi kurz vor Weihnachten in einem Gespräch mit den Hinterbliebenen über den Stand der Ermittlungen gesagt haben soll. «Der Polizeipräsident teilte damals mit», sagt er, «daß die Morde nichts mit einem Streit unter Christen zu tun haben, sondern daß es sich dabei um religiöse Fanatiker gehandelt habe oder um eine terroristische Vereinigung, die Angst unter den pakistanischen Minderheiten säen und der Regierung in der Welt einen schlechten Ruf anhängen wollte. Das wußten wir natürlich schon von Anfang an.»

Ich frage: «Welchen Streit hat der Polizeipräsident gemeint?» Ich habe zwar schon einmal über Auseinandersetzungen innerhalb der Kirche von Pakistan gelesen, aber vielleicht ist die Geschichte ganz anders zu verstehen, und vielleicht können Zafar und Alan Lobo Licht in die Sache bringen. Alan Lobo findet es lächerlich, daß sich die Polizei so lange, drei Monate, mit einem Konflikt innerhalb einer der protestantischen Kirchen beschäftigt habe. «Die Sache wurde aufgeblasen.» Zafar sagt: «Sie haben aus einer Mücke einen Elefanten gemacht.» Alan Lobo und Zafar können es mir nicht erklären, sie sagen, es sei etwas Unwichtiges und der interne Streit längst beigelegt, und daß es besser wäre, die alten Geschichten nicht wieder aufzuwärmen. Also muß ich hier referieren, was kurz nach dem Anschlag in der englischsprachigen Zeitung *Dawn* stand.

Der Zeitung zufolge waren der Mord im Mai an dem Vorsitzenden der Idara und das spätere Blutbad im Büro im Rimpla Plaza die Folge eines Streits innerhalb der Kirche von Pakistan wegen eines Grundstücks, das der St. Andrews-Gemeinde gehört. Eine Gruppierung innerhalb der anglikanischen Kirche, angeführt von einem gewissen Ejaz Inayat, will dieses Gelände für kommerzielle Zwecke nutzen: verkaufen oder wirtschaftlich nutzen. Eine andere Gruppierung unter der Leitung von Daniel Sadiq, dem anglikanischen Bischof von Sindh und Baluchistan, lehnt diese Pläne ab. Zuerst war Ejaz Inayat zum Bischof von Sindh und Baluchistan gewählt worden. Dagegen strengte Daniel Sadiq einen Rechtsstreit an und behauptete, Inayat habe die Wahlen durch Betrug gewonnen. Das Gericht gab ihm recht, und Sadiq wurde im Jahr der tödlichen Angriffe auf die Mitarbeiter der Idara zum neuen Bischof bestimmt.

Kurzum, der höchste Polizeivertreter Karachis hat diese Parteien an Weihnachten von jedem Verdacht freigesprochen.

Ich kann in meinen Aufzeichnungen keinerlei Aussagen von Zafar finden. Lobo führte das Gespräch. Im nachhinein erinnere ich mich, daß Zafar sehr würdevoll und mit freundlicher Miene dabei saß und gelegentlich eine Aussage Lobos ergänzte, ihn jedoch nie korrigierte, sondern immer wartete, bis Lobo ausgesprochen hatte.

Früher oder später läuft in Pakistan jedes Gespräch über Terrorismus, sektiererische Gewalt, über Afghanistan oder Indien, über den mühevollen demokratischen Prozeß auf den ISI hinaus: den *Inter Services Intelligence*, den pakistanischen Geheimdienst. Wenn einer nicht weiter weiß, er etwas nicht begreifen kann, dann sagt er nie: «Ich weiß es nicht.» Dann kommt immer die Erklärung: Dahinter steckt der ISI. Es ist, als existiere eine doppelte Gesellschaft: eine sichtbare, in der die Menschen ein relativ normales Leben führen, in dem sie eigene Entscheidungen treffen und wissen, was für sie gut ist, und eine unsichtbare, eine unterirdische Gesellschaft, in der der ISI herrscht, an den Fäden zieht und genau wie der Teufel das oberirdische Leben manipuliert und Menschen zu üblen Streichen anstiftet, die sie nicht wollen oder derer sie sich nicht bewußt sind.

Ziemlich rasch vertraut mir Alan Lobo an, daß die Services durchaus gelegentlich dahinterstecken können. Er denkt, nicht die oberste Etage, sondern gewisse Zellen, die damals auch geholfen haben, die Taliban aufzubauen, Zellen, die Präsident Musharraf nicht in den Griff bekommt. Finstere Gestalten, die auch Osama bin Laden in Pakistan einen Unterschlupf bieten. Es stimmt, daß der ISI den Taliban

geholfen und sie zur Unterstützung der Rebellion in Kaschmir ange-
stiftet hat und in viele schmutzige Angelegenheiten verwickelt ist. Der
ehemalige BBC-Korrespondent in Islamabad, Owen Bennett Jones,
schreibt in seinem Buch *Pakistan, Eye of the storm*: «... der ISI hat einen
großen Teil der islamistischen militanten Gruppen hervorgebracht, die
General Musharraf nun zu verbieten versucht. Inwieweit er die radika-
leren Elemente innerhalb des ISI im Griff hat, läßt sich nicht sagen.»

«Wenn man bedenkt», sagt Alan Lobo, «wie professionell die Morde
begangen wurden, dann denkt man nicht an einen Haufen gewalttäti-
ger Fanatiker.» Es sah eher wie eine Hinrichtung aus. Die Betroffenen
wurden festgebunden und bekamen einer nach dem anderen eine Kugel in den Kopf; jedes Opfer wurde mit einem einzigen Schuß getötet.
Die Waffen hatten Schalldämpfer: Kein Mensch im Rimpla Plaza hat
die Schüsse gehört. Das ist das Werk von Profis, und die einzigen, die
dafür in Frage kommen, meint Alan Lobo, sind die Mitglieder der Services. «Muslimische Fanatiker», sagt er, «gehen anders vor. Die spren-
gen sich selbst und den ganzen Laden in die Luft oder schießen wild
drauflos und werfen Handgranaten.» So war es bei den anderen Anschlägen auf christliche Ziele im selben Jahr. Am Palmsonntag sprengte
sich ein junger Mann in der evangelischen Kirche von Islamabad in die
Luft und riß sechs Kirchgänger mit in den Tod. Im presbyterianischen
Krankenhaus von Taxila warfen die Angreifer Granaten auf die Kran-
kenschwestern. In der christlichen Schule von Murree mähten die Terroristen jeden nieder, der ihnen vor die Füße kam. Aber in der Idara
gab es kein Chaos; die Täter hatten wie ein Exekutionskommando die
Morde geplant und ausgeführt. Die Täter der ersten drei Anschläge
wurden später verhaftet oder getötet. Sie waren alle Angehörige der
Jaish-e-Mohammed, einer islamistischen Organisation, die anfangs in
Kaschmir Anschläge auf Inder verübte, sich dann aber darauf verlegte,
pakistanische Christen und westliche Ausländer zu töten.

Auf meine Frage, was denn das Motiv dieser geheimnisvollen «Zellen» sein könnte, zuckt Alan Lobo die Achseln. «Das kann alles mög-
liche sein», sagt er kurz darauf, «Kräfte, die alle Christen aus Pakistan
vertreiben wollen. Oder gegen Musharraf gerichtete Elemente, die die

Regierung in ein schlechtes Licht rücken und zeigen wollen, daß das Militärregime seine eigenen Untertanen nicht schützen kann.»

Die letzte Erklärung stimmt eigentlich völlig mit der des Innenministers überein. Als man noch dabei war, die Toten ins Leichenhaus zu transportieren, wußte dieser bereits, daß der *RAW*, der indische Geheimdienst, dahintersteckte. Pakistani könnten so etwas nicht getan haben, behauptete er. Sie seien nicht imstande, Christen zu ermorden. Man müsse sich nur überlegen, wem diese Morde am Ende nützten. Nun, die Hinduregierung Indiens hätte das größte Interesse, den Ruf Pakistans, das im internationalen Krieg gegen den Terrorismus ein Frontstaat ist, in der Welt zu ruinieren.

Offiziell tragen die pakistanischen Kirchen keine Schuld an dem Mord – das ist es, was der Polizeipräsident gesagt hat. Aber es gibt einen Christen, der bei der Polizei von Anfang an als verdächtig galt: Robin Piranditta, der Laufbursche der Idara. Man hält ihn zwar nicht für einen Täter, wohl aber für einen Komplizen, für einen Mann, der weiß, wer die tatsächlichen Täter sind, der diese gekannt und ihnen einen Grundriß des Büros gegeben hat.

Piranditta, der zum Zeitpunkt des Blutbades im Büro war, trug nicht die kleinste Schramme davon. «Robin», sagt Alan Lobo, «ist für die Hinterbliebenen der Hauptverdächtige.» Er und Zafar Iqbal glauben, daß Robin unschuldig ist, auch ihre Vorgesetzten gehen von Robins Unschuld aus. Alan Lobo meint, Robin Piranditta habe einen niedrigen IQ: «Er ist ein bißchen zurückgeblieben und hat noch nie einer Fliege etwas zuleide getan.» Alan Lobo sagt, er könne durchaus verstehen, warum ihn die Familien verdächtigen: «Die Familien fragen sich: Warum wurde er verschont? Ja, das weiß niemand. Robin Piranditta hat geschworen, daß er nichts mit der Sache zu tun hat.»

Robin war nicht im Büro, als die Täter kamen, er kaufte gerade Milch für den Tee. Bei seiner Rückkehr sah er, was die Mörder taten, und fiel vor Schreck in Ohnmacht. Um viertel nach zehn, eine dreiviertel Stunde nachdem die Täter das Büro betreten hatten, kam er wieder zu sich und rief Zafar an. Die Polizei hat ihn sofort festgenommen.

Robin saß siebenundzwanzig Tage im Gefängnis, «fast vier Wochen, in denen er ständig gefoltert wurde», sagt Alan Lobo. Die Polizei wollte ihn zwingen, seine Komplizenschaft zu gestehen und die Namen der Täter preiszugeben. Alan Lobo: «Robin wurde mit Stöcken und Bambusrohr geschlagen, man hat ihn kopfüber an die Decke gehängt. Sie ließen ihn auf Eisblöcken schlafen. Sie haben ihn mit Elektroschocks traktiert. Und haben ihn mit Benzin vollgepumpt.» Es muß eine grausame Folter gewesen sein. Einige Zeit nach diesem Gespräch in Karachi las ich in *Dawn* einen Artikel über einen Taxichauffeur, der von der Polizei in Rawalpindi genauso behandelt worden war. Der Mann war schwer verletzt im Krankenhaus eingeliefert worden. Im Krankenbericht stand zu lesen, daß ihm die Polizisten Benzin in den After gepumpt hatten. Dadurch wurden Blase und Mastdarm zerstört, und er konnte seine Notdurft nicht mehr verrichten. Der Taxichauffeur litt unter unerträglichen Schmerzen. Dieselben Schmerzen hat Robin Piranditta erlitten oder er erleidet sie womöglich noch immer.

Alan Lobo: «Die Polizei hat Robin buchstäblich in Todesangst versetzt. Er wagt nichts mehr darüber zu sagen, was er in der Idara gesehen hat. Er hat dicht gemacht.»

«Es ist lächerlich», fügt er hinzu, «daß die Polizei versucht, aus einem Augenzeugen den Sündenbock zu machen. Sie versuchen, ihre eigene Inkompetenz zu verbergen, weil sie den wirklichen Täter immer noch nicht gefunden haben.»

Die Polizei spielte auch eine bizarre Rolle, als Robin auf Anweisung des Richters freigelassen wurde. Polizisten erwarteten ihn vor dem Gerichtssaal, packten ihn beim Kragen, schlugen und traten ihn und zerrten ihn von der Treppe in einen Polizeibus. Das Auftreten der Polizei wurde von Fotografen dokumentiert, und die Bilder waren am nächsten Morgen in den (englischsprachigen) Zeitungen abgedruckt. Als man ihn durch die Gänge des Gerichts davonschleifte, schrie Robin: «Rettet mich vor diesen Leuten, es sind dieselben, die mich mißhandelt haben.»

Das Polizeikorps von Karachi hat einen außerordentlich schlechten Ruf. Polizisten und Staatsanwälte werden nie dein Freund sein, es sei denn, du bezahlst sie, dann bekommst du ihren Schutz. Sonst tun sie, was sie wollen; sie werden selten bestraft. Vor kurzem beispielsweise vergewaltigten vier Polizisten in Karachi einen zwölfjährigen Jungen, einen Schneiderlehrling. Zeugen sahen, daß der Junge von uniformierten Polizisten in ein leerstehendes Gebäude mitgenommen wurde. Dort vergriffen sie sich an ihm. Als er wieder zu Hause war, schloß sich der Junge vor Schmerz und Scham im Badezimmer ein, übergoß sich mit Benzin und zündete sich an. Bevor er in derselben Nacht starb, konnte er noch eine Erklärung abgeben. Sie hatte keinerlei Folgen. Gegen die Polizisten wurde nicht ermittelt.

In Karachi operieren Banden von Polizisten, die bei Hochzeitsfeiern einfallen und den Schmuck der Gäste und die Geschenke stehlen. Andere Polizeibanden halten Passanten auf der Straße an – Mopedfahrer, Taxichauffeure, Radfahrer – und belegen sie mit einer Geldbuße für eine angebliche Übertretung, Geld, das sie in die eigene Tasche stekken. Die Halter von Bussen, Kleinbussen und Lastwagen müssen jeden Monat Schutzgelder an die Polizei zahlen, das heißt: Wenn sie nicht zahlen, dürfen sie nicht fahren. In Parks halten sie Pärchen an, die erpreßt werden, falls sie keine Heiratsurkunde vorweisen können. Kurzum: Neben aller sektiererischen und politischen Gewalt macht die Polizei die Stadt noch zusätzlich unsicher. Im Fall von Robins erneuter Festnahme zog die Polizei ein seltenes Mal den kürzeren. Sie mußte Robin freilassen. Aber sie belagert noch immer sein Haus.

«Was die Polizei mit dem Foltern von Robin erreichen wollte, wissen wir nicht», sagt Alan Lobo. «Es kann sein, daß sie ihn zwingen wollte, seine Komplizenschaft einzugestehen oder, im Gegenteil, sich nicht zur Identität der Mörder zu äußern.» Denn nach Alan Lobos Verschwörungstheorien kann es sehr gut sein, daß Polizei und Sicherheitsdienst unter einer Decke stecken, um Robin mundtot zu machen, damit nie herauskommt, wer die Mörder waren und wer sie beauftragt hat.

Es gibt noch einen weiteren Zeugen, einen anderen Idara-Mitarbeiter, der ebenfalls Robin heißt, Robin Sharif, neunundzwanzig Jahre alt. Er wurde wie die anderen Opfer auch festgebunden und bekam eine Kugel in den Kopf. Ihm wurde ein Teil des Schädels weggeschossen. Alan Lobo, der nach dem Mord als einer der ersten dazukam, konnte Robin Sharifs Gehirn durch das Loch im Kopf sehen: «Blutig und zitternd», sagt er. Robin Sharif lag auf dem Fußboden im Badezimmer, als er ihn fand. Sein Zustand war kritisch, und in den ersten Tagen sah es so aus, als würde er nicht überleben. Aber er erwachte aus dem Koma, allerdings völlig gelähmt. Nach vielen Operationen und nach einer intensiven Physiotherapie ist er wundersamerweise wieder völlig genesen, bis auf ein leichtes Nachziehen des rechten Beins. «Robin Sharifs Krankenhauskosten», sagt Alan Lobo, «wurden von dem fundamentalistischen Bürgermeister von Karachi bis auf die letzte Rupie bezahlt.»

Einer der Mörder hatte sich an dem bewußten Morgen um halb zehn bei Robin Sharif, dem Pförtner der Idara, gemeldet. Er fragte nach Pater Arnold, den er zu kennen schien. Der Pater war noch nicht im Büro, Robin Sharif rechnete in fünf Minuten mit seinem Eintreffen. Er glaubte, in dem Besucher eine Person zu erkennen, die schon einmal im Namen einer verbotenen muslimischen Gruppe eine Broschüre mit Zeitungsausschnitten über die Blasphemiegesetze abgeholt hatte. Aber er war sich nicht sicher. Fünf Minuten später kam der Mann mit zwei anderen zurück, alle drei in Jeans und T-Shirt. Sie fragten nicht mehr nach Pater Arnold, sie preßten ihm ein Tuch aufs Gesicht, worauf er das Bewußtsein verlor. Er kam erst Tage später im Krankenhaus wieder zu Bewußtsein, mit einem Riesenloch im Schädel.

Alan Lobo fragt und sieht mich dabei an: «Ob sie es auf Pater Arnold abgesehen hatten? Und haben sie sich, als er nicht auftauchte, an den anderen Idara-Mitarbeitern gerächt? Oder wollten sie sowieso ein Blutbad anrichten?»

Ich begreife jetzt, warum Pater Arnold seit den Morden in Australien lebt. Solange die Täter nicht verhaftet sind, wird er in Pakistan um sein Leben fürchten müssen. Pater Arnold wurde schon einmal bedroht. Jeder, der für die Idara arbeitete, wurde bedroht oder verprügelt, das brachte ihre Arbeit mit sich. Sie hatten feudale Grundbesitzer, muslimische Fanatiker, städtische Bürokratien – um nur einige Gruppierungen zu nennen – gegen sich, und diese Gegner ihrer Sozialarbeit sind nicht abgeneigt, Gewalt einzusetzen.

«Wer sind die Täter?» Diese Frage geht Alan Lobo ständig durch den Kopf. Er hat einen Verdacht, über den er heute noch nicht gesprochen hat, einen Verdacht, den er für sich behält. Die Kirchen teilen ihn nicht, aber er will ihn mir gegenüber äußern. Mit seinem Verdacht bewegen wir uns ganz nah an den äußersten Rändern der pakistanischen Gesellschaft und kommen zu Menschen, die genau wie die Christen, die Müllsammler und die Leibeigenen Outcasts sind, und zudem noch vogelfrei; Menschen, die man aufscheuchen, gefangennehmen, töten darf. Es handelt sich um pakistanische Muslime, denen die pakistanische Regierung verbietet, sich muslimisch zu nennen. Sie glauben, daß ihr Führer, ein Gohar Shahi, der *Mahdi* – der Rechtgeleitete – sei, der Mann, der am Ende der Zeiten über die Welt herrschen wird und den Muslimen bei ihrer Rückkehr zum reinen Islam vorangeht. Um sein Leben zu retten, flüchtete Gohar Shahi nach England, wo er vor einem Jahr wie ein ganz gewöhnlicher Mensch an einem Herzinfarkt gestorben ist. Er wurde von keinem aus dem islamischen Establishment als der Erlöser anerkannt, im Gegenteil: Für sie ist er ein Lügner, ein Ketzer, und jeder seiner Anhänger soll getötet werden, weil sie den Islam beleidigten und sich der Gotteslästerung schuldig machten. Auch pakistanische Christen haben häufig unter Blasphemieanschuldigungen zu leiden. Die Idara führte neben ihren anderen Aktivitäten eine Kampagne zur Abschaffung der Blasphemiegesetze durch.

Eines Tages, erzählt Alan Lobo, organisierten die Anhänger Gohar Shahis in Karachi eine Demonstration gegen die Blasphemiegesetze. Sie forderten die Idara auf, sich ihnen anzuschließen. Die Solidarität zwischen der Idara und den Anhängern des Mahdi, falls es überhaupt je eine gab, ist sehr fragil, nach Alan Lobo, weil diese Gruppe letzten Endes auch gegen die Christen ist. Dennoch schlossen sich Pater Arnold und Aslam Martin, der Leiter der Sozialarbeiter der Idara, der Demonstration an. Sie dauerte nicht lange, denn alle Teilnehmer wurden unverzüglich von der Polizei festgenommen. Aber Pater Arnold und Aslam Martin wurden binnen weniger Stunden freigelassen. Alan Lobos Meinung nach fühlten sich die Mahdisten verraten und glaubten, die Christen steckten mit den Regierungskräften unter einer Decke.

Denn ihre Anhänger mußten im Gefängnis bleiben, und ihnen wurde der Prozeß gemacht. «Auf jeden Fall waren sie wütend, weil die Idara in ihrem Kampf gegen die Blasphemiegesetze nicht in jedem Punkt mit ihnen zusammenarbeiten wollte», sagt Alan Lobo, «aber wir wollten diese Leute nicht als Partner.»

Das ist irgendwie zu verstehen: In Pakistan gibt es etwas mehr Sympathie für einen Christen als für einen, der als vom Islam abgefallen gilt. Die Christen würden das winzigkleine bißchen Sympathie verspielen, das man ihnen noch entgegenbringt, sollten sie mit Abtrünnigen, mit den Anhängern von Gohar Shahi oder mit den Ahmadis, einer anderen Gruppe, die massiv verfolgt wird, zusammenarbeiten.

Alan Lobo hält es nicht für ausgeschlossen, daß die Mahdisten den Christen einen Denkzettel verpassen wollten. Sie fragten ja nach Pater Arnold, der zum Glück nicht im Büro war. Einer der Leute, die erschossen wurden, war Aslam Martin. Arnold und Martin: Die beiden Männer, die kurz nach der Solidaritätsbekundung für die Mahdisten von der Polizei freigelassen wurden. In Pakistan gibt es nicht mehr viele Anhänger des sogenannten Mahdi. Sie sind zum offiziellen Islam zurückgekehrt, wurden getötet oder sitzen im Gefängnis. Die kleine übriggebliebene Gruppe muß, entgegne ich, im Untergrund leben und kann unmöglich so diszipliniert und trainiert sein, um einen Anschlag in Form einer Exekution durchführen zu können.

«Tja», sagt Alan Lobo, «das stimmt. Deshalb glaube ich, daß es doch die Services waren.»

Und so sind wir wieder bei unserem Ausgangspunkt angekommen; das Gespräch verläuft immer chaotischer, und die Spekulationen werden wilder.

Als ich mein Notizbuch schließe, sagt Alan Lobo, ich solle noch einen Moment warten, er wolle für mich Fotos der Opfer heraussuchen. Ich bekomme ihre Paßfotos aus den Personalakten. Intelligente, nette Gesichter, in Hemd und mit Krawatte. Alan Lobo überläßt mir die Fotos, wie er sagt, um den Toten ein Gesicht zu geben, als eine Erinnerung an ihre guten Werke, Werke, die abrupt gestoppt wurden.

Wer auch immer die Täter waren, die muslimischen Terroristen, die

die anderen Anschläge in Pakistan verübten und damit den Menschen aus dem Westen und den pakistanischen Christen das Leben unmöglich machen wollen, haben bekommen, was sie wollten. Das Büro der Idara e Amn o Insaf im Rimpla Plaza bleibt geschlossen. Alle ausgebildeten Kräfte, die im Dienst der Idara standen, sind ermordet. Die Polizei hat sämtliche Geschäftsunterlagen beschlagnahmt, die Idara mußte alle Bücher öffnen, als hätte sie selbst die Morde begangen.

Die Idara hat ihre Arbeit eingestellt. Sie kauft keine Leibeigenen mehr frei, sie bezahlt keine Arbeitshandschuhe mehr für die Müllsammler, und sie schweigt über die Blasphemiegesetze.

Happy birthday, dear Prophet!

Bischof Dr. Andrew Francis spielt mit einem Kruzifix. Er ist sich dessen nicht bewußt. Er schiebt Jesus über die Glieder einer langen Silberkette hin und her, wie es in Gedanken versunkene oder verlegene Mädchen tun. Monsignore Andrew ist der katholische Bischof von Multan, einer Millionenstadt im südlichen Panjab. Wir spazieren durch den Garten des offiziellen bischöflichen Palais', das aber de facto ein schlichtes Wohnhaus mit einem Büro und einer Kathedrale ist, die wegen ihrer Einfachheit eigentlich nicht zu diesem Namen paßt. Ich mache ihm Komplimente, wie schön alles aussieht: die weißgekalkten Gebäude, die gestrichenen Fensterrahmen, die gut gefegten Wege, die blauen Fliesen in der Kirche. «Und der Garten», sage ich, «das ist ein richtiger Park.» Ich erfreue mich an den hohen Palmen, dem frischen grünen Gras in der heißesten Jahreszeit, an den Enten, den Eichhörnchen und den Pfauen. Der Bischof läßt Jesus kurz in Ruhe: Pfauen sind seine Lieblingstiere.

Vor drei Jahren wurde er nach Multan berufen. «Es war ein Durcheinander, ein Haufen Gerümpel, wie alles in Pakistan einer Müllkippe gleicht», sagt Monsignore Andrew. Der Schmutz, die Gleichgültigkeit, die Unsauberkeit des Landes, meint er, ziehen die Menschen herunter. Das alles macht sie krank und hält sie in Unwissenheit. Als Christ will er zeigen, wie man es anders anpacken kann. Und besser. Seine Umgebung pfleglich behandeln, sein Haus tünchen und es sauberhalten, Disziplin, Termine einhalten, Hände waschen.

Dr. Andrew Francis gehört zur ersten Generation einheimischer katholischer Bischöfe. Bis vor kurzem lag die Leitung der pakistanischen Kirche noch in den Händen von Ausländern: von Europäern und Indern aus Goa, der ehemaligen portugiesischen Kolonie, deren Bewohner im 16. und 17. Jahrhundert mit Gewalt zum Christentum bekehrt worden waren. Bischof Andrew stammt aus einem Dorf im Norden des Panjab; er hat am Priesterseminar in Karachi, in Deutschland und in Rom studiert. Papst Johannes Paul II. hat ihm die Sorge für die zweihunderttausend katholischen Seelen der Diözese Multan anvertraut, «mitten im *Quran Belt*», sagt er, «einer Region voll engstirniger, fanatischer Muslime».

Am Rand des bischöflichen Grundstücks, gleich neben der aus dem roten Induslehm erbauten Schule, sind Jungen beim Cricketspiel. Neben dem Tor und unmittelbar vor der Kirche hat der Prälat eine *Mother Mary Grotto* errichten lassen: mit der Skulptur einer sehr blassen europäischen Maria, gehüllt in ein hellblaues Gewand, in heiliger Trance vor der Imitation einer Grotte. Die Katholiken von Multan wenden sich mit ihren Wünschen und Sehnsüchten an sie und schütten dort ihr Herz aus. Vielleicht ist es eine Kopie der Grotte von Lourdes, ich weiß es nicht, ich bin nie in Lourdes gewesen. Ich frage Bischof Andrew, aber der schiebt seinen Jesus schon wieder hin und her und erteilt seinem Sekretär, der hinter uns geht, Anweisungen. Die junge pakistanische Frau aus unserem Grüppchen - sie berät den Monsignore in Fragen des Grundschulunterrichts - weiß nicht, was Lourdes ist, oder sie versteht mich nicht. Nach meiner Erläuterung erklärt sie, daß sie noch nie von Lourdes gehört habe, Mother Mary aber leider noch keinem in Pakistan erschienen sei. Aber der Papst habe schon einmal das Land besucht.

«Es ist lange her, in der Zeit von Zia ul-Haq hat er im Sportstadion von Karachi die Messe gelesen», sagt sie.

Es ist schwer, Monsignore Andrews Aufmerksamkeit festzuhalten. Nicht, daß er distanziert wäre oder kühl, im Gegenteil. Er versucht, so freundlich wie möglich zu mir zu sein, er faßt mich ständig am Ellbogen, als wolle er seine Worte extra unterstreichen oder zeigen, daß wir eine ganz besondere Beziehung haben. Man kann es ihm nicht übelnehmen, daß er vom Hölzchen aufs Stöckchen kommt, er hat viele Sorgen.

Seine Probleme sind kaum überschaubar: 85 Prozent der pakistanischen Christen sind Analphabeten; christliche Mädchen werden entführt und gezwungen, sich zum Islam zu bekehren und einen Muslim zu heiraten; Christen werden häufig beschuldigt, gotteslästerliche Reden geführt und den Koran oder den Propheten beleidigt zu haben, worauf in Pakistan die Todesstrafe steht; die pakistanischen Christen leben in bitterer Armut; es gibt korrupte Politiker und Polizisten, die den christlichen Kleinbauern das Land wegnehmen. Und dann muß der Bischof auch noch versuchen, die Kontakte zum islamischen Establishment in Multan zu pflegen. Ein gutes Einvernehmen mit den muslimischen Geistlichen ist für seine Herde lebensnotwendig: Er muß sie ansprechen, sie bitten können, die Fanatiker im Zaum zu halten, sogenannte bekehrte Mädchen ihren Eltern zurückzugeben, Fälle von Blasphemie untereinander zu regeln, bevor sie vor den Richter kommen und ein Todesurteil ausgesprochen wird.

Auf diese geistlichen Führer der Muslime von Multan warten wir, während wir im Garten auf und ab gehen. Morgen ist das Fest der Geburt des Propheten Mohammed, und Bischof Andrew hat die islamischen Geistlichen zur Feier des heiligen Geburtstages zu einem *High Tea* eingeladen. Einer der Assistenten kommt und meldet, die Gäste seien eingetroffen. Der Bischof streicht seine Purpurschärpe glatt, die er um den Bauch gebunden hat, und hakt den gekreuzigten Jesus an seiner weißen Soutane fest, so daß die Kette in zwei Halbmonden über den Purpur hängt. Das ebenfalls purpurne Scheitelkäppchen setzt er gerade auf seine schütteren, schwarzgefärbten Haare. (In Pakistan gibt es wenig grauhaarige Männer: Sie färben ihre Haare schwarz oder hennarot; auch mein Koch, der Präsident des Landes, muslimische und christliche Geistliche tun es.) Und so geleitet mich der Bischof und stützt sich dabei auf meinen Arm, als gingen wir zu einem Tanztee.

Der kleine Saal ist voll besetzt. Vorn stehen drei Männer, Muslime, nach dem langen Bart, der kahlen Oberlippe, der schwarzen Schwiele auf der Stirn, den rasierten Schädeln unter den Käppchen zu urteilen. Der jüngste der drei trägt eine Jinnah-Mütze, eine hohe, schwarze Kopfbedeckung, genäht aus dem Fell eines ungeborenen Lamms, im selben Stil, wie sie der Vater des Vaterlandes, Mohammed Ali Jinnah, immer getragen hat. Draußen hat es 44 Grad Celsius, drinnen bläst die Klimaanlage lautstark eiskalte Luft in den Saal.

Der Bischof und die Muslime begrüßen sich mit *Salam aleikum* und *Aleikum salam* und geben sich die Hand, wie es Pakistani so sympathisch tun können: die ausgestreckte Hand mit beiden Händen umfassen, dabei eine leichte Verbeugung mit dem Oberkörper machen und anschließend die rechte Hand aufs eigene Herz legen. Der Monsignore und seine muslimischen Gäste nehmen auf der Bühne in Sesseln Platz, unter Spruchbändern, auf denen steht: NATIONALES KOMITEE FÜR RELIGIÖSEN DIALOG. Ein Dialog, denke ich, der vor allem für die unterdrückte Partei wichtig ist. Die Christen haben die in diesem Land allesbeherrschende Religion um viel zu bitten und ihr nichts zu bieten. Die pakistanischen Gesetze werden nicht auf christliche Vorstellungen oder christliche Ethik überprüft, sondern orientieren sich allein an den muslimischen Normen, am Koran und an der Sunna, den Überlieferungen des Propheten Mohammed. Dialog zwischen den Jüngern Jesu und den Jüngern Mohammeds? In den Augen rechtschaffener Muslime ist der Islam die einzig denkbare Religion für die gesamte Menschheit. Sie meinen, daß die Christen bereits ein Stück weit auf dem richtigen Weg sind, aber immer noch dickköpfig an ihrer Irrlehre festhalten und Mohammed nicht als das Siegel der Propheten akzeptieren wollen, das heißt: als den letzten der Propheten. Aber an diesem Nachmittag, auf der Feier von Mohammeds Geburt, und auch bei den unerwarteten Ereignissen am späteren Abend gibt der katholische Kirchenälteste die Zügel nicht aus der Hand. Die hochwürdige Exzellenz Dr. Andrew Francis ist im Land des Korans kein zahmes christliches Lamm, das sich von der übermächtigen muslimischen Geistlichkeit leiten ließe. Heute gehört ihm die Show!

Der christliche Sekretär des Nationalen Komitees eröffnet das Fest mit einer Lesung aus der Urdu-Bibel: «Die Liebe», Kapitel dreizehn des ersten Korintherbriefs. Derweil flüstert mir Bischof Andrew ins Ohr, daß die drei Muslime zur *MMA* (*Muttahida Majlis-e-Amal*) gehören, einem Konglomerat aus sechs fundamentalistischen Parteien, das im Vorjahr bei den landesweiten Wahlen und den Provinzwahlen große Stimmengewinne einfahren konnte. In der *NWFP*, der *North West Frontier Province*, ist die MMA die Regierungspartei. Rasch wurde dort die

Scharia eingeführt, Musik und Filme sind verboten, westliche Schuluniformen sind abgeschafft, und die Busse bleiben während der Gebetsstunde stehen. «Engstirnige Herrschaften», flüstert der Monsignore.

Als meine Augen durch den Saal wandern, sehe ich auf der einen Seite nur Männer: Männer mit langen Bärten, unrasierte Männer, schwitzende Männer, Männer in pakistanischer Tracht, dem Shalwar Kameez. «Die vollzählige Presse von Multan», sagt Bischof Andrew. Die großen und kleinen Zeitungen in Pakistan, in Englisch und Urdu, in den regionalen Sprachen, sind kaum aufzuzählen.

Auf der anderen Seite des Saals sympathische Gesichter. Ich erkenne die Jungen, die bis vor kurzem noch im Freien beim Cricketspiel waren. Lehrer der Schule sind gekommen, die pakistanischen Teammitglieder der *Caritas* sind da, die der Diözese von Multan ein wenig finanzielle Unterstützung zukommen läßt. Und zwischen den Männern sitzen die Frauen, Frauen mit denselben Aufgaben wie die Männer. Mit unverschleierten Haaren.

Es gibt viele Reden. Die Maulanas hetzen über Dinge, die mit dieser kleinen Feier nichts zu tun haben. Immer lauter kreischen sie vom Verderben, in das Amerika und die Juden die Welt gestürzt hätten. Bischof Andrew übersetzt, flüstert mir ins Ohr. Immer lauter preisen sie den Islam, der es so unglaublich gut mit den Christen meine, der eine unerhörte Toleranz gegenüber dem Christentum zeige, sie loben sich wegen ihrer Freundschaft mit Bischof Dr. Andrew Francis. «Ach, wie sie wieder den Mund mit dem Islam vollnehmen», klagt der Monsignore im Flüsterton. «Kein einziges freundliches Wort über das Christentum.»

Der kleine, unrasierte Vorsitzende des Presseverbands von Multan, der eine mit Flecken übersäte Shalwar Kameez trägt, dankt der Hochwürdigen Exzellenz Dr. Andrew für die Einladung an die Medienvertreter, diesem historischen Ereignis beizuwohnen. Der Bischof, die Maulanas von Multan und unser niederländischer Gast, sagt er, seien das Musterbeispiel für religiöse Verbrüderung. Die *Ma'amsahib* (das bin ich: die Gnädige Frau) wird in den Niederlanden berichten, wie gut die Muslime von Pakistan für die Christen sorgen, die mitten unter ihnen leben.

Zum Abschluß gratuliert der katholische Prälat den Muslimen der ganzen Welt zum Geburtstag des Propheten. Sein Lob für den Fortschritt, den der religiöse Dialog in Multan gemacht habe, ist grenzenlos. *Amen!*

Persönlich überreicht der Bischof jedem auf der Bühne und im Saal eine süß duftende rote Rose, als kleines Geburtstagsgeschenk. Und dann bedeutet er mit großer Geste, daß die Torte auf den Tisch gestellt werden soll, oben auf der Bühne. Die Geburtstagstorte ist ein großer, runder Mandelkuchen. Der Monsignore gruppiert uns wie Blütenblätter drumherum: zwei Muslime zu seiner Rechten, der Muslim mit der Jinnah-Mütze und ich zu seiner Linken. Das Blitzen und Zoomen der Kameras wird lange nicht aufhören. Monsignore Andrew hält ein großes Küchenmesser in der Hand. Damit sticht er in die Torte, den Griff schräg nach oben, und fordert uns auf, unsere Hände auf den Griff zu legen, damit wir zu fünft interreligiös und international den Kuchen anschneiden können. Es wird eine lange eingefrorene Bewegung: Jeder Fotograf muß die Gelegenheit zu einem Foto bekommen. Für den Bischof ist es der absolute Höhepunkt. Ich bin ein bißchen nervös, ich möchte die Versöhnung der beiden monotheistischen Religionen nicht stören, indem ich mit meiner Frauenhand die Hand eines der muslimischen Geistlichen berühre. Zu Beginn der Veranstaltung wollten sie mir nicht die Hand geben. Die Hand des Mannes mit der Jinnah-Mütze, dicklich, mit Grübchen, wo eigentlich die Knöchel sein sollten, läßt mir keinen Platz, das Messer zu berühren. Genau zwischen seinem Zeigefinger und dem Zeigefinger des Muslims auf der anderen Seite des Bischofs ist noch eine winzige Stelle frei für meinen Finger. Ich muß doch auch beim Anschneiden der Geburtstagstorte für den Propheten dabei sein? Ich will mich nicht anstellen, das Fotoshooting ist eine einmalige Chance für den Bischof. Ich kann ihn nicht enttäuschen.

Ich verziehe mein Gesicht zu einem Lächeln. Wir blicken zu den Fotografen und halten das Messer. Und plötzlich beginnt der Bischof zu singen. Mit einer prächtigen, fast professionellen Tenorstimme: «*Happy birthday to you, happy birthday to you, happy birthday, dear Prophet, happy birthday to you!»* Der Bischof ruft dem Saal zu: «*All together now.*» Die Christen stimmen fröhlich ein, die Muslime folgen zögernd. Aus orthodoxer islamischer Sicht gehört es sich nicht, einen Geburtstag zu feiern, weder den eines Kindes noch den eines Erwachsenen und auch nicht den des Propheten Mohammed. Eigentlich wollen sie den Geburtstag des Propheten ganz und gar abschaffen, was in Saudi-Arabien tatsächlich schon geschehen ist.

Die Maulanas werden von der festlichen Stimmung, vom mehrstimmigen Gesang des Saals und von Bischof Andrews gewaltiger Stimme mitgerissen, die alle übertönt. Ich sehe, daß ihre Lippen die Wörter formen, daß sie leise mitsingen: «*Happy birthday, dear Pro-ho-phet, happy birthday to you-ou.*» Die Kameras blitzen und surren. «Noch einmal», ruft Bischof Andrew, und zum dritten Mal ertönt das Geburtstagslied.

Damit ist das Fest noch nicht zu Ende. Läufer werden auf der Bühne ausgerollt, die Ausrichtung nach Mekka wird bestimmt. Die Maulanas verneigen sich und erheben sich wieder, knien sich hin und berühren mit der Stirn den Boden. Der Bischof steht hinter ihnen, die Hände über dem Bauch gefaltet, die Augen geschlossen, Gebete murmelnd. Zum Abschluß seines Gebets macht er langsam ein Kreuzzeichen. Aber er ist früher fertig als die muslimischen Geistlichen und schaut mit frommem Blick vor sich hin, bis sie ihr Gebet beendet haben.

Schmatzend und schlürfend genießt man den High tea. Es ist richtig gemütlich. Der Monsignore und die Maulanas scherzen miteinander über den Mann mit der Persianermütze. Er gehört offenbar nicht mehr zur MMA, sondern hat sich vor kurzem der Regierungspartei angeschlossen. Einer der muslimischen Geistlichen lacht: «Heute unterstützt er Musharraf, und wenn morgen Benazir [Bhutto] oder Nawaz [Sharif] – beide ins Ausland verbannte Expremiers – zurückkommen und gewinnen, dann schließt er sich ihnen an!» Wir müssen alle laut darüber lachen.

Den Muslimen vergeht das Lachen, als Bischof Andrew von seinen Plänen für den Abend berichtet. Er wird im größten Krankenhaus der Stadt drei muslimische Bauern besuchen, drei Brüder. Zwei Tage zuvor hat man ihnen die Augen ausgestochen, wer es getan hat, das ist wegen des Schmatzens und Schlürfens und der jähen Panik der Maulanas über das bischöfliche Werk der Barmherzigkeit nicht zu vernehmen. Als ich mehr über das Augenausstechen wissen möchte, sagt Monsignore Andrew nur, ich müsse doch zugeben, daß er die Maulanas mit seiner Initiative ganz schön hereingelegt habe. Er hat als einziger Seelenhirte daran gedacht, die armen Männer, die Opfer primitiver Sitten und Gebräuche, mit einem Besuch zu beehren. «Glauben Sie etwa», flüstert er mir zu, «daß diese muslimischen Oberhirten einmal von sich aus auf die Idee kämen, armen, mittellosen Christen im Krankenhaus ein Blümchen zu bringen?»

Die Maulanas beraten sich. Der Christ wird vor den Augen der Welt eine gute Figur machen. Das dürfen sie nicht hinnehmen. Sie kommen mit!

Ich darf den Bischof begleiten. Wir steigen in einen klapprigen, zerbeulten VW-Bus mit dunkelroten Vorhängen an den Fenstern. Zwei Maulanas in einem kleinen koreanischen Auto fahren hinter uns her. Der dritte fährt auf seinem Moped. Wir rasen durch den hektischen Abendverkehr Multans, als hätten wir selbst Verunglückte im Auto, die wir in die Notaufnahme bringen müssen, um ihr Leben zu retten. Das koreanische Auto klebt an unserer Stoßstange, das Moped schlängelt sich zwischen den Autos und Tausenden anderer Mopedfahrer durch.

Nach einer halben Stunde stehen wir vor einem ziemlich heruntergekommenen Gebäude, die Fenster sind zerbrochen, überall liegt Müll, streunende Hunde und verwilderte Katzen sind zu sehen, ganze Familien sitzen auf der Straße und warten. Das hier ist das Regierungskrankenhaus von Multan: mit seinen Tausenden Betten eines der größten Hospitäler in Pakistan. Wir steigen aus, und der hochgewachsene, schlanke, sportliche Bischof spurtet in die Eingangshalle. Keiner der sechs Aufzüge funktioniert. Aber er weiß, wo er hin muß. Er hetzt die Treppe hinauf, ich hinterher, mit dem Sekretär des Prälaten auf den Fersen. Der trägt drei zellophanverpackte Gladiolensträuße in den

Armen. Schnaufend und keuchend ziehen sich die runden, kurzen Maulanas nach oben. Durch die zerbrochenen Fenster ist die Wüste ins Treppenhaus geweht. Wir stürmen durch einen Flur, Sand und Abfälle auf dem Fußboden, und fallen in einen Saal mit mindestens fünfzig Betten ein. Die ganze Pressemeute, die heute nachmittag auf dem Geburtstagsfest war, erwartet uns bereits.

Die Moskitonetze vor den Fenstern sind zerrissen, oder es gibt gar keine. Hier sind wir in der Augenabteilung für Männer. Es ist heiß. Es stinkt nach offenen Wunden, nach faulendem Fleisch. Um die Betten biwakieren Verwandte mit Essen in kleinen Töpfen.

Die Leute sitzen in der Hocke und starren vor sich hin. Der Bischof achtet darauf, daß ich an seiner Seite bleibe; galant stubst er an meinen Ellbogen, nimmt meinen Arm. Überall stehen verrostete Ständer herum, um einen Tropf zu befestigen.

Die Presseleute zeigen uns, wo die Männer mit den ausgestochenen Augen liegen. Drei schmale, farblose Betten nebeneinander, mit grauen oder schilfgrünen, offenbar nie gewaschenen Laken; ein Kranker nach dem anderen hat darauf gelegen, geschwitzt, sich übergeben, eingenäßt. Die Brüder Bashir, Nasir und Mohammad Ramazan liegen noch immer in ihrer Arbeitskleidung auf dem Bett. Dicke Stoppelbärte, mit einer Schicht Salz und Schmutz auf dem Gesicht, Fußsohlen mit dikker Hornhaut, schmutzige Hände. Alle drei haben die Lider geschlossen. Einer reibt mit seinem ungewaschenen Finger im Auge, aus dem Blut und Eiter rinnen. Sie liegen totenstill, flach auf dem Rücken, außer dem reibenden Finger des einen Bruders bewegt sich nichts an ihnen. Ihre Söhne, Cousins und Onkel sitzen schweigend um sie herum. Frauen dürfen nicht in den Männersaal, außer mir; ich werde als eine Art Ehrenmann betrachtet.

Bischof Andrew legt einen Strauß auf den Bauch eines der Opfer. Er faltet ihm die Hände herum. Ich muß neben ihm stehen. Neben mir, mehr oder weniger am Fußende, dürfen die muslimischen Geistlichen Aufstellung nehmen. Die Kameras blitzen und surren wieder. Die Fotografen fordern uns auf, uns alle zugleich über den Patienten im Bett zu beugen, damit sie das Mitgefühl festhalten können, das wir ausstrahlen. Wie bei dem Griff um das Küchenmesser müssen wir alle eine Hand auf den Strauß legen. Der Bischof legt trostreich seine andere Hand auf die Stirn des Mannes und betet laut das Vaterunser in Urdu, die Muslime halten ihre Hände wie zwei Schalen vor der Brust und schicken ein Gebet gen Himmel. Nur mit dem ersten Mann, dem ältesten Bruder, wird gesprochen, bei den beiden anderen spielt sich die Szene wortlos ab.

Der älteste Bruder erzählt schluchzend, wie es passiert ist. Sie waren gerade beim Getreidemähen, als vierzehn Mitglieder eines anderen Zweigs ihres Clans sie ergriffen und in ihr Dorf verschleppten. Dort wurden sie geschlagen und getreten. Man stach ihnen mit scharfen Gegenständen in die Augen, mit Messern oder Schraubenziehern. Die Verwandten sagen nichts, sie blicken ausdruckslos vor sich hin; weder Wut noch Abscheu ist in ihren Gesichtern zu lesen.

Ich frage den Bischof, was sie getan haben, um eine derart grausame und unmenschliche Behandlung erleiden zu müssen. Er gibt keine Antwort, sondern sagt: «Die Menschen hier gehen miteinander um wie die Bestien. Sie stehen noch nicht einmal am Anfang einer Zivilisation.» Er zuckt die Achseln, als wolle er sagen: Und gegen solche Barbaren muß ich nun ankämpfen.

Doch dann bekommt die Geschichte von den unmenschlich behandelten Brüdern plötzlich eine andere Wendung. Der Vorsitzende des Presseverbands, der heute nachmittag das Loblied auf mich und den Bischof und die Maulanas gesungen hat, steht ständig dicht neben mir. Er hat mir einen Zettel mit seinem Namen und seiner Adresse gegeben. Das nächste Mal wird er mir in Multan die Gräber islamischer Heiliger zeigen, für die Multan berühmt ist. Ständig taucht er neben mir auf, wenn ich fotografiert werde. Er wolle mir bei allem helfen, sagt er. Ich frage: «Wer macht denn so etwas Wahnsinniges? Wer sticht denn drei Menschen die Augen aus?» «Nun», sagt er, «sie hatten mit einem anderen Teil ihrer Sippe Streit wegen eines Ackers.» Ich denke: Jeder Mord und jede Gewalttat in Pakistan hängt irgendwie mit Religion oder mit Grundbesitz zusammen. Inquisition und Feudalismus: die Pest von Pakistan.

Vor sechzehn Jahren hatte jemand von der Gegenpartei einem von der Seite der drei Ramazanbrüder, die hier in den schmuddeligen Krankenhausbetten liegen, die Augen ausgestochen. Daraufhin hatte die Familie Ramazan zwei Männer aus der Familie der Täter gepackt, und die Familie, die damals den kürzeren gezogen hatte, hatte sich nun am vergangenen Montag am Ramazanclan gerächt. Dort im Süd-Panjab, in der Gegend, die der Bischof den *Quran Belt* nennt, gilt das Gesetz von «Auge um Auge, Zahn um Zahn».

In der Woche nach dem Fest der Geburt des Propheten waren wir in der Zeitung zu sehen: der Bischof, die Maulanas und ich. Offenbar hatten wir uns alle gegen die Barbarei des Ausstechens von Augen ausgesprochen und hatten alle gesagt, daß solche Greuel nicht mehr vorkämen, wenn die Menschen strikt nach dem Wort Gottes bzw. Allahs leben würden.

Der Bart des Propheten

Eine Woche vor meinem Besuch in Multan war ich Bischof Dr. Andrew Francis zum ersten Mal begegnet. Es war in Lahore, im Büro des *Centre for Legal Aid, Assistance, and Settlement* (CLAAS), einer christlichen Menschenrechtsorganisation. Bischof Andrew ist Vorsitzender der CLAAS. Seine Organisation gibt Opfern der pakistanischen Blasphemiegesetze Rechtsschutz. In *Apna Gah* in Lahore, einer Art Frauenhaus, kümmern sich der Bischof und seine Leute um geflüchtete christliche Mädchen. Alle erzählen dieselbe Geschichte: Sie wurden von einem Nachbarn, entfernten Verwandten oder von ihrem Landbesitzer gezwungen, einen muslimischen Mann zu heiraten und zum Islam überzutreten. Wenn es ihnen gelingt, ihren Schwiegereltern und der restlichen Verwandtschaft zu entkommen, haben sie keinerlei Rechte mehr. Bei ihren – christlichen – Eltern dürfen sie nicht wohnen: Nach dem Gesetz sind die Mädchen muslimisch, und Christen, selbst wenn es die leiblichen Eltern sind, haben keine Weisungsbefugnis über Muslime. Haben die geflüchteten Frauen eigene Kinder und wollen diese bei sich behalten, dann gelten sie allerdings wieder als Christinnen. Mit denselben Folgen: Die Kinder sind Muslime, weil ihr Vater ein Muslim ist, und ihre christliche Mutter bekommt nicht die Vormundschaft.

Vergewaltigte Mädchen finden in dieser Zufluchtsstätte ebenfalls eine Bleibe. Ob christlich oder muslimisch – die Moral in Pakistan ist dieselbe: Das Opfer einer Vergewaltigung gehört nicht mehr dazu, nicht mehr zur Familie, nicht mehr zum Dorf. Die Frau hat, erzwungen oder nicht, außerhalb der Ehe Geschlechtsverkehr gehabt, und das ist eine unverzeihliche Schande; es ist buchstäblich eine Todsünde. Wenn die Verwandten sie nicht umbringen, dann wird sie auf jeden Fall auf die Straße geworfen. Sie hat keine Bleibe und nichts zu essen. Die einzige Alternative zur Prostitution ist Apna Gah.

Bischof Andrew war gerade aus Faisalabad zurückgekommen, einer großen Textilstadt westlich von Lahore. Dort hatte er am Tag davor der Gedenkfeier an den Selbstmord von Monsignore John Joseph beigewohnt, dem ersten katholischen Panjabi-Priester, der es bis zum Bischof gebracht hatte. Bischof John Joseph stand an der Spitze der Diözese Faisalabad. Er war ein Menschenrechtsaktivist, setzte sich für die Schwächsten ein und kämpfte gegen die diskriminierenden islamischen Gesetze. Unangefochten ist er der größte Held für die pakistanischen Christen. «Er ist für uns gestorben», sagen sie. Wenn einer in Betracht dafür kommt, der erste katholische Heilige von Pakistan zu werden, dann ist es Bischof John Joseph. Seine Gräber – er hat zwei: eines in der Kathedrale von Faisalabad, wo sein Körper begraben ist, und eines in seinem Heimatdorf, wo seine blutigen Kleider aufbewahrt werden – sind zu Wallfahrtsorten geworden. Die Gläubigen bitten ihn an diesen Orten, bei Gott im Himmel ein gutes Wort für sie einzulegen.

Bischof John Joseph hatte in den letzten zehn Jahren seines Lebens gegen die Blasphemiegesetze gekämpft. Ohne Erfolg.

Die Blasphemiegesetze wurden zwischen 1985 und 1988 von dem fundamentalistischen Diktator Zia ul-Haq ins Strafrecht aufgenommen und sind nie mehr, auch nicht in der Regierungszeit der säkularen Muslime Benazir Bhutto und General Pervez Musharraf, abgeschafft oder geändert worden. Der Kern der drei Gesetze besteht darin, daß jemand, der sich durch die Befleckung des Prophetennamens und des Korans schuldig macht, automatisch zum Tod verurteilt wird. In Pakistan ist es ziemlich leicht, einen anderen der Gotteslästerung zu beschuldigen und so dessen Leben zu ruinieren. Die Opfer sind Christen, aber auch Muslime, und mit wenigen Ausnahmen stammen sie aus den untersten Schichten. Meist ist es so, daß der eine ungebildete Arme einem anderen ebenfalls Armen die Schlinge um den Hals legt. Allerdings kann nur ein Muslim sich beleidigt fühlen, ein Christ dagegen nicht, der kann keinen Prozeß gegen einen Muslim anstrengen, der über seinen Gott oder den Sohn Gottes oder über die Mutter Maria lästerliche Reden geführt hat.

Einen anderen der Blasphemie zu bezichtigen, hat sich als wunderbares Mittel erwiesen, sich dessen Arbeitsplatz, Wohnung oder Grund und Boden anzueignen oder um eine Politikerkarriere zu ruinieren.

Die Gedenkfeier anläßlich des Selbstmords von Bischof John Joseph hatte in Faisalabad 7000 Christen auf die Beine gebracht. In den anderen katholischen Kirchen im Panjab wurden ebenfalls Gedenkgottesdienste gehalten. Die Polizei hatte Straßen und Stadtviertel abgesperrt. «Es gibt in Pakistan Gruppen von militanten Muslimen», berichtete Bischof Andrew, «für die Kritik an den Blasphemiegesetzen eine Verunglimpfung ihres Propheten ist.» Kritik also, die zu einer neuen Beschuldigung der Gotteslästerung führt.

Am Abend des 6. Mai 1998 schoß sich Bischof John Joseph in Sahiwal, einer Stadt südlich von Faisalabad, auf der Straße nach Multan, vor dem Eingang zum Gerichtsgebäude eine Kugel in den Kopf. Keine Woche davor war im selben Gerichtsgebäude der sechsundzwanzigjährige halbe Analphabet Ayub Masih wegen Beleidigung des Propheten Mohammed zum Tod verurteilt worden.

Ayub Masih wohnte in einem Dorf in der Nähe von Sahiwal. Sein Nachbar, ein Muslim, hatte Anklage gegen ihn erhoben. Ihm zufolge hatte Ayub das Buch *Die satanischen Verse* von Salman Rushdie gelobt und den Propheten «Onkelchen Mohammed» genannt. Ayub wies diese Aussagen zurück. Der Nachbar, erklärte er, versuche schon seit langem, ihm seine Wohnung und sein kleines Stückchen Land wegzunehmen. Bis dahin war es ihm noch nicht gelungen. Und jetzt behauptete er, daß Ayub den Propheten verspottet habe. Eine unübertreffliche List, um Ayub loszuwerden und dessen Wohnung und Land überschrieben zu bekommen. Zwei Jahre saß Ayub im Gefängnis, bevor seine Anklage endlich vor den Richter kam. Er wurde zum Tod verurteilt. Wenige Tage darauf nahm sich sein Bischof John Joseph, der sich intensiv um Ayubs Freilassung bemüht hatte, das Leben. Der Kirchenmann hatte gehofft, daß seine Tat dazu führen würde, national und international Druck auf die Regierung in Islamabad auszuüben, die Blasphemiegesetze abzuschaffen. Vergeblich. «In den Jahren nach sei-

nem Tod hat die Zahl der Blasphemieanklagen enorm zugenommen»,
sagt Bischof Andrew.

Der Selbstmord des Bischofs führte im ganzen Panjab zu Tumul-
ten, zu Wutausbrüchen der Christen, was wiederum einen neuen Fall
von Blasphemie lieferte. Während der Unruhen fiel eine Leuchtreklame von der Fassade eines Zigaretten- und Süßwarenladens; Jungen kickten gegen das Plastikbrett und hatten damit eine «gotteslästerliche Tat» begangen. Auf der Leuchtreklame standen nämlich außer der Zigarettenwerbung zwei Koranverse, so daß das
Herunterwerfen und Zertreten des Leuchtkörpers zu einem Delikt
geworden war, das die Todesstrafe verdiente. Der fünfundvierzigjährige Rajah Masih (eine Mehrheit der Christen hat den Nachnamen
Masih, von Messias, angenommen), Vater von sechs Kindern und
Straßenhändler, wurde festgenommen, als er bei dem kleinen Laden
neben seiner Wohnung stand und zusah, wie die Tafel zu Boden fiel.
Er wurde später zu lebenslanger Freiheitsstrafe verurteilt.

Drei Jahre nach dem tragischen Tod von Bischof John Joseph wurde
das Todesurteil gegen Ayub erneut vom Oberen Gerichtshof in Lahore
bestätigt. Erst als die Anklage endlich an den Obersten Gerichtshof in
Islamabad kam, wurde er von jeder Schuld freigesprochen. Ayub Masih war wieder ein freier Mann. Nur hatte der Nachbar inzwischen
Ayubs Grundstück und Wohnung kassiert und im Katasteramt auf
seinen Namen eintragen lassen, hatten seine Mitgefangenen versucht,
ihn zu ermorden, war seine Familie gezwungen worden, das Dorf zu
verlassen, und war er von islamischen Fundamentalisten für vogelfrei
erklärt worden.

Ayub Masih konnte nicht länger in Pakistan leben. Durch Bischof
Andrews und die Vermittlung der CLAAS erhielt er in den Vereinigten
Staaten Asyl. Amerikanische Katholiken kümmern sich um ihn. Aber
welch ein Alptraum muß auch Amerika für ihn sein. Er kann kaum
lesen und schreiben, spricht keine Sprache außer einem Panjabi-Dia-
lekt, er hat keine Ausbildung, und er ist allein, ohne seine Familie.
Seine Eltern sind zu schwach und zu alt zum Arbeiten, ihr einziger
anderer Sohn wurde bei der Verhaftung Ayubs zum Krüppel geschla-

gen und kann ebenfalls nicht mehr für sie sorgen. Sie müssen von dem leben, was die sicherlich nicht reiche katholische Kirche Pakistans ihnen gelegentlich zukommen läßt.

Bischof Andrew Francis aus Multan, der vielleicht nicht so ein Teufelskerl ist, wie Bischof John Joseph es war, hat von ihm den Stab übernommen. Ihm fällt nur eine einzige positive Entwicklung im Zusammenhang mit den Blasphemieanklagen ein, die das Regime von General Pervez Musharraf, dem Bundesgenossen des Westens im Krieg gegen den (islamistischen) Terrorismus, eingeleitet hat: daß nicht in jedem Falle von Beleidigung des Propheten die Todesstrafe ausgesprochen werden muß; eine Gefängnisstrafe kann auch ausreichen. Fundamentalistische Rechtsgelehrte sind gegen diese Regelung. Die Blasphemiegesetze, sagen sie, sind Teil der islamischen Gesetzgebung, und das islamische Gesetz kennt keine lebenslange Haft, wohl aber die Todesstrafe. Und an den Buchstaben des islamischen Gesetzes kann kein Jota verändert werden, denn es kommt von Allah selbst, und Menschen dürfen nicht an seinen Worten herumkritteln.

Im CLAAS-Büro in Lahore spricht der Monsignore heute zu zahlreichen Opfern der Blasphemiegesetze. Rashida Bibi sitzt da, eine kleine, fast pechschwarze Frau, höchst verlegen und ängstlich. Haar und Gesicht versteckt sie unter ihrer Dupatta. Sie ist Rajah Masihs Ehefrau, des Mannes, den man wegen des Herunterreißens der Zigarettenreklame verurteilt hat. Nach der Verhaftung ihres Mannes mußte sie mit ihren sechs Kindern umziehen: Ihre muslimischen Nachbarn machten ihr das Leben in ihrem Viertel unmöglich. Nur zwei ihrer Kinder haben Arbeit gefunden: Einer ist Fahrradschlosser und der andere Laufbursche. Ab und zu bekommt sie vom CLAAS Geld, um Lebensmittel kaufen zu können.

Rashid Masih, ein anderes Opfer, zeigt mir seinen funkelnagelneuen Reisepaß und den seines Bruders Selim: ein grüner Umschlag, auf dem in weißen Buchstaben «Islamic Republic of Pakistan» steht. Die Brüder sind katholisch und auf der Flucht. Selim bleibt im Untergrund versteckt, bis sie sicher das Land verlassen können. Sie haben in den

Vereinigten Staaten Asyl bekommen und können jetzt, da ihre Pässe in Ordnung sind, Flugtickets beantragen und nach einiger Zeit ausreisen. Vier Jahre lang waren sie, beschuldigt wegen Gotteslästerung, in Haft gewesen, hatten all die Jahre auf ihren Gerichtstermin gewartet. Am Ende wurden sie freigesprochen, aber vier Jahre ihres Lebens waren ruiniert. Und noch viel mehr. Sie können nicht in ihr Dorf zurückkehren: Dort sieht man sie weiter als Gotteslästerer, und sie zu töten, ist die Pflicht eines jeden Muslims. Mit einem Ruf als Islamverleumder ist es nicht leicht, einen Paß zu bekommen. Doch dank der Hilfe von «Freunden» der Kirche und gefüllter Umschläge für den Amtsvorsteher lassen sich solche Hindernisse in Pakistan oft umgehen.

Rashid ist ein stämmiger, großgewachsener Mann mit dickem grauen Haar und einem großen Schnurrbart. Er und Selim hatten in ihrem Dorf einen kleinen Lebensmittelladen. Trotz seiner einfachen Herkunft ist Rashid ein gebildeter Mann und spricht ziemlich gut Englisch. Aber gerade ihre Bildung und ihr Wissen könnten, so meint Bischof Andrew, der Grund für den Neid der anderen Dorfbewohner und für die Anschuldigung als Gotteslästerer gewesen sein. Muslime, sagt der Bischof, können es nicht verwinden, wenn die Christen manchmal erfolgreicher sind.

Ein Eis war der Auslöser für die Verhaftung von Rashid und Selim. Der Eisverkäufer schob seinen Karren durch die Dorfstraßen und läutete dabei mit seiner Glocke. Selim hielt ihn an und bestellte einen Becher Speiseeis. Der Eismann sagte: «Hol dir zuerst deinen eigenen Becher und Löffel, meine gebe ich keinem Christen.» Der breitschultrige Rashid stellte sich daneben und fragte: «Warum verkaufst du Christen kein Eis?» Es kam zu einem Wortgefecht und, so Rashid, der Eismann begann ihn zu schlagen. Rashid und Selim schlugen zurück. Einige Tage darauf kam die Polizei und holte die Brüder ab: Gegen sie war eine Anklage wegen beleidigender Äußerungen über den Propheten erhoben worden.

Rashid und Selim haben die Vorwürfe immer zurückgewiesen. Während des Prozesses konnten die Zeugen die Beschuldigungen nicht beweisen, woraufhin die Brüder freigelassen wurden. Doch ihre Familien hatten das Dorf verlassen müssen. Auch das kleine Stück Land, das sie im Dorf besessen hatten und das ihnen immer eine finanzielle Absicherung geboten hatte, war von Muslimen kassiert worden, genau wie ihr Laden und ihre Wohnungen. «Nach den Beschuldigungen hätten wir sie doch nicht verkaufen können», sagt Rashid, «keiner ist so dumm, einem Gotteslästerer Geld für etwas zu zahlen, selbst wenn der Richter in seinem Urteil verkündet hat, daß es keinerlei Beweis für die Anschuldigung gibt.» Ihnen wurde versprochen, ihre Familien nachholen zu dürfen, sobald sie in Amerika Arbeit gefunden haben.

Die Brüder sind noch mit einem blauen Auge davongekommen. Wenige Monate vor meiner Begegnung mit Rashid Masih wurde in Lahore ein Mann, den man von der Anklage der Blasphemie freigesprochen hatte, auf offener Straße, vor dem Gerichtsgebäude, erschossen. Im Jahr davor war ein Mann, nachdem er von der Gotteslästerung freigesprochen worden war, in sein Dorf im Panjab zurückgekehrt. Er wurde von einer wildgewordenen Menge, angeführt von einem muslimischen Geistlichen, gelyncht. Zuvor war ein Richter von einem fanatischen Muslim ermordet worden, weil er in einem anderen Blasphemieverfahren den Angeklagten freigesprochen hatte. Um dieselbe Zeit wurde Yussaf Ali, der wegen Blasphemie zum Tod verurteilt worden war, im Gefängnis von Lahore von einem Mitgefangenen ermordet, einem *Jihadi*, der seinerseits im Gefängnis saß, weil er es als seine Pflicht angesehen hatte, einen seiner Ansicht nach abtrünnigen Muslim zu töten. Die Familie des Mörders beantragte nach dem Mord an Yussaf Ali eine Begnadigung: Sie fanden, daß der Mörder ein gutes Werk getan hatte, indem er den Gotteslästerer Yussaf Ali aus dem Weg räumte.

Am 5. November 2002 wurde ein Mann in der Nähe von Nowshera, unweit von Peshawar, von einem Polizisten totgeknüppelt. Der Beamte war außer sich geraten, als er hörte, daß der fragliche Mann über den Koran gespottet habe, obwohl sich danach niemand mehr erinnern konnte, was denn seine Verfehlung gewesen war.

General Musharraf versprach im Jahr der Anschläge auf das World Trade Center in New York, die Blasphemiegesetze zu reformieren. Damit wollte er einen persönlichen Gewinn der Ankläger verhindern.

Deshalb sollten nicht mehr Bürger Anzeige erstatten können, sondern nur noch der Bezirksrichter nach einer erfolgten Ermittlung. Nicht einmal diese bescheidene Reform wurde umgesetzt. Die fundamentalistischen Parteien machten großes Theater, und der Vorschlag starb eines stillen Todes. Da inzwischen die Fundamentalisten im Aufschwung begriffen sind, wird es in den nächsten Jahren nicht besser werden.

«Zwischen der Unabhängigkeit 1947 und der Einführung des ersten einer Serie von Blasphemiegesetzen 1985», berichtet Bischof Andrew, «wurde kein einziger Christ wegen Beleidigung des Islam verurteilt. Danach waren die Dämme gebrochen.»

Die Blasphemiegesetze sind ein Bespiel für den immer stärkeren Niedergang Pakistans, für den Verfall der Gesellschaft. Für die Christen, die genau wie die Muslime und Hindus «Ureinwohner» Pakistans sind, ist kein Platz mehr in der Islamischen Republik, sie werden nicht als «echte Pakistani» gesehen; das Gesetz bietet ihnen im eigenen Land keinen Schutz, sie können nie in die höchsten Ränge der Streitkräfte aufsteigen, genausowenig eine Professur bekommen. Dies hat schon immer für die Handvoll Hindus und Sikhs gegolten, die in Pakistan geblieben sind. Fortschritt, das heißt die Nutzung des Wissens, der Talente und der Energie eines jeden Menschen, gibt es in diesem Land mit seinen 145 Millionen Einwohnern nicht.

Nicht nur Christen fallen den Blasphemiegesetzen zum Opfer, auch Muslime leiden darunter, zum Beispiel die Ahmadis. Die Ahmadis sehen sich selbst als Muslime, glauben jedoch, anders als die Mehrheit, daß Mohammed nicht der letzte Prophet war. Allein schon die Aussage, daß sie Muslime seien, sie ihre Gebetsstätte eine Moschee oder den Koran ihr Heiliges Buch nennen, macht sie vogelfrei. Im Grundgesetz steht, daß Ahmadis keine Muslime sind. Nichtmuslime, die sich trotzdem als Muslime bezeichnen, werden vom Staat verfolgt oder von Jihadis ermordet. Vor kurzem kam einer der fundamentalistischen Führer mit dem Beweis, daß Ahmadis keine Muslime sein können: Der Gründer der Sekte hatte einst behauptet, er habe mit Engeln gesprochen. Und in welcher Sprache hatten sie gesprochen?

Auf Englisch, hatte er gesagt. Für die Fundamentalisten der ultimative Beweis für den Betrug: Jeder weiß, daß Allah und seine Engel nur Arabisch sprechen.

Der schaurigste von all diesen herzzerreißenden Blasphemiefällen ist der von Dr. Yunus Sheikh, einem Muslim aus der Mittelschicht. Dr. Sheikh ist Arzt und Dozent an der Fachschule für Homöopathie in Rawalpindi. Er wurde im Sommer 2001 aufgrund von derart wahnwitzigen, derart der Logik und der Geschichte widersprechenden Beweisen als Gotteslästerer zum Tod verurteilt, daß man eigentlich darüber lachen müßte, wenn ihm der pakistanische Staat nicht deshalb das Leben nehmen wollte.

Dr. Sheikh soll in einem Seminar folgende Beleidigungen geäußert haben: Der Prophet Mohammed sei vor seinem vierzigsten Lebensjahr kein Muslim gewesen (er empfing erst danach seine Offenbarungen), der Prophet sei vor seinem vierzigsten Lebensjahr nicht beschnitten gewesen, und die Eltern des Propheten seien als Nichtmuslime begraben worden: Sie starben, bevor Mohammed seine Offenbarungen empfangen hatte.

Eine fanatische Menge, die von einem Studenten gehört hatte, was Dr. Yunus Sheikh gesagt hatte, fand, daß er den guten Namen des Propheten beschmutzt habe. Für Nicht-Muslime scheint Dr. Sheikhs Argumentation eine Binsenwahrheit zu sein: Mohammed kann kein Muslim gewesen sein, weil der Islam noch nicht existierte; der Islam kam erst in die Welt, nachdem Mohammed in Trance, oder in einem anderen exaltierten Geisteszustand, dem Erzengel begegnet war, der ihm, selbstverständlich in Arabisch, den Koran verkündete.

Dr. Sheikh soll auch noch behauptet haben, daß sich Mohammed, bevor er zum Muslim wurde, die Körperbehaarung nicht entfernte. Hat es jemals einen unsinnigeren Grund für einen Staat gegeben, einem seiner Untertanen das Leben zu nehmen, als die Behauptung, daß ein Mann vor vielen hundert Jahren in einem bestimmten Alter seine Schamhaare nicht epiliert hat?

Das CLAAS von Bischof Andrew veröffentlicht jedes Jahr eine Liste der Blasphemiefälle. Hier folgt eine willkürliche Auswahl:

- In Karachi wurde ein Textilfabrikant ins Gefängnis geworfen, weil er den Namen des Propheten auf Bettlaken hatte drucken lassen.
- Geistig schwer gestörte Männer und Frauen sitzen in überfüllten Zellen, weil sie sich für Gott oder den Propheten Mohammed halten. Einige halten sich auch für Jesus, aber das ist nicht strafbar.
- Ein Mann wurde wegen Blasphemie festgenommen, weil er sich auf einen Kalender gesetzt hatte, in dem Korantexte standen.
- Die Putzkraft einer Schule wurde verhaftet, weil unter den Papieren, die er zerrissen hatte und die auf dem Boden lagen, auch mit Koranversen beschriebene Schnipsel waren.

Blasphemieanklagen sind auch ein probates Mittel zur Ausschaltung politischer Gegner. Man kann nicht mehr unbefangen das Wort Koran oder den Namen des Propheten in den Mund nehmen, ohne schon dran zu sein. Ruksana Bunyad, eine Gemeinderätin in Mianwali und bekannte Menschenrechtsaktivistin in ihrer Region an der Grenze des Panjab zur North West Frontier Province, hatte auf einem Workshop zur Demokratie in Pakistan gesagt: «Wenn die Demokratie in unserem Land jemals Wurzeln schlagen sollte, werden wir vor dem Grundgesetz genausoviel Achtung haben müssen, wie wir sie vor der Heiligen Schrift haben.» Damit hatte sie die Puppen zum Tanzen gebracht. Aus dem Saal ertönten Proteste der in diesem Gebiet mächtigen fundamentalistischen Partei, der *Jama'at Ulema i Pakistan* (JUP): Ruksana hätte nie sagen dürfen, daß ein von Menschen stammendes Gesetzbuch auf derselben Ebene stehe, es genauso zu achten sei wie das Buch Allahs.

Erschrocken erklärte Ruksana, daß sie Muslimin sei, an die Endgültigkeit von Mohammeds Prophetentum und an den Heiligen Koran als geweihtes Buch des Islam glaube. Sie habe niemanden verletzen wollen, und wenn es dennoch geschehen sei, dann wolle sie sich in aller Form entschuldigen. Statt ihr zu vergeben, erhob eine Gruppe von Fundamentalisten Anklage gegen sie. Die einzige Konzession ihr gegenüber besteht darin, daß sie als Frau ihren Prozeß nicht im Gefängnis abwarten muß; sie darf zu Hause bleiben. Das bedeutet aber, daß sie das Haus nicht mehr verlassen darf: Der stellvertretende Bürgermeister der Stadt berief eine Pressekonferenz ein und teilte mit, daß er eine Brigade gegründet habe, die jeden Gotteslästerer, der auf der Straße gesehen werde (also auch Ruksana), ermorden werde.

Die Wut gegen Ruksana hat zweifellos mit der Untersuchung zu tun, die sie gegen diesen Mann eingeleitet hatte. Der stellvertretende Bürgermeister hatte zusammen mit Bauunternehmern gegen den Willen der Anwohner eine neue Straße durch ein Viertel in Mianwali anlegen lassen. Dafür wurden Wohnungen, Läden und Werkstätten geräumt und dem Erdboden gleichgemacht. Die Bewohner und Besitzer bekamen keine Entschädigung und mußten selbst zusehen, wie sie ein Dach über dem Kopf fanden. Mit ihrer Initiative hatte Ruksana zwar den Bürgermeister auf ihrer Seite, aber wie er zur Blasphemieanklage steht, ist nicht bekannt.

In allen alptraumhaften Blasphemiefällen sind die muslimischen Verdächtigen ein wenig schlechter dran als die christlichen. In den Augen der Fundamentalisten gibt es auf unserer Welt zwar noch ein Plätzchen für Christen – so steht im Koran: Sie sind Menschen, die nur noch nicht das Licht des Islam erblickt haben –, gotteslästernde und abtrünnige Muslime können jedoch nicht toleriert werden. Das hat, meinen sie, schon der Prophet gesagt. Außerdem können Christen dank des CLAAS auf christliche Anwälte zurückgreifen, die auf die Blasphemiegesetze spezialisiert sind. Muslime dürfen sich in solchen Fällen nicht von diesen Experten beistehen lassen.

Nicht lange nach meinen Begegnungen mit Bischof Andrew in Lahore und Multan schickte er mir ein E-Mail zum Fall von Irshad Bibi, einer Muslimin aus einem kleinen Ort im Norden des Panjab. Sie war in einem Geschäft mit einem Maulana, einem islamischen Geistlichen, in einen Wortwechsel geraten. Dieser ging sofort zur Polizei und erstattete Anzeige: Irshad Bibi hatte bei den Streitigkeiten im Laden seinen Bart beleidigt! Angesichts der Tatsache, daß er den Bart genau entsprechend den Vorschriften Mohammeds geschnitten hatte, war es, als hätte sie den Bart des Propheten beschimpft.

Während der Gerichtsverhandlung standen Irshad Bibi drei christliche Anwälte von Bischof Andrews Organisation bei. Der Maulana war in Begleitung einer Gruppe von Fundamentalisten in den Gerichtssaal gekommen. Sie verlangten eine weitere Verurteilung wegen Blasphemie. Irshad Bibi hatte nicht nur den Bart des Propheten, sondern darüber hinaus noch die gesamte islamische Welt beleidigt, weil sie sich von christlichen Anwälten verteidigen ließ. Bei Rechtsfällen zwischen Muslimen gehört es sich nicht, Christen hinzuzuziehen. Die Christen, die wissen, daß sie in Pakistan nie etwas auf die Spitze treiben dürfen, machten einen Rückzieher und verließen den Gerichtssaal. Vor ihrem Abgang rieten sie Irshad Bibi, sich bei den Geistlichen zu entschuldigen und einen finanziellen Vergleich abzuschließen. Das tat sie, und die Anklage wurde zurückgezogen.

In ganz Pakistan gibt es nur zwei muslimische Juristen, die muslimische Opfer der Blasphemiegesetze zu verteidigen wagen. Es sind zwei Frauen, zwei Schwestern: Asma Jehangir und Hina Jilani. Beide sind seit Jahr und Tag im Vorstand der *Human Rights Commission of Pakistan*. Die Schwestern haben Ruksanas Verteidigung übernommen.

Was dabei auch herauskommen wird, ob sie der Blasphemie für schuldig oder nicht schuldig befunden wird, Ruksana kann ihre politische Karriere vergessen und danach auch nicht mehr im sozialen Bereich arbeiten, denn es werden immer Fanatiker auf der Lauer liegen, um ihr ein Messer ins Herz zu stoßen.

P. S. Dr. Yunus Sheikh wurde inzwischen in zweiter Instanz freigesprochen. Der Richter war der Meinung, die Anklage könne nicht bewiesen werden. Sheikh lebt heute in der Schweiz, wo er politisches Asyl bekommen hat.

Unrecht in Derekabad

Es ist um die fünfzig Grad heiß, als wir urplötzlich die asphaltierte Straße, die von Multan her führt, verlassen und kurz vor dem Indus in die Wüste holpern und einer Reifenspur folgen. Der Sand ist weiß und bringt die Augen zum Brennen. Es ist keine kahle Wüste wie in Saudi-Arabien: Überall wachsen gummiartige Pflanzen. Aber das Dunkelgrün macht die Wüste noch unwirtlicher: Es vergiftet Mensch und Tier.

Etwa zehn Kilometer lang rutschen und rütteln wir durch die tief ausgefahrene Rinne, bis wir in einen Weiler kommen: nur ein paar kleine Hütten nebeneinander, ein paar Ziegen, ein paar Kinder mit einer Art Rastafrisur vom Staub und vom Schmutz. Eine der neun kleinen Ansiedlungen, die zusammen Derekabad bilden, benannt nach ihrem Gründer, dem pakistanischen Pater Derek Misquita.

Pater Derek war Abgeordneter des Nationalparlaments und setzte sich für die gesellschaftlichen Rechte der pakistanischen Christen ein, schätzungsweise 3 Millionen einer Gesamtbevölkerung von 147 Millionen Einwohnern. Vor dreißig Jahren bekam Pater Derek vom damaligen autokratischen Ministerpräsidenten Zulfikar Ali Bhutto ein Stück dieser Wüste. Er gründete Kolonien für die Ärmsten der Armen, für die Outcasts der pakistanischen Gesellschaft, die katholischen Landarbeiter und *Chuhras* (Feger), die Männer und Frauen und Kinder, die Straßen und Fußböden kehren, den Müll abholen, Kadaver häuten, menschliche Exkremente beseitigen.

Outcasts waren sie schon, als ihre Urgroßväter noch Hindus waren. Die massenhafte Missionierung der Chuhras im ausgehenden 19. und zu Beginn des 20. Jahrhunderts, unter anderem durch niederländisch-flämische Kapuzinermissionare, brachte keine Veränderung. Pater Derek glaubte, die ewige Trennung von Kasten, Klassen und Ständen, die weder der Islam noch das Christentum abgeschafft hatte, überwinden zu können. Er teilte seine Wüste in gleich große Stücke Ackerland und rief Landarbeiter und Feger dazu auf, Brunnen zu graben, den Boden zu bewässern und zu bebauen. Sein großzügiger Freund Bhutto gab Pater Derek zu verstehen, daß die neuen Bauern Eigentümer der Felder werden sollten, sobald sie den Boden zehn Jahre lang bearbeitet hätten.

Die Parias der pakistanischen islamischen Gesellschaft kamen in hellen Scharen an den Ort, dem sie den Namen Derekabad geben sollten, mit nichts weiter als den Kleidern, die sie am Leib trugen, einem Kochtopf und einer Schlafmatte. Sie kamen zu Fuß oder auf klapprigen Eselskarren. Sie kamen voller Hoffnung, sie träumten von einem besseren Leben. Sie würden ein eigenes Stückchen Land besitzen. Sie wirkten wie die Joads aus *Früchte des Zorns*, die Hunger und Armut nach Kalifornien trieb, um dort die Felder zu bestellen und Orangen zu pflücken. Sie träumten von einem eigenen Häuschen, von einem eigenen Fleckchen Erde und von Schulen für ihre Kinder. Für die Joads ist es anders gekommen. Es ist auch für die erwartungsvollen Menschen von Derekabad anders gekommen.

Bis zum heutigen Tag sind sie Menschen ohne Beschützer geblieben, ohne Einfluß, ohne eine Faust ballen zu können. Pater Derek floh aus dem Land, nachdem der fundamentalistische Militärdiktator Zia ul-Haq Bhutto hatte hängen lassen. Von den ursprünglich fünftausend Pionieren sind noch tausend übriggeblieben.

Einige der Ausharrenden haben sich in einem der Dörfer unter dem einzigen Baum eingefunden, vor der kleinen Kirche, einem Haus, so klein wie die Gartenscheune in einem niederländischen Neubauviertel. Sie erzählen von den Brunnen, die sie gegraben, und von dem Getreide, das sie angebaut haben. Aber das Grundwasser war zu salzig, der Wasserspiegel sank mehr und mehr, die jährlichen Regenfälle blieben aus. Der Ernteertrag wurde immer geringer. Die Kredite für das Saatgut, den Diesel für die Wasserpumpen sowie den Kunstdünger wuchsen und wuchsen.

Am allerschlimmsten, sagen sie, sei, daß sie vom pakistanischen Staat betrogen wurden. Der Boden ist nie ihr Eigentum geworden. Er wurde ihnen unter dem Hintern weggestohlen. Politiker und reiche Geschäftsleute aus der Umgebung haben die Katasterbeamten bestochen und die Felder auf ihre Namen überschreiben lassen. Warum die Landräuber so gern diese Wüste haben wollen, wissen sie nicht. Sie nehmen an, daß diese nach Vorlage des Eigentumsnachweises Darlehen von der Regierung bekommen, um den Boden fruchtbar zu machen, was sie dann doch nie tun werden. Sie sind nur scharf auf die Kredite, die sie durch die Hilfe einflußreicher Freunde nie abzahlen müssen.

Das ist Korruption in ihrer reinsten Form. Nicht nur die Bauern in Derekabad gehen daran zugrunde, ganz Pakistan ist dabei, darunter zusammenzubrechen. Die Landräuber haben die Polizei fest im Griff, und diese hindert die Bauern, ihre Ernte vom Feld zu holen. Wer es trotzdem versucht, ist ein Dieb, sagen die Polizisten, das Land, und was darauf wächst, gehört nicht den Bauern, sie können keine Eigentumsnachweise vorlegen.

Die Bauern sagen: «Wenn wir das Getreide nicht verkaufen, können wir unsere Darlehen nicht zurückzahlen.» Und man kann Gift darauf nehmen, daß in der pakistanischen Feudalgesellschaft die Kleinbauern immer am kürzeren Hebel ziehen werden und sie ihre Darlehen trotz alledem zurückzahlen müssen. Weinend erzählt ein Bauer, daß er wochenlang in eine Arrestzelle eingesperrt wurde. Die Polizisten haben ihn solange geschlagen, bis sein Bein brach. Ein anderer, der seine Ernte hatte verkaufen wollen, wurde von der Polizei ins Gefängnis gesperrt und durfte nicht zum Begräbnis seiner kleinen Tochter. Ein tollwütiger Hund hatte sie gebissen, und sie war dann an dieser schrecklichen Krankheit, der Tollwut, gestorben.

Wenn jemand über die Haltung der Polizei gegenüber Christen spricht, reden die Bauern zornig durcheinander. Sie haben alle dasselbe zu hören bekommen: Ihr seid Christen, und für Christen ist kein Platz in Pakistan. Verschwindet aus dem Dorf!

Als Hindus waren sie Parias, als Christen sind sie Parias, und ihr eigenes Land, das Land, in dem sie seit Jahrhunderten gewohnt haben, spuckt sie aus.

Sie waren Outcasts und werden es immer bleiben.

Wir sind alle Jihadis

Herr Noori sagt, wir seien alle Jihadis. Er ist einer; und er sagt, daß ich ebenfalls ein Jihadi sei. Wir sind Kämpfer im Heiligen Krieg gegen Armut und Analphabetismus, gegen die Diskriminierung von Christen in Pakistan und gegen Kinderarbeit. Herr Noori ist noch jung, ich schätze ihn auf etwa dreiunddreißig Jahre, und Vorsitzender der Abteilung Sialkot des pakistanischen Rats für Soziales und Menschenrechte. Von Beruf ist er Juwelier. In Sialkot werden drei Viertel aller Fußbälle der Welt hergestellt und die meisten chirurgischen Instrumente. Die Stadt liegt im nördlichen Panjab, nahe der indischen Grenze. Herr Noori war früher auf einer Madrasa, einer Koranschule, und hat dort den Koran auswendig gelernt. Später hat er eine normale Mittelschule absolviert. Aus eigenem Antrieb studiert er andere Religionen. Im Islam und im Christentum, sagt er, steht das Wohlergehen einer Person für das Wohlergehen der ganzen Menschheit. Er meint, daß wir bei uns selbst anfangen müssen, die Welt zu verändern.

Ich finde Herrn Noori herzgewinnend. Wie kann Pakistan trotz Menschen wie ihm einen so schlechten Ruf in der Welt haben? Herr Noori ist gutwillig und lebt, genau wie alle netten Menschen, nach dem Motto «leben und leben lassen». Das Schicksal arbeitender Kinder liegt ihm sehr am Herzen. In Sialkot arbeiten Tausende von Kindern. Sie montieren Fußbälle zusammen und stellen medizinische Instrumente her. Kinderarbeit, meint Herr Noori, ist beschämend und zugleich eine himmelschreiende Ungerechtigkeit. 1998 verlor Sialkot den Auftrag von Adidas, die Bälle für die Fußballweltmeisterschaft in Frankreich zu liefern. Vor kurzem zog die amerikanische Firma Johnson and Johnson eine Großbestellung für medizinische Geräte zurück. Das Fiasko trat ein, weil in beiden Fällen nicht garantiert werden konnte, daß bei der Produktion auf Kinderarbeit verzichtet würde.

Die vollzählige Geschäftsleitung von neun Mann begleitet uns, als Herr Noori und ich eines der 272 um Sialkot liegenden Dörfer besuchen, die an dem Projekt beteiligt sind, alle Kinder ab fünf Jahren in den Genuß einer allgemeinen Schulbildung kommen zu lassen. Herrn Nooris Verein ist davon überzeugt, daß es um so weniger Armut und Kinderarbeit geben wird, je mehr Kinder die Schule besuchen.

Die Schule ist eine Knabenschule. Das Schulhaus ist klein; die Unterrichtsräume haben weder Fenster noch elektrisches Licht noch Bänke. Das Gebäude wird schon seit Jahren nicht mehr benutzt. Die Jungen sitzen auf der Erde vor Schultafeln auf dreibeinigen Ständern. Die Krone eines riesigen Pipulbaums (ficus religiosa), größer als das Schulgebäude, schützt die Kinder vor der Sonne. Im Schatten des Riesenbaums sitzt ein Dutzend Männer, der Schulvorstand, die Achse, um die sich das Projekt dreht. Sie sind im Dorf hoch angesehen und gehen zu Beginn des Schuljahrs von Tür zu Tür, um die Eltern zu überzeugen, daß es besser ist, die Kinder in die Schule statt zur Arbeit zu schicken. Bleibt ein Kind dem Unterricht fern, dann wird nach dem zweiten Fehltag der Schulvorstand mobilisiert, um es wieder in den Unterricht zurückzuholen. Es ist einzigartig in Pakistan, wo alles einen Preis hat, daß die Arbeit des Schulvorstands auf reiner Überzeugungskraft beruht.

Drei zwölfjährige Jungen werden nach vorn geschoben. Mit hängenden Köpfen und Flüsterstimmen erzählen sie, daß sie keine Lust mehr hatten, in die Schule zu gehen. Der eine hatte angefangen, Fußbälle zu nähen, der andere ist in eine Autowerkstatt zum Arbeiten gegangen, der dritte ist bei einem Schneider. Aber jeden Tag war jemand vom Schulvorstand vorbeigekommen und hatte gesagt, daß sie mit einem Zeugnis der Grundschule später einen besseren Arbeitsplatz finden könnten.

Fast alle Kinder zwischen fünf und sieben Jahren, sagt Herr Noori, gehen zur Schule, seit das Projekt vor drei Jahren gestartet wurde. Bei älteren Kindern ist der Prozentsatz der vorzeitigen Schulabgänger von 50 auf 38 Prozent gesunken. Der Verein verfolgt das Ziel, daß es in weiteren drei Jahren so gut wie keine Schulabbrecher mehr geben wird.

Die Chance, daß es gelingt, ist groß, meint Herr Noori, weil sich die Dorfgemeinschaft mit den Kindern und der Schule verbündet habe und inzwischen wie ein Jihadi gegen Analphabetismus und Kinderarbeit kämpfe.

Die Verfolgung von Muslimen in der Islamischen Republik Pakistan

Der siebzehnjährige Bodybuilder Suleiman Ahmad aus der North West Frontier Province sagte bei jeder Gelegenheit, zu der er es als frommer Muslim für passend hielt, das islamische Glaubensbekenntnis auf: «Es gibt keinen Gott außer Gott, und Mohammed ist sein Prophet.» Mohammed Arif, ein Elektriker, und Daud Shakir, Direktor einer Grundschule, beide aus dem Panjab, legten mit dem Aussprechen des islamischen Credos ebenfalls täglich Zeugnis von ihrem Glauben ab. Damit taten sie genau dasselbe wie die restliche Bevölkerung Pakistans und Millionen von Muslimen in der ganzen Welt.

Aber Suleiman, Mohammed und Daud wurden wegen Beleidigung Gottes und seines Propheten zu Gefängnisstrafen verurteilt, im einzigen Land der Welt, das eigens für Muslime gegründet wurde, in der Islamischen Republik Pakistan. Als Gotteslästerer, als Kuffar, wurden sie zudem von obskuren Muslimen für vogelfrei erklärt. Wer sie umbringt, bekommt im Paradies einen Platz ganz vorn.

Die drei Männer sind Ahmadis, Anhänger der Lehre von Mirza Ghulam Ahmad, einem muslimischen Korangelehrten aus dem früheren Britisch-Indien. 1893 wurde er mit einigen Erkenntnissen und Korrekturen am Islam bekannt, die nach Meinung des größten Teils der Muslime inakzeptabel und gotterlästerlich sind.

Der Koran bezeichnet Mohammed als «das Siegel des Propheten», was von Muslimen immer als «letzter der Propheten» gedeutet wurde. Das ist nach Mirza Ghulam Ahmad eine Fehlinterpretation. Es gebe Platz für kleine, korrigierende Propheten, meinte er, für Propheten, die die Gläubigen auf den rechten Weg des Islam zurückbrächten. Mohammed sei ein gesetzgebender Prophet gewesen, und einer wie er werde nicht mehr von Gott gesandt werden. Allah habe zu ihm gesprochen, sagte Mirza Ghulam Ahmad, und ihm verkündet, daß er einer seiner kleineren Propheten sei und im Lauf der Zeiten entstandene Irrtümer der Gläubigen richtigstellen müsse. Ahmad nannte sich *Masih* und *Mehdi* oder der Messias.

Jesus sei, so Mirza Ghulam Ahmad, nicht in den Himmel aufgefahren, sondern verwundet vom Kreuz abgenommen worden. Er sei nach Osten gezogen und in hohem Alter als gewöhnlicher Mensch in Kaschmir gestorben. Damit hatte er das heikle Problem umgangen, daß Mohammed nicht wie Jesus Christus nach seinem Tod mit seinem Körper in den Himmel aufgefahren, sondern in die Erde gelegt worden war. Hätte man daraus doch schlußfolgern können, daß Jesus auf dem Gebiet der Magie mehr zu bieten hatte als Mohammed.

Die dritte Korrektur Mirza Ghulam Ahmads an der falschen Entwicklung des Islam war sein Gebot, den Jihad nicht länger mit dem Schwert zu führen, sondern mit der Feder. Die britischen Kolonialbesatzer sollten nicht mit Gewalt vertrieben werden, sondern mit Argumenten.

Weltweit werden die Ahmadis von Muslimen vor allem wegen der Behauptung angefeindet, daß es nach Mohammed noch Platz für (mindere) Propheten gebe und Mirza Ghulam Ahmad von Allah selbst zum (nicht gesetzgebenden) Propheten ernannt worden sei. Doch nirgendwo werden die Ahmadis gnadenloser verfolgt als in Pakistan. Der erste demokratisch gewählte Premierminister von Pakistan, der despotische Zulfikar Ali Bhutto, und das erste demokratisch gewählte Parlament nahmen 1974 einstimmig einen neuen Artikel in das Grundgesetz auf, der die Ahmadis zur «nichtislamischen Minderheit» erklärte. So wurde die Islamische Republik Pakistan zum einzigen Land der Welt, das eine islamische Sekte verbot. Für die Ahmadis lief das auf eine Ächtung hinaus: Sie selbst sehen sich als echte Muslime, sie befolgen alle islamischen Regeln und Gebote und glauben an die Offenbarungen Allahs, wie sie im Koran festgehalten sind. Bhutto und seine *Pakistan People's Party* waren keine islamischen Extremisten; mit der Erklärung der Ahmadis zur nichtislamischen Minderheit wollte der Premier die Obskurantisten, die den Ahmadis am liebsten den Hals umgedreht hätten, auf seine Seite ziehen. Außerdem tat er damit König Faisal von Saudi-Arabien, einem Ahmadi-Hasser, einen Gefallen. Der König lohnte es Bhutto reichlich.

Die Ahmadiyya-Bewegung war seit eh und je wohlhabend, gut organisiert und solidarisch, das mag den Neid anderer geweckt haben. In ihrer Gemeinschaft gehen Jungen wie Mädchen zur Schule und in den weiterführenden Unterricht. Die Ahmadis sind zu hundert Prozent alphabetisiert, von den restlichen pakistanischen Muslimen kann nur eine Minderheit lesen und schreiben.

In den ersten Jahren der pakistanischen Republik hatten Ahmadis hohe Posten in der Verwaltung und bei den Streitkräften inne. Der erste Außenminister und Mitgründer Pakistans war ein Ahmadi, genau wie zu Bhuttos Zeiten der Chef der Luftwaffe. Der einzige Muslim, dem im 20. Jahrhundert ein Nobelpreis verliehen wurde, war ein Ahmadi aus Pakistan, der Physiker Dr. Abdul Salam, dessen Name in der Islamischen Republik jedoch nicht ausgesprochen werden darf. Heute kann ein Ahmadi weder in der Regierung noch bei den Streitkräften Karriere machen. Deshalb sind Angehörige dieser Gemeinschaft nur noch in der Geschäftswelt tätig, insoweit sie Pakistan nicht verlassen haben. Im Koranunterricht, an dem alle pakistanischen Kinder und Jugendlichen vom Kindergarten bis zum Ende der Universitätsausbildung teilnehmen müssen, werden die Ahmadis angeschwärzt.

Ein Ahmadi ist in Pakistan seines Lebens nicht mehr sicher. Tut er etwas so Simples, wie das islamische Glaubensbekenntnis zu sprechen, einen Muslim mit «Salam aleikum» zu begrüßen oder seine Moschee eine Moschee zu nennen, dann kann ihm das eine Verurteilung wegen Blasphemie einbringen – einschließlich einer Erklärung zum Vogelfreien durch Anti-Ahmadi-Schlägertrupps. Wenn Ahmadis einen Reisepaß beantragen oder sich ins Wahlverzeichnis eintragen lassen, müssen sie eine entwürdigende Erklärung unterschreiben, in der Mirza Ghulam Ahmad als Lügner und Betrüger bezeichnet wird.

Alle pakistanischen islamischen Gruppierungen, von gemäßigt bis extrem, haben in ihre Programme die Ausrottung des Ahmadiglaubens aufgenommen. Unter ihnen gibt es eine Gruppe, deren einziger

Zweck darin besteht, den Ahmadis nach dem Leben zu trachten: das Komitee für die Letztgültigkeit des Propheten. Polizei und Regierung legen diesem Komitee nicht ein Steinchen in den Weg.

In einem großen Stadtviertel von Lahore, einer Stadt mit sieben Millionen Muslimen nahe der indischen Grenze, verbreitete das Komitee Flugblätter gegen einen Ahmadi, der für eine soziale Einrichtung arbeitet. Der Mann heißt Mabrur Ahmad, das Flugblatt nennt ihn einen *Mirzai*, was ein Schimpfwort für Ahmadis ist. Das Flugblatt verpflichtet «die Gläubigen, die die Fackel der Letztgültigkeit des Propheten am Brennen erhalten, den Ketzer Mabrur Ahmad aus dieser Welt zu entfernen. Nach dem kollektiven Beschluß aller muslimischen Mitglieder sind Mirzais Ketzer und Verräter und müssen getötet werden. Der Islam fordert von uns, hervorzutreten und dieser Ketzerei ein für allemal ein Ende zu bereiten. Vergeßt nicht, daß jeder, der mit einem Mirzai Kontakt hat oder Geschäfte macht, selbst ein Ketzer ist. Oh, Muslime, oh, Märtyrer des Islam, oh, Freunde der Letztgültigkeit des Propheten, macht euch bereit für diesen Jihad und übernehmt euren Auftrag! Vernichtet die Mirzais! Es ist Zeit, Opfer für den Islam zu bringen.»

Die erste Frage, die das Parlament zwei Wochen später dem Technokraten Shaukat Aziz, dem neuen Premierminister Pakistans, stellte, lautete: «Sind Sie ein Mirzai?» Aziz, der jahrelang in Amerika und Großbritannien lebte und Spitzenmanager bei der Citybank und der Weltbank war, antwortete nicht: «Was geht euch das an?» oder: «Meine Regierung wird diesem Unsinn der Verfolgung von Ahmadis ein Ende bereiten!» Nein, Shaukat Aziz erklärte sehr entschieden, er sei ein sunnitischer Muslim, und zum Beweis, daß er zu den guten Muslimen gehört, brach er am nächsten Tag nach Mekka auf, um den heiligen Stein in der heiligen Kaaba zu küssen. Einem Muslim, der nach den Korrekturen Mirza Ghulam Ahmads lebt, wird die Einreise nach Saudi-Arabien verweigert. Seine Anwesenheit würde die Heiligen Stätten besudeln.

Ein echter Guru läßt sich kastrieren

In Pakistan denkt man oft, daß man froh sein muß, kein Pakistani zu sein. Ich treffe hier mit vielen Menschen zusammen, die, schlicht gesagt, erbärmlich leben. Wie die etwa dreißig Jungen und Männer, mit denen ich neulich in einer Hütte in einer dreckigen Gasse im Norden Karachis saß. Sie trugen Frauenkleider, waren geschminkt und hatten lackierte Nägel. Unter dem Make-up sproßten die Bartstoppeln; aus dem Halsausschnitt ihrer Kleider quollen Brusthaare, die nackten Arme und Beine waren schwarz behaart. Ihr Kopfhaar war lang, glatt und glänzte von der Kakaobutter. Sie waren lieb zueinander, nahmen sich in den Arm, bewegten ihre Hände, wie es bei uns Transvestiten tun, die damit eine sich zierende Frau imitieren wollen. An der Wand ein glänzendes Poster mit einer nackten, blonden Dirn im Heu, ohne einen Faden am Leib. In diesem einen Raum roch es nach dem Abwasser, das draußen durch den offenen Rinnstein floß; es wimmelte von Moskitos und Fliegen.

Sie nennen sich Frauen und Mädchen, in Deutschland würde man sie als Transvestiten bezeichnen, in Pakistan heißen sie im Volksmund *Hijras*, Eunuchen, Kastraten. Alle großen pakistanischen Städte haben Hijra-Kolonien. Jeder weiß, daß es diese Kastraten gibt, und jeder kennt die Risiken des Umgangs mit ihnen: Ein Eunuch kann ein Segen, aber auch ein Fluch sein. Sein Auftritt bei einer Hochzeits- oder Geburtsfeier bringt Glück. Doch sollte den «Damen» etwas nicht passen, dann verfluchen sie die feiernde Großfamilie, und das bringt immer Unglück. Auf Heiligenfesten verkaufen sie sich für schnellen Sex. Auch mit Prostitution verdienen sie ihren Lebensunterhalt. Das bringt ein viel größeres Risiko für die Kunden mit sich, viel gefährlicher als ein Fluch, nämlich Hepatitis und Aids.

Die Hijras sind aus ganz Pakistan in diese Kolonie im nördlichen

Karachi gezogen. Nirma ist siebzehn und mit dreizehn aus ihrem Dorf im Nordwesten des Landes weggelaufen. Sie fühlte sich anders, wollte Mädchenkleider tragen. So ist es allen in dieser Hütte ergangen: Sie wollten jemand anders sein. Und alle wurden von ihrer Familie und den Nachbarn beschimpft und geschlagen, alle haben in der Pubertät nach den Hijras gesucht. Allein oder in einer kleinen Gruppe könnten sie nicht überleben, aber als Gemeinschaft, als Clan, sind sie in der Lage, sich in der pakistanischen Gesellschaft zu behaupten.

Sie machen den Eindruck eines freien Völkchens, diese Transvestitenclans; Bohémiens, denen es gelungen ist, sich jeder Autorität zu entziehen, den strengen Normen und Werten einer traditionellen, starren islamischen Gesellschaft, den beklemmenden Vorschriften ihrer Blutsverwandten. Aber die Hijiras haben ihre eigenen Regeln, ihre eigenen Hierarchien und ihre eigenen grausamen Bräuche.

Jeder Hijra fängt ganz unten an, als Tochter. Sabna ist siebenundzwanzig und ihre Zähne und Lippen sind aubergineret vom Saft der Betelnuß in ihrer Wangentasche. Sie hat fünfundzwanzig Töchter, die alle in dieser kleinen Gasse wohnen.

Mumtaz, sechsundzwanzig Jahre alt, mit einem goldenen Nasenring, hat in dieser Kolonie vierzig Töchter. Sie nennen Sabna und Mumtaz nicht Mutter, sondern *Guru*.

Als Guru stehen sie an der Spitze ihrer eigenen Großfamilie, die für ihre Einkünfte und ihre Lust sorgt. Unter den Neuankömmlingen wählen sie die schönsten Jungen mit dem besten Potential aus, die abgelehnten wandern zu anderen Kolonien weiter. Die Gurus lehren ihre «Töchter», wie die indischen Filmstars zu tanzen und zu singen sowie Männer zu verführen. Mumtaz macht es vor. Mit einem Finger legt sie einen Kuß auf die Lippen des Mannes, der mich begleitet, sie faßt ihn in den Schritt und streichelt seine Brust. «Bei mir findest du die höchste Lust», gurrt sie mit ihrer Männerstimme.

Sie lehrt ihre Töchter, die flachen Knabenbrüste zu vergrößern: Man stülpt eine glühend heiße Tasse mit der Öffnung über die Brustwarzen, bis sie sich festgesaugt hat. Beim Wegziehen der Tasse schwillt dann die Haut an. So bekommt man für ungefähr fünf Stunden eine

Art Mädchenbrust. Die Töchter verdienen mit Betteln, Prostitution, mit Singen und Tanzen auf Hochzeiten und Parties Geld für Sabna und Mumtaz. Die Gurus müssen sich nicht mehr prostituieren, außer für ganz besondere, prominente und anspruchsvolle Kunden. Sabna kennt den launenhaften Charakter ihrer Töchter: Heute gehören sie ihr, morgen sind sie die Töchter eines anderen Gurus oder gründen eine eigene Familie. Dann bleibt Mumtaz mit ihrem Charisma eine Konkurrentin.

Ein echter Guru, ein Guru, der Autorität ausstrahlt, vor dem alle Töchter Respekt haben, der von ihnen wie eine Königin behandelt wird, von seinen Kunden in Gold aufgewogen wird, dieser Guru läßt sich kastrieren. Sabna sagt, sie sei gerade dabei, sich auf ihre Kastration vorzubereiten, die an einem geheimen Ort vorgenommen wird; nach dem Kodex der Hijras darf sie den Ort nicht verraten. Auf jeden Fall nicht in einem Krankenhaus, nicht von einem Arzt und auch nicht unter Narkose. (Wahrscheinlich wird es hier in dieser Gasse gemacht.) Das Messer führt ein anderer Guru, der bereits kastriert ist. Sabna zeigt ein Foto vom Unterleib ihres Gurus: eine geschlechtslose Scham.

Hoden und Penis werden mit Gummi fest zusammengeschnürt, und das Ganze wird mit einem einzigen Schnitt mit einem sehr scharfen Messer abgetrennt. Danach muß es stark bluten, sagt Sabna, denn mit dem Blut fließt jede Männlichkeit, die noch im Körper ist, heraus. Es darf nicht gestillt werden, man muß abwarten, bis die Blutung von selbst aufhört. Der Heilungsprozeß dauert lange und ist sehr schmerzhaft. Das Wasserlassen wird schwierig. Zwar wird mit einem Zahnstocher oder einem Eisendraht ein kleines Loch freigehalten, aber man sagt, daß es danach nicht mehr so leicht geht.

«Aber dann bin ich auf jeden Fall eine Superfrau», sagt Sabna, «und jeder wird mich dann respektieren und mir gehorchen.»

Swingender Islam

Am fröhlichsten ist der Islam bei den Sufis und den Heiligen. Bei ihnen wird gesungen, getrommelt und getanzt, Haschisch geraucht und Weihrauch verbrannt, und bei ihnen wird gelacht. In Ägypten habe ich Frauen bei ihnen gesehen, aber in Pakistan dürfen heute offenbar nur noch Männer in islamische Trance geraten. Das ist natürlich Pech für die Frauen, und ich meine, das sollte man ändern. Andererseits, denke ich, sind diese Muslime gegen den Fundamentalismus gefeit, gegen diesen sauertöpfischen Islam mit seinem nicht nachlassenden Drang, die ganze Welt der Scharia zu unterwerfen, der den Menschen ihr Leben vergällt und alles, was dem Leben Elan gibt, verbietet. Die Strenggläubigen gegen die swingende Gospelmoschee.

Donnerstagnacht war ich beim Grab von Abdullah Shah Ghazi in Karachi. Shah Ghazi legte vor 1100 Jahren die Hand auf einen Felsen, worauf dieser sich auftat. Seither kommt Süßwasser heraus. Es lohnt sich besonders, die Nacht vor einem Donnerstag bei einem Heiligtum zu verbringen: Dann wird dort am meisten gebetet, gesungen und getanzt.

Dieser fröhliche Islam ist der Islam des Volkes, ein authentisches multikulturelles Ereignis. Um das Grab von Shah Ghazi herum wähnt man sich auf einem Hindufest. Das Dach des Mausoleums ist mit grünen, roten und weißen Weihnachtskerzen geschmückt. Dicke Weihrauchschwaden steigen empor, ziehen über die Treppe ins Grabmal. Die Gläubigen breiten grüne und rote, mit Silberfäden bestickte Tücher über das Grab, schütten Rosenblätter aus Zeitungspapiertüten, küssen die Marmorpfeiler des Grabes, stehen - mit verdrehten Augen - in verzücktem Gebet und halten die Handflächen wie Schüsseln zum Himmel. Was sie wohl erbitten? Einen Sohn? Geld? Ein Wunder? Sie sind ungewaschen, unterernährt, durstig, haben keine Zukunft und nichts als die Kleider, die sie auf dem Leib tragen. Es ist ein herzzerreißender Anblick, wie sie sich bemühen, wie sie versuchen, mit Shah Ghazi, der neben Allah im Paradies sitzt, Kontakt aufzunehmen.

Auf den Felsen und auf dem Sand um das Heiligtum sitzen Tausende von Männern. Die Luft ist süß vom Haschisch. Gurus mit Haaren bis zum Gesäß, in weiten Mänteln, mit Perlenketten um den Hals, Ringen an jedem Finger und schwarzem Lidschatten, sprechen zu den Versammelten; ihr Publikum lauscht und raucht Haschischpfeifen. Alle sind stoned und mellow yellow, ganz von selbst bilden sie Reihen, eine Gasse, um mich sicher durchzulassen. Ich bin hier die einzige Frau, und sie behandeln mich wie eine Königin. Sie schütteln mir die Hand und starren mich mit geistesabwesendem Blick an, in ihren offenen Mündern sind die schwarzen Zähne zu sehen.

Nein, ich bin nicht die einzige Frau. Auf einem Podest sitzt in einem Zelt aus bunten Tüchern eine Frau, Mitte zwanzig, neben ihrer achtjährigen Tochter, ganz in Schwarz, die Haare unter einer schwarzen Dupatta verborgen. Sie singen *Qawwalis*, religiöse Lieder. Die begleitenden Musiker hinter ihnen singen laut den Refrain mit. Auf dem Boden hockt das Publikum.

Männer und Jungen. Ein kahler Mann tanzt in Ekstase, seine Arme pendeln und schwingen, sie tanzen in der Luft, er läßt seinen Kopf kreisen.

Als sich das Lied einem Höhepunkt nähert, springen Männer auf die Plane vor dem Podium. Sie tanzen wie die Stars in indischen Filmen, mit zuckersüßem Lächeln, den Kopf zum Grabmal Shah Ghazis emporgereckt, das im Schein des Neonlichts hoch über uns schwebt. Zwei spindeldürre junge Männer tanzen und zittern am ganzen Körper, ihre Köpfe pendeln von rechts nach links, so schnell, daß davon in der Luft ein Bild stehenbleibt. Ich hatte geglaubt, zu wissen, was der Ausdruck «außer sich geraten» bedeutet, aber diese Hingabe, diese Verzückung, dieses hingerissene Tanzen habe ich noch nie erlebt. Es ist die reine, göttliche Ekstase. Andere Männer laufen auf die Sängerin und ihre Tochter zu und werfen Fünf-Rupien-Scheine, als würden sie einen Haufen Herbstblätter über ihnen ausstreuen.

Auf dem Felsplateau, auf dem das Mausoleum steht, hacken Männer mit nacktem Oberkörper und nur mit einer dünnen, schmutzigen Pluderhose bekleidet tote Esel, Büffel, Schafe und Ziegen in Stücke. Die Metzger sitzen auf der Erde: In Pakistan werden alle Arbeiten in der Hocke oder im Schneidersitz ausgeführt.

Die Opfertiere wurden von Leuten gekauft, die mehr geben möchten als nur Rosenblätter. Esel und Büffel, Fleisch und Knochen, Leber und Hirn landen in einem großen Haufen auf dem ungesäuberten Boden. Eine schwarze Fliegenschicht klebt auf den Blutlachen. Der stinkende Fleischberg wandert in die Garküchen weiter unten in den Gassen.

Dort werden die ganze Nacht über *Curries* gekocht, geschmort und auch verteilt. Fromme Muslime geben den Köchen einen bestimmten Betrag, für den sie zehn, hundert, fünfhundert oder tausend Armen eine Mahlzeit geben sollen. Ausgehungert und in dichten Reihen warten die Armen darauf, einen Schlag Reis und Fleisch in ihr Taschentuch, einen Zipfel ihres langen Hemds oder in eine Plastiktüte zu bekommen, die von den Laufburschen eines Wohltäters ausgeteilt wurden. Die armen Kerle essen den Curry mit den Händen direkt aus dem Taschentuch oder der Tüte.

Geist und Magen sind gesättigt. Homosexuelle und heterosexuelle Gelüste können auch im Umkreis des Heiligtums befriedigt werden; die Spezialität ist Sex mit kastrierten Männern.

Die Sichtung des Mondes

Morgen nacht, übermorgen nacht und vielleicht auch noch Samstag nacht sitzen überall in Pakistan bärtige Männer mit Stirnschwielen auf den Dächern von Moscheen, Wohnblöcken und Bürogebäuden und spähen zum Himmel, um den Neumond des Ramadan zu entdecken. Es sind die frommen Männer des *Ruet-i-hilal*, des Komitees zur Sichtung des neuen Mondes. Nur wenn sie, als Komitee, die Sichel des neuen Mondes erblickt haben, darf der Ramadan, der Fastenmonat, beginnen. Genauso dürfen die Gläubigen erst das Fasten beenden, wenn die Mondbeobachter den neuen Mond des nächsten Monats, des *Shawwal*, gesichtet haben. Es ist einleuchtend, daß die Mondsichel nicht überall zu sehen ist, beispielsweise wegen einer dichten Wolkendecke, wegen eines Sandsturms oder weil sich die gottesfürchtigen Männer nicht einig werden können, was sie am Firmament entdeckt haben. Daher beginnt der Ramadan nicht immer in allen Orten des Landes am selben Tag.

Dieses Problem wurde in allen islamischen Ländern von den jeweiligen Regierungen mit der Einrichtung einer zentralen Mondbeobachtungsgesellschaft gelöst. Diese Gesellschaften lassen ihre Beobachtungen immer mit der Sichtung des Mondes in den beiden wichtigsten Städten des Islam, Mekka und Medina, sowie mit der Sichtung durch die al-Azhar in Kairo, die älteste islamische Universität der Welt, zusammenfallen.

Das gemeinsame Beginnen und Beenden des Fastens ist eines der wenigen Dinge, an die sich die Umma, die islamische Welt, hält. Ansonsten zeigt die sich selbst idealisierende Umma kein besonders großes Interesse an der Vertretung gemeinsamer Interessen. Aber in der Islamischen Republik Pakistan kann man sich noch nicht einmal auf etwas so Simples wie die Sichtung des Neumondes einigen. Jahr für

Jahr gibt es wieder Streit wegen der Sichtung der Ramadan- und Shaw-wal-Mondsichel.

Im vergangenen Jahr begann der Ramadan in der North West Frontier Province früher als im restlichen Pakistan. Dadurch fiel auch das Zuckerfest auf einen früheren Zeitpunkt, und im ganzen Land kam es zu einem Chaos. Die Provinzregierung der NWFP ist in der Hand der obskurantistischen Parteien und befindet sich in einem ständigen Konflikt mit der Bundesregierung in Islamabad, die sich als modern und liberal darstellt.

In der Nacht, in der man den Ramadan-Neumond erwartete, trat wie immer das föderale Ruet-i-hilal-Komitee zusammen, in dem Gelehrte und fromme Abgeordnete aus allen Provinzen vertreten sind. Um Mitternacht verlas der Vorsitzende des Komitees im pakistanischen Rundfunk und Fernsehen eine Erklärung, daß bisher noch keine «Beweise» für den Neumond gemeldet worden seien und deshalb das Fasten noch nicht beginnen könne. Die Vertreter der fundamentalistischen NWFP-Regierung, zwei Maulanas, legten Widerspruch dagegen ein. Die Nacht sei noch jung, meinten sie. Kurz darauf erhielten sie Meldungen aus weit entfernten Orten, daß dort der neue Mond gesichtet worden sei. Sofort riefen die Moscheen ihrer Provinz zum Fasten auf, und die Maulanas forderten den Fastenbeginn auch im ganzen Land. Sie fanden allerdings kein Gehör.

Was die Beobachter in der NWFP gesehen haben, ist unklar. Sie bestehen darauf, sich bei ihren Wahrnehmungen nur auf das bloße Auge zu verlassen. Teleskope, Satelliten und Berechnungen von Astronomen haben für sie keinerlei Gültigkeit. Der Prophet Mohammed hat ohne Hilfsmittel den Beginn der Fastenzeit bestimmt, und deshalb darf ein Gläubiger im 21. Jahrhundert auch nicht zu Hilfsmitteln greifen. Im Koran steht nichts über das Sichten des Mondes, nur einige Überlieferungen machen Angaben zur Mondsichtung durch den Propheten und seine Gefährten und zur Dauer des Fastens.

Kommentatoren der liberalen englischsprachigen Presse wiesen letztes Jahr darauf hin, daß in Ländern wie Ägypten und Malaysia und sogar im strengen Saudi-Arabien der Anfang und das Ende des Fastenmonats nicht mehr von der Beobachtung mit dem bloßen Auge abhängen. Diese Länder veröffentlichen offizielle Kalender und Almanache, in denen man die genauen Daten und die Uhrzeit nachlesen kann, an denen sich der Neumond am nächtlichen Himmel zeigt. Zwar beobachtet die Geistlichkeit der Form halber noch den Himmel, aber das Sichten des Neumonds mit dem bloßen Auge ist nicht mehr ausschlaggebend.

Ein Kolumnist der *Daily Times* klagte: «Je schneller die moderne Zeit voranschreitet, desto strikter halten sich die pakistanischen Muslime an die buchstabengetreue Auslegung der islamischen Gesetze.» In *The News* rief ein Kommentator die Geistlichkeit auf, die Gläubigen nicht länger in Ungewißheit über den Beginn des Fastens und des Zuckerfestes schweben zu lassen: «Solange uns die mächtige Priesterklasse der NWFP verbietet, auf wissenschaftliche astronomische Beobachtungen zurückzugreifen, macht sich Pakistan zum Gespött der ganzen Welt.»

Wintersport in Pakistan

Der ganze Norden Pakistans liegt unter einer dicken Schneedecke, und darüber freut sich jeder, vom General bis zum Kleinbauern. Denn bald wird, mit dem Einsetzen der Schneeschmelze, zum ersten Mal nach sieben Jahren wieder genug Wasser durch den Indus und die Bewässerungskanäle fließen.

Und der Schnee bringt den Städtern einen Riesenspaß: Schneeballschlachten, Gelächter, Rutschen, Quietschen vor Vergnügen, nasse Füße. Wegen eines landesweiten Feiertags hielten wir uns im Swat-Tal auf, in der North West Frontier Province, an der Grenze zu Afghanistan, mitten im Gebiet der Fundamentalisten, die 2002 die Wahlen gewonnen haben. Im Swat-Tal liegt in 3000 Meter Höhe die Siedlung Malam Jabba, der einzige Ort in Pakistan, der halbwegs auf Skifahrer eingestellt ist. Der Skilift wurde vor einundzwanzig Jahren aus Österreich geholt.

Malam Jabba hat zwei Skipisten, eine sehr steile, 800 Meter lange, und eine mit 150 Metern. Das einzige Hotel am Platze, geführt vom örtlichen Fremdenverkehrsverein, ist im Sowjetstil gebaut.

Im Hotel übernachteten nur zwei pakistanische Familien aus dem heißen Karachi und wir aus dem frühlingshaften Islamabad. Sie und wir hatten uns mit Mützen, Thermounterwäsche und gefütterten Jakken gegen die Kälte gewappnet. Tausende von Tagesausflüglern tragen das einzige Kleidungsstück, das sie besitzen, einen Shalwar Kameez. Darüber haben sie einen dünnen Pullover aus Kunstfaser gezogen oder Kopf und Oberkörper mit einem *Patthou* umwickelt, einem dünnen Tuch. In Pakistan werden Millionen von Schafen und Ziegen gehalten, aber kein Mensch kann dort stricken. Mitten im Winter gehen die Menschen barfuß, tragen Sandalen oder billige chinesische Turnschuhe und sind natürlich blaugefroren.

Im Swat-Tal dürfen sich nur Jungen und Männer im Schnee vergnügen, Mädchen und Frauen sind daheim eingesperrt. In hellen Scharen stehen die bibbernden Jungen und Männer den ganzen Tag an der kurzen Piste. Sie bestaunen das Glück, das die drei pakistanischen Mädchen aus Karachi und meine Tochter ausstrahlen; sie bestaunen die roten Wangen, die strahlenden Augen. Dieses Gefühl der Freude, das die Bewegung im Freien den Mädchen gibt und sie schön macht, werden sie ihren Schwestern und Töchtern immer vorenthalten.

Wenn die Mädchen hinfallen, können sie sich kaum halten vor Lachen.

Dorfburschen in hauchdünnen Schlafanzügen nennen sich *Skimaster* und verdingen sich für ein paar Rupien als Skilehrer. Statt Socken tragen sie Plastiktüten in ihren Slippern. Skilehrer ohne Ski. Sie rennen neben den Mädchen her, die kurze Piste hinauf und hinunter. Kleine nie gewaschene Jungen betteln im Namen Allahs im Schnee um Almosen. Ihre Augen tränen von der Kälte. Die Nase schneuzen sie sich mit den Fingern. Die kleinen Bettler haben die graue Haut unterernährter Kinder. Auf Holzfeuern garen die Tagesausflügler das Fleisch, aus Schnee kochen sie Tee. Die Abfälle werden nicht aufgeräumt. Auch die pakistanischen Berge sind überall verdreckt. Zwischen den Füßen der Männer, die die vier Mädchen begaffen, liegt ein Ziegenkopf mit pechschwarzen Haaren und einem weißen Halswirbel an der Unterseite. Die Männer haben noch nie etwas so Komisches gesehen wie die niederlandische Frau, die davon ein Foto macht. Keiner räumt den Kopf weg.

Der österreichische Skilift funktioniert nicht. Ich steige die steilere Piste hinauf, 800 Meter. Hier läuft niemand Ski. Kein Mensch in Pakistan weiß, wie eine Skipiste gepflegt werden muß. Der Schnee ist geschmolzen und wieder gefroren. Spaziergänger haben große Löcher hineingetreten. Eine Gruppe junger Männer aus Peshawar schwärmt um mich herum, links und rechts, vor mir und hinter mir. Ihre Neugier beschränkt sich darauf, herauszufinden, ob sie es hier mit einem Feind zu tun haben.

«Kommst du aus Amerika?»

Daß die Niederlande nicht in den Vereinigten Staaten von Amerika liegen, beruhigt sie. Die einzige weitere brennende Frage ist die nach meiner Religionszugehörigkeit. «Wie kann es nur sein», sagen sie auf meine Antwort, «daß du in einem islamischen Land wohnst und noch keine Muslimin geworden bist?» Ich sage, daß der Islam nicht gut für Frauen sei. Auf dem Weg zum Gipfel und zurück ins Tal versuchen sie unablässig, mich von meinen falschen Ansichten abzubringen.

Auf dem Berg verschlägt einem die Aussicht auf den Hindukusch den Atem. Dafür haben sie kein Auge, sie erzählen mir, daß sie aus tiefstem Herzen den Islam lieben. Empfinden sie das etwa nicht, das Gefühl von Vitalität, Aufregung, Erwartung neuer Abenteuer, die das Panorama in einem weckt? Oder die Lebenslust, die Lebenskraft, die mir dieser Anblick gibt, und den Wunsch, hinunterzurennen und zu rutschen, werden sie das ihren Schwestern, Frauen und Töchtern jemals gönnen?

Der Blick aus meinem Fenster

Der allerletzte Himalayaausläufer endet dort, wo mein Garten anfängt. Genau auf dieser Grenze ragt ein abgestorbener Baum weit über das dichte Grün der ihn umgebenden Bäume empor. Auf dem obersten der kahlen grauen Äste sitzt ein Milan. Wenn ich von meiner Arbeit aufblicke, sehe ich ihn sitzen, Tag für Tag, im Sommer wie im Winter. Er sitzt dort gebieterisch wie ein Feudalherr, aber er ist nicht nobel, nicht edel wie der Bussard, dem er wie ein Ei dem anderen gleicht. Ein Milan jagt keine Beute, er ist ein Aasfresser. Ganz allein sitzt er in diesem Baum, ohne Partner, ohne Junge, und schaut auf mein Haus und die Stadt. Doch sobald er etwas in den Abfallkübeln in den Straßen unseres Viertels erspäht oder in dem Slum um die Ecke, wo die Lumpensammler wohnen, verläßt er seinen Ausguck und ist sofort von einem großen Schwarm seiner Artgenossen umgeben. Von Dutzenden Milanen, manchmal Hunderten. Sie scheinen auf vertikalen Luftströmungen zu tanzen, auf und ab über dem Kadaver. Aber es ist kein Tanz, kein Spiel, es sind Scheinbewegungen, um die anderen zu verjagen. Gerade sitzt mein Milan auf der höchsten Spitze des höchsten Baums und sieht zu mir herüber. Für die steilen Berge hinter sich hat er keinen Blick.

Durch die zimmerbreiten Fenster kann ich jede seiner Bewegungen verfolgen. Er sieht mich nicht. Niemand kann von außen ins Zimmer sehen, wir haben getönte Scheiben. Sie sind gut gegen die grelle Sonne, bringen aber auch Probleme mit sich. Ständig gibt es Ärger mit diesen großen Fenstern: Die Nuten ziehen sich zusammen oder dehnen sich aus und lassen die Scheibe bersten. Glas in derselben Tönung ist nicht mehr im Handel. Nun stellt sich die Frage, ob man Fenster in verschiedenen Farben einbaut, wodurch das Haus wie ein Flickenteppich aussieht, oder abwartet, bis alle Scheiben zersprungen sind und dann in einem Aufwasch alle in derselben Farbe ersetzen läßt.

Wegen dieser Scheiben sieht auch niemand die Arbeiter, die mit einem unglaublichen Engagement dabei sind, das Haus für die Feiertage in Ordnung zu bringen. Am Mittoch beginnt *Id* (Id-ul-fitr), das Zuckerfest, das dreitägige Fest zum Abschluß des Ramadan. Id ist eine Art Zeitscheide, wie bei uns die Weihnachtszeit oder die Sommerferien: Vor Id muß alles fertig sein, nach den Feiertagen fangen wir mit etwas Neuem an.

Letzten Sommer haben wir dieses neue Haus bezogen. Seither gibt es ein ständiges Kommen und Gehen der Handwerker. Sobald irgendwo ein kleines Loch abgedichtet wird, entsteht irgendwoanders im Haus ein Leck, und wenn das repariert ist, dann ist ein Abflußrohr verstopft. Ist eine feuchte Stelle übertüncht, entstehen nach einer Woche oder ein bißchen später Luftblasen unter der Farbe. Wurde gegen die Mücken Gift gespritzt, dann sitzt eine Ratte auf der Terrasse. Hat der Polsterer gesagt, er brauche 43 Meter Stoff für die Gardinen, und sind diese fast fertiggenäht, dann merkt er, daß ihm noch sechs Meter fehlen. Im Geschäft ist der Stoff ausverkauft und nicht mehr lieferbar. Jeden Tag knallen Glühbirnen durch, und sobald die Verkabelung im oberen Stockwerk erneuert ist, gibt es unten bei der Waschmaschine einen Kurzschluß. Die Glühbirnen explodieren übrigens in allen Stockwerken und in allen Zimmern.

Während ich dies hier schreibe, ist es Sonntag und eigentlich ein freier Tag, aber die Chefs lassen ihre Leute durcharbeiten, damit am Zuckerfest alles erledigt ist. Im Haus ist eine höllische Hektik, aber man merkt nichts davon. Die Männer lassen ihre Schuhe vor der Eingangstür stehen und arbeiten barfuß. Man hört kein Werkzeug klappern, das auf den Boden fällt. Die Männer unterhalten sich nicht. Sie singen nicht, sie pfeifen nicht und sie brüllen nicht. Wenn einer einem anderen etwas zu sagen hat, geht er zu ihm hin und flüstert. Und Gott sei's gedankt: keine lauten Radios. Nicht etwa, weil es in Pakistan nicht genauso blöde Radiosender gäbe wie in den Niederlanden: Auch hier gibt es DJ's, die ohne Punkt und Komma über pakistanische Soapstars quasseln und genauso platte Songs spielen wie «Eins zwei, drei, vier, Dennis, ein Bier»; hier handeln sie von den

Spielern der Cricketnationalmannschaft, die der Welt mal zeigen, was Sache ist.

Das einzige, was man von den vielen Leuten im Haus hört, ist das Surren der zwei Handnähmaschinen, an denen die Polsterer im Schneidersitz auf dem Boden arbeiten. Der Stoff für die Sofas und die Stühle ist wunderschön: die beste pakistanische Baumwolle, mit Farben, bei denen einem warm ums Herz wird, und pakistanischen Motiven. Wer weiß, vielleicht gewinnen wir damit einen Preis.

Einen Preis zu gewinnen, ist der Ehrgeiz der netten, kreativen Gartenarchitektin, die im Blickfeld des Milans ihren Gärtnern Befehle erteilt und der alle bedingungslos gehorchen. Sie hat an der Kunstakademie von Lahore studiert und kennt die lateinischen und die einheimischen Namen eines jeden Strauchs und jeder Planze, die im südwestlichen Himalaya wächst. In unseren Garten, hat sie versprochen, werden nur einheimische Pflanzen, Bäume und Sträucher gepflanzt. Wir bekommen einen original einheimischen Garten. Und werden damit den Preis der Gemeinde Islamabad für den schönsten Garten gewinnen. In jedem Frühjahr besucht eine Jury von Botanikern, Stadtplanern und Künstlern die Gärten der pakistanischen Hauptstadt, um die allerschönsten mit einem gravierten Schildchen auszeichnen zu können. Unsere Gartenarchitektin und ihre Mutter, die ebenfalls vom Fach ist, haben schon mehrmals den Schönheitspreis gewonnen. Wir haben also eine Chance.

Der Milan, der den ganzen Morgen still auf dem höchsten Ast des abgestorbenen Baums gesessen hat, ist aufgestiegen. Er zieht Kreise, immer weitere Kreise. Ein Stück entfernt ziehen andere Milane ihre Kreise. Sie fliegen immer näher aufeinander zu, bis sie über dem Slum aufhören, auf und nieder zu tanzen. Es ist die Zeit, in der die Lumpensammler zurückkommen und in den Gassen oder auf den Flachdächern ihrer kleinen Hütten die Müllsäcke auskippen. Zeit für die Milane, nach Aas zu spähen.

Wandern in den Margalla-Bergen

Weil ich auch in Islamabad etwas für meine geistige und körperliche Gesundheit tun muß, laufe ich jeden Nachmittag auf dem einzigen Fußweg in die Margalla-Berge. Die Margalla-Berge sind die weitesten Ausläufer des Himalayas. Sie sind grün bewaldet, duften nach wilder Krauseminze und erheben sich steil wie der Nanga Parbat im nördlichen Pakistan; eine der Bergwände führt vier der acht Kilometer fast senkrecht nach oben.

Wenn ich früh loslaufe und in den Margalla-Bergen allein bin, sitzen Affen auf dem Weg, oder es zeigt sich ein Fuchs oder Wildschwein. Meist gehe ich am Spätnachmittag los, wenn Schatten auf den Weg fällt. Um diese Zeit ist hier genausoviel los wie auf der Rolltreppe im Amsterdamer Bijenkorf am verkaufsoffenen Abend. Die Tiere haben sich dann auf die Bäume oder in ihre Höhlen verkrochen. Die Leute grüßen mich: «How are you, ma'am?» Oder sie sagen: «Salam aleikum». Oder sie sagen nichts und starren auf den Boden.

Anders als bei uns geht man hier auf der linken Seite des Wegs nach oben und auch links nach unten – wie auch die Fahrzeuge in Pakistan links fahren. Wandern kann man das, was die Menschen tun, nicht nennen: Sie rennen hinauf und wieder hinunter. Nicht, weil sie zwischen terroristischen Bombenwerfern und Scharfschützen Spießruten laufen müßten oder weil sie so schnell wie möglich wieder zu Hause sein wollen, sondern weil sie, wie ich, meinen, daß es sie fit und in Form hält. Jihadis wurden hier noch nie gesichtet. Auch die islamistischen Parteien, die bei den Wahlen im Oktober 2002 stark in Erscheinung getreten sind und sich der Amerikaner, der unverschleierten Frauen und bartlosen Männer entledigen wollen, haben das Joggen in den Margalla-Bergen noch nicht als sittenwidriges Tun eingestuft.

Etwa gleich viele Männer und Frauen, eher jünger, laufen kreuz und quer, in Paaren oder einzeln, viele Frauen allein. Alle – Männer wie Frauen – tragen dieselbe Kleidung: den Shalwar Kameez, das lange Hemd mit weiter Hose, das zur Nationaltracht Pakistans geworden ist (der Sari für Frauen ist out, er ist zu indisch, und Indien ist der Feind und schmutzig und faul). Sie laufen gewöhnlich in ihren Alltagssachen und tragen nur selten eigens für schweißtreibende Tätigkeiten entworfene Kleidung. Das ist das einzige, was gegen diesen Massenspurt nach oben spricht: der Gestank der Läufer.

Die Frauen im Shalwar Kameez behalten beim Joggen ihre Dupatta um, einen langen, breiten Schal, den sie umgekehrt angelegt haben; die Enden flattern wie zwei Flügel hinter ihnen her, das Mittelstück bedeckt keusch Hals und Brust. Auch ich bin beim Sport sittsam gekleidet, in eine lange, weite Sporthose und ein übergroßes T-Shirt.

Männer und Frauen tragen drei Arten von Schuhwerk: chinesische Turnschuhe, pakistanische Slipper oder Sandalen. Nicht Bergschuhe, die ich trage und für viel geeigneter für das Laufen auf diesem felsigen Pfad halte. Allerdings mindern sie die Geschwindigkeit, das muß man zugeben. In ganz Islamabad sind keine Wanderstiefel zu kaufen. Ich habe alle Schuh- und Sportgeschäfte der Stadt abgeklappert auf der Suche nach einem Paar Bergschuhe für meine jüngste Tochter, aber man kann sie nirgends bekommen. Das hat mich überrascht: Es gibt kein Bergsportgeschäft in der Hauptstadt eines Landes, in dem das schönste Bergsportgebiet der Welt liegt mit fünf über 8000 Meter hohen Bergen (einer davon ist der K2, der zweithöchste Berg der Erde).

Vielleicht sind diese Bergschuhe doch etwas Westliches. Ich kann es nicht ausmachen, denn ich bin die einzige nichtpakistanische Frau auf dem Pfad und die einzige Frau in Bergschuhen. Leute aus dem Westen bewegen sich in der Regel nur in Geländewagen in den Margalla-Bergen. Aus reiner Angst. Es gibt jedoch nichts, wovor man Angst haben müßte. Nirgendwo ist man so sicher wie inmitten pakistanischer Muslime. Wo sich viele pakistanische Christen oder Leute aus dem Westen treffen, ist es viel gefährlicher.

Die Jogger sind im allgemeinen fromme Menschen. Bevor sie nach oben loslaufen, verrichten viele Männer unten auf dem Parkplatz ihr

Gebet, andere tun es oben auf dem Berg. Nach zweieinhalb Kilometern schnellen Laufens hat man dort eine wunderbare Aussicht: Islamabad liegt einem inmitten von Grün zu Füßen, und in der Ferne, wo die Luft schmutzig ist, befindet sich Rawalpindi. Auf der Aussichtsplattform machen Männer auf einer Eisenbrücke Gymnastikübungen, oder sie üben Liegestütze zwischen den Bänken unter einem Vordach aus Holz. Pakistanische Frauen sieht man nie so etwas tun.

Ein etwa ein Quadratmeter großes Stück des Bodens ist mit braunen Badezimmerkacheln gefliest. Auf einer zwei Fliesen hohen Mauer steht «Moschee». Die pakistanischen Jogger ziehen in diesem Freilufttempel ihre Turnschuhe und Slipper aus und verneigen sich, auf ihre Füße in den feuchten Socken gestützt, in Richtung Mekka. Frauen nicht, denn sie dürfen in der Öffentlichkeit nicht das Gesäß in die Höhe recken.

Gesunde Ernährung

Einmal wöchentlich kochen in einem der zahlreichen kommerziellen pakistanischen Fernsehsender zwei Damen eine Mahlzeit. Das heißt: Der Gast kocht und erzählt, was er gerade tut, und die andere Frau, die Moderatorin, erzählt es in ihren eigenen Worten nach. Es sind moderne Frauen mit einer Botschaft: Ernährt euch gesünder. Weniger Fett, mehr Gemüse und Obst. Die traditionelle pakistanische Küche, in vielerlei Hinsicht dieselbe wie die indische, ist fett. Fett vom Schaf- und Wasserbüffelfleisch und fett vom *Ghee* (ausgesprochen gi), dem industriell gehärteten Pflanzenfett, mit dem heute fast alles zubereitet wird.

Das Tun der TV-Köchinnen ist gefährlich: Ständig droht die Dupatta zu verrutschen und in Brand zu geraten. Tatsächlich kommt es immer wieder vor, daß Frauen bei der Zubereitung der Mahlzeiten für die Familie auf dem Petroleumherd bei lebendigem Leib verbrennen. Für solche Unfälle gibt es eine eigene Bezeichnung: *Stove Burning*. Selten handelt es sich um echte Unglücksfälle. Es sind Morde, die von der Familie des Mannes an seiner Ehefrau verübt werden. Weil sie mit irgendetwas unzufrieden sind, übergießen sie die Frau mit Petroleum und zünden ihre Dupatta an.

Pakistan hat Sonne und Wasser (den Indus mit seinen Hunderttausenden von großen und kleineren Bewässerungskanälen), dort gedeiht alles, und auf den Märkten kann man auch alles kaufen: Weizen, Reis und Kartoffeln. Aprikosen und Kirschen. Erdbeeren. Äpfel und Guaven. Orangen, Mandarinen und Bananen. Trauben, Melonen, Pfirsiche. Und Mangos, das köstlichste Obst der Welt. Mangos, von denen es allein in Pakistan neunzig verschiedene Sorten gibt und von denen die Sindhis, aus der südlichen Provinz Sindh, am allerbesten sind: klein, saftig, gelb wie die Sonne. Mangos, die nicht mit den knallhart hochgezüchteten grünroten Rugbybällen zu vergleichen sind, mit denen wir uns in Europa begnügen müssen. Dasselbe gilt für die Tomaten: In den Niederlanden sind es perfekt runde, geschmacklose, rote Watteballen, in Pakistan sind die Tomaten wie in Italien und Südfrankreich: wunderlich geformt, sonnengereift, tiefrot und bittersüß. Meine Familie liebt am meisten mediterrane Gerichte, und auch meine Gäste bewirte ich gern damit. Alles, was man dafür benötigt, wird in Pakistan angebaut und ist auf den Gemüsemärkten Islamabads zu finden. Auberginen und Zucchini. Artischocken und Spargel. Brechbohnen und grüne Erbsen. Kopfsalat, Eisbergsalat, Eichblattsalat. Spinat und Portulak. Rot- und Weißkohl. Blumenkohl. Salatgurken und Radieschen. Avocados. Basilikum, Petersilie, Koriander, Rosmarin und Thymian.

Der Metzger in Islamabad hat frisches Kalb- und Lammfleisch. Dienstags verkauft er frischen Fisch, gefangen vor der Küste von Baluchistan.

Alles andere, das einen Salat Niçoise, eine Pasta Putanesca oder ein Ossobuco authentisch macht, ist beim Lebensmittelhändler zu finden, von Olivenöl bis Anchovis, von Mozzarella bis Ziegenkäse.

Die Hauptstadt von Pakistan bietet alle Zutaten, um ein gesundes Leben führen zu können. Die Luft ist sauber, und es gibt genügend Raum und Ruhe, um sich im Freien körperlich zu betätigen. Und trotzdem sind wir dauernd krank. Gemüse und Obst können die Hitze, den Schmutz und das Ungeziefer Pakistans nur überleben, weil sie mit Pestiziden vollgepumpt werden. Das Gift im Innern hilft nicht gegen das, was auf der Schale sitzt: Parasiten und für das bloße Auge unsichtbare Würmer. Wenn das Gemüse, die Erdbeeren, die Trauben und die Kirschen vom Acker kommen, werden sie in einem Wassergraben gewaschen. Dieses Wasser ist stark verschmutzt, und damit meine ich noch nicht einmal verunreinigt vom Agrargift. Es ist Wasser, das meistens mit menschlichen und tierischen Ausscheidungen verunreinigt ist, Wasser, in dem Kadaver treiben, in dem Wäsche gewaschen und Geschirr abgewaschen wird. Die einzige Möglichkeit, zu verhindern, daß die Würmer und Parasiten in unseren Eingeweiden weiterleben, besteht darin, alles lange zu kochen, im Ofen zu backen oder einen halben Tag in klarem und teurem, mit Chlor vermischtem Mineralwasser liegen zu lassen. Bei beiden Methoden sterben mit den Bakterien auch die Vitamine ab, aber die Chemikalien haben weiter freies Spiel in unserem Körper.

Deshalb ist die Aufforderung der pakistanischen Fernsehköchinnen an ihre Landsleute, sich gesund zu ernähren, völlig illusorisch.

Schuldenabzahlung mit einer Niere

Im Dorf Sultanpur im Panjab wohnen dreihundert Männer und Frauen mit nur einer Niere. Die andere Niere haben sie verkauft. Das hat ihnen so viel Geld eingebracht, daß es die restliche Bevölkerung des Dorfes kaum erwarten kann, ebenfalls eine Niere zu verkaufen. Die Entfernung einer Niere ist für diese Dorfbewohner eine Erlösung. Damit können sie sich, glauben sie, endlich von den Ansprüchen der feudalen Landherren freikaufen. Das stand in *Dawn*.

Generation für Generation sind die Kleinbauern im Panjab bei ihren Landbesitzern hoch verschuldet. Sie pachten die Felder, ihnen bleibt kaum etwas vom Ertrag, sie leben an oder unter der Armutsgrenze. In ihrer sich ständig reproduzierenden Armut sind sie außerdem noch in unerträgliche Traditionen verstrickt, die vorschreiben, daß sie für die Braut eines Sohnes 60 000 Rupien zahlen müssen, etwa 1000 Euro. Dieses Geld haben sie nicht. Den Ertrag ihrer Arbeit können sie nicht sparen. Verwandte und Nachbarn haben ebenfalls nichts, und Banken geben Leuten, die nichts besitzen, keine Darlehen. Nur der Landbesitzer ist bereit, ihnen Geld für den Brautschatz zu leihen, zu einem exorbitant hohen Zinssatz.

Der Brautschatz ist in Pakistan eine Quelle unvorstellbaren Elends, ob er nun von den Eltern eines Sohnes oder von den Eltern einer Tochter aufgebracht werden muß. In Pakistan wird, genau wie in Indien, die Zahl der Frauen immer größer, die von der Familie ihres Mannes «gestraft» werden, weil sie nach der Hochzeit ihre eigene Familie nicht dazu bewegen konnten, nachträglich den Brautschatz zu erhöhen, oder weil ihre Familie ihre Verpflichtungen nicht erfüllt hat. Feuer in der Küche wird in beiden Ländern als beste Strafe für die zu späte Auszahlung des Brautschatzes gesehen: Die Frau wird mit Petroleum aus dem Kochgerät übergossen, angezündet und verbrennt unter grausamen Schmerzen.

An einem Wintertag lasse ich mich von meinem Chauffeur Benedict nach Sargodha bringen. Sultanpur gehört zu Sargodha, der Stadt, die in ganz Pakistan für ihren gigantischen Markt für gestohlene Traktorersatzteile bekannt ist. Ich statte dem Polizeipräsidenten einen Besuch ab, einem sympathischen, sozial denkenden Mann. Er hat eine Übersicht über die Nierenverkäufe in seinem Distrikt zusammengestellt, aber er kann nichts dagegen unternehmen. «Niemand wird gezwungen, eine Niere abzugeben. Sie müssen nicht meinen, daß die Leute unter Drohungen ins Krankenhaus geschleppt werden. Die Menschen hier sind ungebildet und glauben den glatten Sprüchen eines Urologen aus Rawalpindi, der sagt, daß der Mensch mit einer Niere zuviel geboren würde.» Der Polizeichef kann nichts gegen den Arzt unternehmen, denn dieser hat die Leute aus dem Dorf, wie es die Vorschriften verlangen, als freiwillige Organspender eingetragen.

Für den Präsidenten sind Armut, Dummheit und Habgier die Ursachen für den massenhaften Verkauf von Nieren in Sultanpur. «Wegen der Brautschätze und der Darlehen sind sie den Landbesitzern mit Haut und Haaren ausgeliefert.» Er möchte sie nicht als Sklaven bezeichnen, aber für ihn sind es auf jeden Fall Leibeigene.

Von der Stadt aus fahren wir anderthalb Stunden lang über schmale Wege durch Zuckerrohrfelder und Orangenhaine bis Sultanpur. Hier herrscht ein genauso unglaublicher Schmutz und Verfall wie in jedem anderen pakistanischen Dorf. Wir halten bei einer Teebude, die vom Ruß und Schmutz ganz schwarz ist. Ein kleiner Junge, der zwischen zwei Krücken hängt, hantiert hinter dem Feuer mit kleinen Teekannen. Ich frage ihn, ob er Leute kennt, die ihre Niere verkauft haben. Bevor er antworten kann, geht eine Frau kreischend auf mich los. Benedict zieht sie von mir weg. Sie schreit, daß wir die soundsovielten Besucher seien, die nach den Nieren fragen. Mitarbeiter eines der pakistanischen Fernsehsender seien im Dorf gewesen und hätten sie vor die Kamera geholt, und der Reporter habe zu ihr gesagt, sie wäre dumm gewesen, ihre Niere zu verkaufen.

Als sie sich ein bißchen beruhigt hat und begreift, daß ich sie nicht filmen und nicht einmal fotografieren möchte, erzählt sie uns, daß sie eine ihrer Nieren verkauft hat. Sie ist die Mutter des Jungen, der wie ein Sack Kartoffeln zwischen den Krücken hängt. Er ist zweiundzwanzig Jahre alt und hatte Kinderlähmung. Vor vier Jahren hat sie ihm mit ihrer Niere eine Braut gekauft. Einer muß ja für den Jungen sorgen.

Ein paar Männer und Frauen werden zusammengetrommelt, die einfältig ihre Narbe zeigen. Die meisten sehen nicht allzu gut aus. Ein Mann klagt, er könne jetzt keine schweren Arbeiten mehr verrichten. Eine Frau, die mir zwar ihre Narbe zeigen will, aber nicht vor aller Augen, nimmt mich mit zu sich nach Hause. Sie hat mit dem Ertrag aus ihrer Niere einen Farbfernseher gekauft. Es ist ein richtiges Ungetüm und steht mitten in dem eiskalten, winzigen Raum, der der ganzen Familie gleichzeitig als Schlafzimmer und Küche dient. Es gibt noch mehr Spender, die sich mit dem Erlös aus ihrer Niere im Konsumparadies wähnten. Man schickt einen Achtzehnjährigen zu mir, der, angespornt von seinen Dorfgenossen, beichtet, daß er seine 80 000 Rupien in einer einzigen Woche in Lahore verschleudert habe: mit Ausgehen und dem Kauf eines Mopeds, das er gleich zu Schrott gefahren habe.

Die Mehrheit der Einwohner von Sultanpur hat jedoch eine Niere abgegeben, um damit tatsächlich einen Brautschatz zu bezahlen. Andere haben das Geld besser investiert. Ein Landarbeiter hat Pferd und Wagen gekauft und macht jetzt gute Geschäfte als Ein-Mann-Taxiunternehmen. Ein anderer Mann hat eine Sägemaschine gekauft, und sein neuer Holzhandel bringt ihm mehr ein als seine frühere Arbeit als Bauer.

Einer der Dorfimame kommt und erzählt mir, daß er wiederholt von der Kanzel vor dem Verkauf einer Niere gewarnt habe. «Im Islam ist es verboten, einen Teil seines Körpers zu verkaufen. Der Islam erlaubt zwar, jemandem ein Organ zu spenden, der sonst sterben würde. Aber dafür darf man dann weder Geld noch irdische Güter verlangen.» Der Imam beklagt sich darüber, daß die Einwohner von Sultanpur über ihre Verhältnisse lebten und Waschmaschinen, Computer und DVD-Geräte haben wollten, doch für ihre eigene Gesundheit oder für die Bildung ihrer Kinder nichts übrig hätten.

In der Klinik des Urologen in Rawalpindi bezahlen Patienten aus den Ölstaaten und aus Europa eine Million Rupien für eine Niere, die von einem armen Schlucker aus dem Panjab stammt. Es ist wahr, daß ein Mensch leidlich mit einer Niere leben kann, aber nur unter günstigen Bedingungen. Der Spender muß sich gesund ernähren und sich auf eine ausgezeichnete medizinische Versorgung verlassen können. Die fehlt in Sultanpur. Die Verkäufer ihrer Niere werden bald nach der Operation und ohne Medikamente oder Nachsorge aus dem Krankenhaus gejagt. Das Geld ist schnell aufgebraucht oder für den Brautschatz, die Rückzahlung eines Darlehens oder für einen schönen Konsumartikel ausgegeben. Sie müssen dann wieder ihr altes Leben aufnehmen, ein Leben mit schlechter, einseitiger Ernährung und schwerer körperlicher Arbeit. Geld für den Arzt bleibt dabei nicht übrig.

Atomwissenschaft und brechende Knochen

Über die Ärztin im Shifa Hospital in Islamabad ärgere ich mich. Es ist nicht nur ihre schnarrende Stimme, nicht nur ihr autoritäres Benehmen, sondern vor allem das gerahmte Foto, das an der Wand neben einem Poster hängt, auf dem die zehn Etiketteregeln stehen, an die sich ein guter Muslim beim Verzehren einer Mahlzeit zu halten hat. Außerdem ist es vor allem der Satz unter dem Foto vom Chagai-Gebirge in Baluchistan, der mich ärgert: «Der Stolz unserer Nation: Pakistans erste Kernexplosion.» Unter diesen Bergen wurde die erste pakistanische Atombombe gezündet. Das kahle, sandfarbene Gebirge wurde in jeder großen Stadt des Landes nachgebaut und ist das Symbol für Pakistans Atommacht.

Zuerst war ich zu einem Chirurgen ins Shifa geschickt worden, zu einem pensionierten Generalmajor. Nach der Untersuchung las ich auf seiner Visitenkarte: «Spezialisiert auf die Behandlung angeborener Anomalien». Das war nicht mein Problem. Ich hatte drei Rippen gebrochen, einfach so, ohne Sturz, ohne an etwas gestoßen zu sein, und so etwas ist, sagte jeder, nicht normal. Vor etwa zehn Tagen hat mir die Ärztin, die so stolz auf den Besitz der Kernwaffen ist, Medikamente gegen Osteoporose, Knochenschwund, verordnet. Heute früh rief sie mich an und sagte, ich solle so schnell wie möglich ins Shifa kommen: Der Röntgenarzt habe zahllose weitere Frakturen entdeckt, darüber müßten wir uns unterhalten.

Und nun sitze ich hier, auf dem Gang, mit Dutzenden anderer Patienten – es gibt keine Wartezimmer – und warte auf den Arzt. Ich bin erkältet. Bei jedem Husten vergehe ich vor Schmerzen. Zwischendurch versuche ich, die Zeitungen zu lesen, die *Daily Times, News, Dawn, The Nation*; guter Journalismus, gute Analysen, die englischsprachigen pakistanischen Tageszeitungen müssen sich vor den unseren nicht verstecken. Ich möchte die Fortsetzungsgeschichte über den Weiterverkauf pakistanischer Kernwaffentechnologie keinen Tag missen, nicht einmal heute, trotz aller Schmerzen.

Abdul Qader Khan, der «Vater der pakistanischen Atombombe», wurde heute früh vom Thron gestürzt. Man entließ ihn als Berater des Präsidenten. A. Q. Khan, der Mann, der seit fünfundzwanzig Jahren in den Niederlanden Persona non grata ist, weil er von der Urenco, einem britisch-deutsch-niederländischen Unternehmen zur Urananreicherung in Almelo, Know-how gestohlen hat. Sein Abstieg verläuft etappenweise. A. Q. Khan ist der einzige lebende Nationalheld Pakistans, vielleicht neben Imran Khan (nicht verwandt), dem Mann, der Pakistan in den neunziger Jahren zur Weltmeisterschaft im Cricket verholfen hat. Jeden Tag gibt es ein paar Anschuldigungen mehr an die Adresse A. Q. Khans, werden die Daumenschrauben ein bißchen stärker angezogen. Man muß die Leute allmählich daran gewöhnen, damit die Million Männer, mit denen die fundamentalistischen Parteien nächsten Freitag gegen «die falschen Anschuldigungen» gegen den Atomwissenschaftler auf die Straße gehen und protestieren wollen, aus Enttäuschung und Unglauben zu Hause bleiben.

Heute schreiben die Zeitungen, daß man in Dubai Konten von A. Q. Khan gefunden habe, auf denen mehrere Millionen Dollar liegen. Er scheint auf der ganzen Welt Immobilien zu besitzen. *The News* enthüllt, daß er in Timbuktu ein Touristenhotel hat bauen lassen, das Hendrina Hotel. Namensgeberin ist seine niederländische Gattin. Noch 2003 wurde der in Bergen op Zoom geborenen Frau die höchste pakistanische Auszeichnung für die Unterstützung verliehen, die sie ihrem neuen Vaterland, trotz der feindseligen Haltung ihres eigenen Heimatlandes ihrem Mann gegenüber, gegeben habe. *Dawn* meldet: «A. Q. Khan hat gestanden.» Er soll seinen Befragern gesagt haben, daß er tatsächlich technologisches Wissen an Libyen und den Iran verkauft habe. Nicht zu seinen eigenen Gunsten – natürlich nicht, er ist ein Patriot –, sondern weil er diese islamischen Staaten ebenfalls zu Atommächten machen wollte und hoffte, damit den Druck des Westens auf Pakistan zu verringern, seine Atomwaffen abzuschaffen.

Ein Kolumnist der *Daily Times* schreibt über den grenzenlosen Haß, den die Iraner gegen A.Q. Khan hegen. Ihnen war keine Mühe zuviel, ihn bei der Internationalen Atomkommission (IAEA) als Hauptschuldigen zu präsentieren. Der Kolumnist glaubt, daß der pakistanische Held nicht das geliefert habe, wofür ihm Teheran Millionen von Dollar bezahlt hatte, und daß er nun dafür hängen müsse. Eine bemerkenswerte Analyse: Khan ist nicht durch den vermaledeiten Westen zu Fall gekommen, der immer versucht hat, Pakistan von der Entwicklung von Atomwaffen abzubringen, sondern durch ein islamisches Nachbarland, durch seine eigene Habgier und seine maßlose Arroganz, von der jeder, der ihn kennt, berichtet.

Eine krächzende, kollernde Stimme ruft durch den Gang: «Mrs. Betsy?» Es ist die Ärztin. Statt in ihr Zimmer zu gehen, nimmt sie mich mit zum Tresen an der Rezeption. Der ganze Gang stürzt sich auf sie wie die Fliegen auf den Honig. Leute halten ihr Zettel unter die Nase, ziehen ein krankes und elendes Gesicht und fangen alle gleichzeitig an, ihre Geschichte zu erzählen, die darauf hinausläuft, daß sie auf der Stelle tot umfallen, wenn ihnen die Ärztin nicht sofort eine Injektion oder Tabletten gibt. Sie knuffen gegen meine gebrochenen Rippen, und ich vergehe fast vor Schmerz. Die Ärztin brüllt, daß alle den Mund halten sollen. «Mrs. Betsy!» sagt sie mit lauter Stimme. Und was sie jetzt sagt, kann jeder, der in der Schule Englischunterricht hatte, mithören. Keine Intimsphäre für den Patienten. Sie meint, daß es sich angesichts der zahllosen Knochenbrüche, die der Radiologe auf den Röntgenbildern entdeckt hat, um etwas Schlimmeres handeln müsse als um Osteoporose.

Mir zittern die Knie, und ich spüre, wie sich meine Augen weit aufsperren. Vor Schreck bekomme ich einen Hustenanfall. Alle starren mich an, als ich mir vor Schmerzen an die Rippen fasse. Die Ärztin kritzelt auf einen Zettel die Adresse des Krankenhauses der pakistanischen Atomkommission und die Bezeichnung der Untersuchung, die dort durchgeführt werden soll. Schmerzgekrümmt frage ich: «Wonach suchen Sie?»

Sie antwortet, alles müsse ausgeschlossen werden, Metastasen, etc.

Aber ich solle mir trotzdem keine Sorgen machen, sie glaube nicht, daß es so etwas sei, «denn das Blut, etc., das war alles in Ordnung, aber man sollte doch nicht das Risiko eingehen, daß ... Es wird vermutlich einfach Osteoporose sein», sagt sie ermutigend.

Mein Gott, als wäre das noch nicht genug, Knochen, die wie Streichhölzer brechen.

«Zuerst müssen wir die Fakten feststellen», sagt die Ärztin, «und erst dann können wir herausfinden, welche Pläne Allah mit uns hat.»

Im *Nuclear Medical Institute* ist der Strom ausgefallen. Ich muß warten, bis die Computer wieder funktionieren, bevor ich einen Termin vereinbaren kann. Selbst dann wird es noch sechs Wochen dauern, bis ich an der Reihe bin. Die Zeitungen sind eine gute Ablenkung. Im Gegensatz zu den Hauptkommentatoren und den Leitartiklern glaubt nicht ein Leserbriefschreiber an die Schuld des Kernwaffenexperten. Es ist ein nationales Trauma, schreibt eine Frau aus Lahore an *The Nation*, unsere Atomwissenschaftler derart skandalös abstürzen zu sehen. «Gehen wir so mit unseren Helden um?» fragt ein Leser aus Rawalpindi in einem Brief an die *Dawn*. «Die Männer, die sich unermüdlich für die Verteidigung des Vaterlandes eingesetzt haben, müssen auf der Stelle freigelassen werden.» Ein anderer sieht in den Anschuldigungen gegen A.Q. Khan eine «organisierte Verschwörung» der westlichen Medien gegen Pakistan. In derselben Zeitung behauptet ein Mann aus Lahore: «Ohne diese Helden hätte uns Indien schon längst überrannt.» In der *Daily Times* trifft ein anderer meiner Meinung nach den Nagel auf den Kopf: «Wenn unsere Atomgeheimnisse verkauft worden sind, dann hat dies nur mit Wissen und Zustimmung der Allerobersten im Land geschehen können. Wann werden sie einen Rüffel bekommen?»

Die Elektrizitätsversorgung im Nuclear Medical Institute funktioniert wieder. In der dunklen Halle geht das Licht an. Die Farbe muß schon lange von den Wänden geblättert sein. Die Stühle sind kaputt. Der einzige Abfalleimer quillt von Taschentüchern und Plastiktüten über. Ein Putzmann nimmt seine Arbeit wieder auf: Er schiebt den Dreck mit einem Mop auf dem Boden hin und her, von links nach rechts, von rechts nach links.

Zuerst brauche ich die Unterschrift eines Arztes ganz hinten in einem Flur. In seinem Büro hängen die Schubladen des Archivschranks schief, man kann sie nicht mehr schließen. An der Decke: eine einsame Glühbirne. Die Lamellenjalousie ist kaputt und hängt nur noch an einem Schräubchen am Fensterrahmen. Ich frage, was alles untersucht werden soll. Dem Patienten, sagt der Mann an einem leeren Schreibtisch, werden Isotope injiziert, dann wird er in eine Röhre geschoben, wo die Knochen aufleuchten. Es dauere etwa vier Stunden, schätzt er, und es sei nicht schlimm. Ich solle mir vor allem keine Sorgen machen.

Plötzlich überall Piepser, die langsam abklingen: Computerstillstand, der Strom ist wieder ausgefallen.

Herr im Himmel! Was soll ich machen, wenn ich als *Glow-in-the-dark* in dieser engen Röhre liege, es keinen Strom mehr gibt und dann auch noch wie heute der Generator ausfällt?

Weißt du was? Ich mache es nicht! Ich werde mich in einem Land ohne Atomwaffen untersuchen lassen.

Benedict

Benedict bleibt stehen, als ich auf der geöffneten Heckklappe den Nescafé mit heißem Wasser aus der Thermoskanne mische. Ich setze mich auf ein Mäuerchen, um meinen Morgenkaffee zu genießen, aber er bleibt stehen und wirkt mit seiner gefälschten Ray-Ban-Sonnenbrille, den leicht gegrätschten Beinen und den Händen auf dem Rücken wie ein Leibwächter. Ich biete ihm an, für ihn *Chai*, das pakistanische Nationalgetränk, aufzugießen: zu gleichen Teilen pechschwarzer Tee, Kondensmilch und Zucker. Er will nichts, nimmt nur einen Kaugummi.

Benedict hat auf der zweitägigen Fahrt von Islamabad bis zu dieser Stelle an der Grenze zwischen dem fruchtbaren Indus-Tal zur Cholistan-Wüste nicht gegessen. Nur abends hat er ein paar Bissen Reis und Huhn zu sich genommen. Auf längeren Reisen ist er angespannt und leidet unter Magenschmerzen, und er meint, ihm ginge es besser, wenn er weder esse noch trinke.

Benedict ist der Chauffeur unserer Familie. Er bringt meine jüngste Tochter Sophie zur Schule und holt sie wieder ab. Mich fährt er zu den Leuten, die ich sprechen und zu den Orten, die ich besuchen möchte. Er nennt Sophie *Sophie Badji*, «Schwester Sophie», und mich *Ma'amsahib*. Er trägt mich auf Händen. Es gibt einen Gott im Himmel, dem er gehorche, hat er mir einmal gesagt, und eine Mutter hier auf Erden, und das sei ich, seine Ma'amsahib, manchmal auch «My Madam» genannt. Er nennt seine Arbeit nicht Stellung, sondern «Pflicht». Zu seinen Pflichten zählt er, Sophie und mich sicher und rechtzeitig abzuliefern. Es sei auch seine Pflicht, findet er, keine Unfälle zu verursachen und trotzdem einen flotten Fahrstil zu pflegen, aber auch dafür zu sorgen, daß seine Ma'amsahib nicht gekidnappt und das Auto nicht gestohlen wird.

Ich mache diese Reise, um einige pakistanische Sehenswürdigkeiten zu besuchen. Benedict hat ein anderes Ziel: das Auto ohne einen Kratzer und ohne Schaden wieder bei unserem Haus in Islamabad abzuliefern.

Benedict schaut auf meine Landkarte, ohne etwas zu erkennen. Benedict kann nicht Karten lesen. Er kennt weder Norden, Süden, Osten noch Westen. Er hatte noch nie einen Atlas gesehen, bevor ich ihm einen gekauft habe. Er hat noch nie von geraden und ungeraden Zahlen gehört. Aber Benedict kommt immer dort an, wo man ihn hinschickt. Indem er anhält und fragt, umkehrt, wenn er in die falsche Richtung geschickt wurde, anhält, fragt, einen Umweg macht und am Ende die Adresse findet.

Ich will nach Uch Sharif, wo dem Vernehmen nach die Ruinen prachtvoller Grabmonumente islamischer Heiliger zu besichtigen sind. Die Landkarten, die ich aus Islamabad mitgenommen habe, nützen mir hier im Süden des Panjabs nichts. Seit Jahren wurden keine neuen Karten und Reiseführer für Pakistan gedruckt. Dafür gibt es keinen Markt. Nach Pakistan kommen keine Touristen mehr, bis auf gelegentlich einmal eine kleine Gruppe, die versucht, die Sechstausender und Siebentausender im Norden des Landes zu besteigen. Uch Sharif muß in der Nähe einer Straße liegen, die den großartigen Namen *National Highway* bekommen hat und der Karte nach Multan mit Karachi verbindet. «Nationalstraße» bedeutet in Pakistan lebensgefährliche Kreuzungen, Eselskarren, keuchende Lastwagen, rasende Busse, schleudernde Fahrräder, wilde Hunde, Männer, Frauen und Kinder, die über die Straße laufen, und tiefe Schlaglöcher. Überall sind die Dörfer auf die Hauptstraße zugekrochen. An den Straßenrändern gibt es Märkte. Auf Handkarren sind Orangen, Mandarinen, Bananen und Äpfel aufgestapelt. Überall die gleichen Waren. Neben dem Obst hockt der Händler auf seinem Wagen.

Die Straße ist voller farbenprächtig bemalter Traktoren. Sie bringen Zuckerrohr in die Fabrik und sind so hoch und breit beladen, daß sie die ganze Fahrbahn in Beschlag nehmen. Da und dort liegt ein Traktor mit der ganzen Ladung umgekippt auf dem Randstreifen. Sobald

Traktoren bremsen oder anhalten, kommen sofort kleine Jungen herbeigerannt. Sie ziehen und zerren das lange Zuckerrohr heraus, setzen es wie eine Flöte an den Mund und reißen mit den Zähnen die Rinde ab. Sie kauen auf dem Kern, bis sie den ganzen Zuckersaft herausgesaugt haben, dann spucken sie die Fasern aus und nehmen sich ein neues Stück. Ziehen, spucken, kauen, spucken, und ab und zu gibt einer der Traktorfahrer einem Jungen einen Klaps auf den kahlgeschorenen Kopf.

Benedict hat Angaben für die Strecke nach Uch Sharif von den Männern bekommen, die sich um uns herum aufgebaut haben, als ich meinen Kaffee trank. Wir warten hinter einem Personenwagen, der sich vor uns in die Schnellstraße einfädeln muß. Das Auto ist voll besetzt mit Frauen und Kindern. Der Fahrer ist ein Mann. In den Großstädten sieht man gelegentlich Frauen am Steuer, aber auf dem Land so gut wie nie. Man hat die Hutablage herausgenommen, und in diesem Loch sitzt ein kleines Mädchen. Es sieht schmutziger und ärmlicher aus als die anderen Reisenden.

«Früher war ich wie dieses Kind», sagt Benedict. «Ich war ein *Ayaa*.» Ein Ayaa ist ein Babysitter. Meist sind es Mädchen oder Frauen, manchmal kleine Jungen. Benedict war sechs Jahre alt, als man ihn als Babysitter für einen einjährigen Jungen einstellte. Er mußte das Kind tragen und war dafür verantwortlich, daß es sich nicht verletzte und nichts Gefährliches unternahm. Wenn es schlief, mußte er danebensitzen und Fliegen und Mücken verjagen.

Bis zu dem Tag, an dem er als Sechsjähriger selbst sein Brot verdienen mußte, war er ein glückliches Kind. In seiner Erinnerung war die Familie wohlhabend. Die Eltern und auch er sind katholisch. Benedicts Vater arbeitete als Chauffeur beim *United Nations Development Programme* (UNDP) und verdiente 10 000 Rupien im Monat. Das war damals soviel wert wie heute 50 000 Rupien. Sie hatten einen Volkswagen und machten sonntags Ausflüge in die Berge. Oft ließen sie Essen kommen. Sie wohnten in Rawalpindi, und wenn sein Vater abends vor dem Haus auf der Straße saß, grüßte ihn jeder, der vorbeikam, ob Muslim oder Christ, und nannte ihn «Samuel sahib».

Benedict war das dritte von sieben Kindern. Sein Vater verdiente so gut, daß er seine Kinder auf die anglikanische Schule in Rawalpindi schicken konnte. Ihre Schuluniformen waren aus Stoff der besten Qualität geschneidert, und in ihren Schultaschen war jeden Tag eine herrliche Pausenmahlzeit. Bevor sie aus der Türe gingen, bekamen die Kinder einen Becher Milch. Sie hatten nie einen leeren Magen. Die Mutter, Samira, hatte eine wunderschön helle Haut und besaß reichlich Goldschmuck.

Diese schöne Mutter Benedicts machte dem Glück der Familie ein Ende, als sie vierundzwanzig und ihr Mann sechsundzwanzig Jahre alt war. Sie stürzte ihre sieben Kinder ins Unglück. Beim Gedanken an sie fühlt Benedict nichts als Bitterkeit. Als der Vater eines Nachts wie gewöhnlich mit zwei seiner Kinder im Bett lag und schlief, ließ seine Mutter ihre Brüder und ihren Liebhaber ein. Sie schossen eine Schrotflinte auf den schlafenden Samuel leer. Die Kinder blieben unverletzt. Samuel lebte noch fünf Tage. In dieser Zeit wiederholte er nur ständig die Namen seiner Kinder. Das älteste war zehn Jahre, das jüngste zwei Monate alt. Samuel war ein bärenstarker Mann, ein «Cowboy», wie Benedict es ausdrückt. Der Liebhaber von Benedicts Mutter hieß Mansur, war Muslim und kam aus demselben Dorf wie Samira. Bevor sie mit Samuel verheiratet wurde, der aus Lahore stammte, hatte sie etwas mit Mansur gehabt. Später, als Samuel und seine Frau sich in Rawalpindi niedergelassen hatten, kam Mansur zu Besuch und fragte, ob sie ihm ein Zimmer vermieten könnten. So zog er bei ihnen ein. Benedict hatte schon einmal beobachtet, daß Mansur seine Mutter an sich drückte. Das kam ihm komisch vor, aber er wußte nicht, was es zu bedeuten hatte. Auch die Nachbarn hatten den Vater mehrfach vor Mansur gewarnt. Eines Tages kam er früher von der Arbeit nach Hause und entdeckte, daß die beiden ein Verhältnis hatten. Er schickte seine Frau zu ihrer Familie zurück. Weil er aber nicht allein für die Kinder sorgen konnte, holte er sie wieder zurück. Von da an mischte sie Quecksilber in seinen Chai. Samuel war stark wie ein Bär, und das Gift konnte ihm nichts anhaben. Er wußte nicht einmal, daß man versucht hatte, ihn zu vergiften. Das hörte Benedict erst später, als sein Vater schon lange unter der Erde lag.

Samira hatte herausgefunden, daß die UNDP bei Samuels Tod ihr als Witwe 6000 Dollar zahlen würde. Sie war wie eine Elster, sagt Benedict: immer verrückt nach glitzerndem Schmuck und Münzen. Sie versprach ihren Brüdern und Mansur einen Teil der Beute, woraufhin sie Samuel ermordeten, während seine Kinder neben ihm im Bett lagen. «In dieser Nacht», sagt Benedict, «begann unsere Höllenfahrt.»

Wir haben Uch Sharif gefunden und wandern über einen Pfad durch den Hain aus Dattelpalmen und Mangobäumen zu den Gräbern. Was wir sehen, nimmt uns den Atem. Vor uns erhebt sich ein Gebäude mit Kuppeln und niedrigen Türmen, dessen Wände mit blau-weiß glasierten Fliesenbändern geschmückt sind. Links und rechts stehen Bauwerke derselben Art. Benedict hat so etwas noch nie gesehen. Er hatte auch noch nie von Uch Sharif gehört, als ich ihm erklärte, daß ich dorthin wolle. Er hält sich zum ersten Mal südlich der Linie Islamabad-Lahore auf. Ich erzähle ihm von der Harappa-Kultur im Gebiet des heutigen Pakistan, die bis zu 6000 Jahre zurückreicht und aus sehr frühen Siedlungen hervorging. Ich erzähle von den buddhistischen Reichen, die es hier einst gab, von Alexander dem Großen, der 325 vor Christus an dieser Stelle eine Stadt erbauen ließ. Ich erzähle von den Hindukönigen, die dieses Gebiet regierten und im frühen 8. Jahrhundert von arabischen islamischen Heeren unterworfen wurden. Selbst wenn Benedict in der Schule Geschichtsunterricht gehabt hätte, selbst dann hätte er doch nichts von der reichen Geschichte seines Landes erfahren. Die nichtislamische Vorgeschichte paßt nicht in die religiöse Ideologie Pakistans. In den Schulbüchern – die auch für die christlichen Schulen vorgeschrieben sind – beginnt die Geschichte erst mit der Islamisierung des Indischen Subkontinents im Jahr 711 nach Christus.

Die Heiligen, die in Uch Sharif verehrt werden, waren alle Sufis und lebten im 13. und 14. Jahrhundert. Zwischen den Grabmälern mit den raffinierten blauen und weißen Liniendekorationen liegen unzählige einfache Gräber ohne jegliche Verzierung oder Aufschrift, die wie langgezogene Maulwurfshügel wirken. Hier begrub man einen Verstorbenen nach dem anderen, jahrhundertelang wurden diese einfachen Gräber übereinandergestapelt, und so entstanden diese hohen Hügel voller Skelette.

Wir sind hier nicht allein. Da und dort liegt ein Mann der Länge nach auf einem der einfachen Gräber und schläft. An einer anderen Stelle betet jemand an einem Grab. Überall folgen uns Kinder. Zwei etwa dreizehnjährige Jungen kommen immer näher. Der Junge in einem grünen Shalwar Kameez leiert ein paar englische Sätze herunter. Ich verstehe ihn nicht richtig, aber mir ist aufgefallen, daß es sich nicht um das obligatorische «*How are you, what's your name, what is the time?*» handelt. Ich ermutige ihn mit einer Handbewegung, das Gesagte zu wiederholen, und jetzt verstehe ich ihn doch:

«*Don't go into mister McGregor's garden. Your father had an accident there. He was put into a pie by misses McGregor.*»

Diese Sätze habe ich schon einmal gehört, aber wo? Benedict beäugt die Jungen mißtrauisch von der Seite, er hat kein Wort verstanden. Sein englischer Wortschatz ist nicht besonders groß. Er hat nie Englischunterricht gehabt, sondern nur Wörter und Sätze von seinen diversen ausländischen Arbeitgebern aufgeschnappt. Mir kommt es schon ein bißchen komisch vor, diese ordentlichen englischen Sätze fehlerlos von zwei kleinen Jungen ausgesprochen zu hören. Ich frage, wo sie die Sätze gelernt haben. Sie werfen sich Blicke zu, aber es kommt keine Antwort.

Wir wandern weiter zu den Grabmälern. Benedict bleibt ein paar Schritte hinter mir, um die Jungen im Auge zu behalten. Selbst wenn sie nicht um uns herumlungern würden, ginge er hinter mir, aus Höflichkeit, und weil er weder Tempo noch Richtung vorgeben möchte. Er ist immer der Diener: Mein Wunsch ist ihm Gesetz. Ich betrachte eine Weile die komplizierten Bänder auf den Vorderseiten der Grabmäler und gehe um sie herum, um auch die Rückseite zu sehen. Aber die Rückseite ist leer! Absolut leer! Diese wunderbaren Andenken an eine ferne Vergangenheit sind wie riesige Tonscherben geborsten. Die Hälfte wurde von den Monsunregen zerstört. Was stehengeblieben ist, wirkt wie ein Körper ohne Rücken. Sie erinnern mich an ein Foto, das ich in *The Nation* am Morgen meiner Abfahrt sah. Dort war das abgerissene Gesicht eines Mannes abgebildet, der sich in die Luft gesprengt hatte, um die Autokolonne von Präsident Musharraf zu treffen. Die Gewalt der Explosion hatte ihm die Haut vom Schädel gerissen, die auf dem Dach einer Polizeiwache gelandet war. Das Gesicht war noch deutlich zu erkennen mit Haaren, Bart, Nase, Lippen, Ohren, Augenbrauen und geschlossenen Lidern.

Die Witterung ist die Ursache für den schnellen Zerfall der Grabmonumente von Uch Sharif. Ich frage mich, wieviele Monsune es noch braucht, um sie völlig aufzulösen.

Wir werden die Jungen einfach nicht los. Sie stellen sich ins Bild, wenn ich Fotos mache. Der grüne Junge sagt, wenn ich in seine Richtung schaue: «Don't go into mister McGregor's garden. Your father had an accident there. He was put into a pie by misses McGregor.» Die Sätze erinnern mich an meine Töchter, an die Zeit, als sie klein waren und wir in New York wohnten, aber ich kann sie absolut nicht zuordnen. Ich frage den Jungen: «Wo wohnst du?» Er grinst, gibt aber keine Antwort. Ich versuche es anders: «Wo steht dein Haus?» Er antwortet mit: «Don't go into mister McGregor's garden ...» Jetzt fällt es mir wieder ein: Diese Sätze habe ich meinen Kindern unzählige Male vorgelesen. Ich sehe die Illustrationen mit einer sehr bürgerlichen Hasenmutter und niedlichen Hasenkindern vor mir. Es muß aus *Peter Rabbit* sein.

Ich wiederhole meine Fragen. Mir dämmert allmählich, daß er mich nicht versteht, daß er die Wörter nicht einordnen kann. Ein letzter Versuch: Hast du Geschwister? In welcher Klasse bist du? Und er fängt wieder an: «Don't go into mister McGregor's garden. Your father had an accident there. He was put into a pie by misses McGregor.» Endlich begreife ich: Das Englisch, das der Junge in der Schule lernt, besteht aus kurzen Texten, die er auswendig lernen muß, ohne den Inhalt zu begreifen. Es ist genau dieselbe Methode wie der Unterricht in den Madrasas, wo die kleinen Jungen den Koran in Arabisch auswendig lernen, ohne die eigentliche Bedeutung der Wörter zu kennen.

Bevor es dunkel wird, will ich in Rahimyar Khan eintreffen, dem einzigen Ort weit und breit, der eine anständige Schlafgelegenheit bietet.

Wir müssen dort sein, bevor die Sonne untergeht, denn sobald es dunkel wird, kommen die *Dacoits* aus ihren Verstecken gekrochen. Die Dacoits stellen für Benedict und mich eine viel größere Gefahr dar als Terroristen. Es sind Straßenräuber, die in Banden operieren und schon zu Zeiten der britischen Kolonialherrschaft eine Landplage waren. Der südliche Panjab und die ganze Provinz Sindh bilden ihr natürliches Aktionsgebiet. Sie überfallen Busse und Personenwagen und schleppen alles mit, was sie tragen können: Geld, Juwelen, Waren. Oft nehmen sie Geiseln, um Lösegeld zu erpressen. Dieser Teil Pakistans ist von Gott und jedem Recht verlassen. Die Banden terrorisieren die armen Dorfbewohner, die ohne Pardon erschossen oder verstümmelt werden, wenn sie nicht gehorchen. Die Polizei hat panische Angst vor den Banden der Straßenräuber und steckt mit ihnen unter einer Decke. Allein den feudalen Landherren gelingt es, die Räuber einigermaßen zu kontrollieren, denn sie herrschen nach dem Sprichwort, daß man Diebe am besten mit Dieben fängt. Sie lassen die eine Bande von Straßenräubern von einer anderen ausrotten.

Bisweilen wird ein Fall aufgedeckt, bei dem sich herausstellt, daß die Polizei die Anwesenheit von Dacoits dazu benutzt, sich lästiger Dorfbewohner zu entledigen. Dann wird behauptet, sie seien von Dacoits auf der Flucht erschossen worden, aber in Wirklichkeit handelt es sich um arme Tagelöhner, die gegen ihre Behandlung durch den Landbesitzer aufbegehrt hatten.

Im Auto lege ich Bachkantaten auf. Benedict lauscht eine Weile schweigend und sagt dann: «Das ist Jesusmusik.» Er sagt, daß er auch Jesusbänder mitgenommen habe, Aufnahmen vom Kirchenchor, in dem er und seine Frau singen: «Jesusmusik» mit einem unverkennbar indischen Rhythmus. Es sind Amateuraufnahmen, und nach einer Weile stellt Benedict das krächzende Band ab. Ich frage ihn, wie die Geschichte nach dem Mordanschlag seiner Mutter auf seinen Vater weiterging.

Der Arzt, der seinen Vater operiert hatte, zeigte den Fall bei der Polizei an, erzählt Benedict, und seine Mutter, ihre Brüder und ihr

Liebhaber wurden festgenommen. Mit einem Schlag hatten die Kinder keine Eltern mehr. Mit einem Schlag war auch kein Geld mehr da für die Schule, kein Geld für Essen und Kleidung, kein Geld für die Miete. Die Kinder wurden in verschiedene Orte des Landes auf Verwandte aufgeteilt. Benedict kam zu seiner Tante, einer Schwester seines Vaters, und zu ihrem Mann. Sie hatten selbst schon sechs Kinder und waren arm. Der Mann seiner Tante sah in dem kleinen Benedict nichts als eine Last: ein weiterer Mund, der gefüllt werden mußte. Während seine Cousinen und Cousins in die Schule gingen, mußte Benedict seine Tante zu ihrem Arbeitsplatz begleiten, wo sie als Dienstmädchen arbeitete. Obwohl er noch so klein war, gab man ihm eine Arbeit.

Wenn der Onkel zu Hause war, verkroch sich Benedict in eine Ecke der Hütte, in der sie wohnten. Der Mann war jeden Abend betrunken und schlug jeden, der ihm vor die Füße lief. Er war es auch, der Benedict zu einem Heeresmajor in Dienst gab. Benedict mußte den einjährigen Sohn hüten. Während ihrer Einkäufe ließ die Mutter das Kind bei Benedict im Taxi. Auf Familientreffen und auf Hochzeiten war er dafür verantwortlich, daß dem Kind nichts zustieß.

Diese Familie flog regelmäßig nach Karachi, und Benedict war als Babysitter mit dabei. Seine Dienstherren kauften kein Ticket für ihn. Er mußte sich auf dem Boden zwischen ihre Beine und den Sitz zwängen. Manchmal, erzählt Benedict, fehlte ihm seine Mutter ganz besonders. Er war ihr Lieblingssohn gewesen, und sie hatte ihn oft in den Arm genommen. Im Flugzeug sah er andere Kinder seines Alters auf dem Schoß ihrer Mütter sitzen und hätte am liebsten wegen seiner Demütigung und vor Einsamkeit geweint.

Sich auf dem schmutzigen Boden des Flugzeugs zusammenkrümmen zu müssen, das ist die stärkste und schrecklichste Erinnerung seiner Kindheit. Bei einer ihrer Reisen nach Karachi besuchte seine Dienstfamilie wieder einmal ein Fest – Benedict meint, es sei eine Hochzeit gewesen. Und diesmal ließen sie ihn einfach vor der Tür stehen. Niemand sagte ihm, was er tun solle oder wie lange er warten müsse. Es wurde Nacht, und er schlief auf dem Boden ein. Plötzlich trat ihn jemand, bis er aufwachte, und schrie, er sei ein fauler, kleiner Taugenichts. Der Mann schickte ihn in die Küche, um den Abwasch zu erledigen. Zum Glück traf Benedict dort nette Diener, die ihm allerlei Leckerbissen gaben und freundlich zu ihm waren.

Als der kleine Junge, den Benedict hüten mußte, älter wurde, bekam er ein Rad geschenkt. Als Benedict auch einmal fahren wollte, wurde er von seinem Auftraggeber schrecklich verprügelt. Der Major schrie ihn an, er solle seine schmutzigen Pfoten vom Rad seines Sohnes lassen. Benedict weiß noch, daß er damals dachte: Eines Tages werde ich auch alles besitzen, was ich haben möchte. Diese Zeit als Babysitter ist mit Messern in seine Seele eingekerbt, sagt er. Niemals, nie dürfe seinen eigenen Kindern so etwas widerfahren.

Es ist noch Tag, als wir in Rahimyar Khan ankommen. Die kleine Stadt ist wunderschön: Sie ist sauber, das Gras am Straßenrand ist gemäht, überall blühen üppige Rosen, und die Bäume sehen gesund aus. Alle 50 Meter hängt ein lebensgroßes Bildnis des nahezu blinden Herrschers von Dubai, und man sieht Transparente mit der Aufschrift «Lang lebe die Freundschaft zwischen den Vereinigten Arabischen Emiraten und Pakistan». Der Herrscher bezahlt nämlich für all das Schöne. Er hat einen Frachtflughafen anlegen lassen und Straßen mit geräuschdämpfendem Asphalt. Nicht, daß viel Frachtgut hier landen würde, der Flughafen ist nur für den Emir da, damit er seine Allradfahrzeuge und seine Falken nach Pakistan transportieren lassen kann. Er hat in Rahimyar Khan ein Jagdschloß bauen lassen. Seine Söhne sind seinem Beispiel gefolgt und haben jeder für sich und die eigenen Freunde Jagdpaläste errichten lassen. Mir kommt es so vor, als hätte die Fürstenfamilie der Emirate Rahimyar Khan aufgekauft. Und alles nur, um dort *Houbaras* zu jagen, eine Art von Rebhühnern.

Am Abend spreche ich einen Mann, der in Rahimyar Khan für den *World Wildlife Fund* arbeitet. Er berichtet, daß der Emir nicht mehr als zehn Tage im Jahr seinen Palast nutzt. Es gibt auch Jahre, in denen er überhaupt nicht auftaucht und sonstwo auf Falkenjagd geht. Er kommt nur im Spätherbst, während des Vogelzugs der Houbaras. Arabische Prinzen sind ganz verrückt auf Houbaras. Sie glauben, Houbarafleisch steigere die Potenz.

Um das völlige Aussterben dieser Vogelart zu verhindern, hat der Herrscher der Emirate in Rahimyar Khan das *Houbara Research and Rehabilitation Centre* gegründet. Ich werde von einem forschen kleinen Tierarzt empfangen. Selbst bei einer kurzen Fahrt in seinem Auto durch den schönen, bewässerten, grünen Wüstenpark behält er seinen weißen Arztkittel an und das Stethoskop um den Hals. Die Gehege für kranke Houbaras, die Felder mit den Senfpflanzen, mit denen die Vögel gefüttert werden, die 108 Kilometer lange Wüstenstraße, die nur dafür gebaut wurde, um schnell zu den Tieren zu gelangen: Alles sieht picobello und tiptop in Ordnung aus.

Nicht lange nach meinem Besuch in Rahimyar Khan finde ich zufällig in *The News* den scharfen Artikel eines Journalisten über das Houbara-Forschungszentrum. Er schreibt: «Die Houbarastiftung wurde angeblich gegründet, um die Houbaras vor dem Aussterben zu bewahren, doch das Gegenteil ist wahr. Es kursieren skandalöse Geschichten über die Jagd auf diese Vögel, aber die Personen, unter deren gnädigem Schutz unsere Natur vergewaltigt wird, sind so mächtig, daß diese Geschichten sich in Luft auflösen wie ein Wassertropfen in der heißen Cholistan-Wüste. Die Führer unseres sogenannt souveränen Landes sind so mittellos und so verarmt, daß sie die Almosen, die ihnen die Golfprinzen zuwerfen, mit tiefen Bücklingen auflesen.

Die arabischen Fürstenfamilien fliegen buchstäblich gemeinsam mit den Houbaras los. Im Sommer, wenn die Vögel in Zentralasien brüten, stellen ihnen die Scheichs dort mit ihren Fallen nach; und wenn es den Vögeln im Spätjahr gelingt, Pakistan zu erreichen, werden sie dort erneut von den arabischen Falken aufgescheucht. In unserer Wüste wurden Senffelder angelegt, weil die Houbaras ganz wild auf diese Pflanzen sind und die Tiere auf diese Weise angelockt werden. Die Fürsten hätten freilich besser daran getan, die Wasserleitungen für die Senffelder bis zu den Hütten der durstigen Bewohner von Cholistan weiterzuziehen.» Soweit der erboste Kolumnist.

Im Houbara-Forschungszentrum werden auch Versuche unternommen, wieder Gazellen zu züchten, die von den arabischen Prinzen ausgerottet wurden. Dafür wurde in der Wüste von Cholistan ein künstlich bewässerter, 26 Quadratkilometer großer Park angelegt.

Vor genau einem Jahr war ich in dieser Wüste, allerdings im indischen Teil, in der Rajasthan-Wüste. Dort kamen die Gazellen in großen Herden bis an die Straße oder preschten plötzlich alle auf einmal in dieselbe Richtung davon, weil irgendetwas sie erschreckt hatte. Im Land der Hindus haben reiche arabische Prinzen niemals Blutbäder unter den Gazellen und Houbaras anrichten können. In Indien bringt man Tieren noch eine gewisse Hochachtung entgegen, in Pakistan dagegen ist es egal, was vernichtet oder ausgerottet wird, solange es nur Geld einbringt.

Die Habgier und der Jagdtrieb der Prinzen aus den Golfstaaten beschränken sich nicht auf die Fauna von Rahimyar Khan. Wie die *Daily Times* schreibt, sind bestimmt 2000 vier- bis fünfjährige Knaben aus diesem Distrikt verschwunden. Zwischen den Falken und den Geländewagen wurden sie in den Frachtflugzeugen in die Vereinigten Arabischen Emirate eingeschmuggelt. Dort werden die Kinder als Kameljockeys eingesetzt. Man bindet sie auf die Kamele, dann müssen sie versuchen, als Sieger über die Ziellinie zu kommen. «Die Zuschauer amüsieren sich vor allem über das Kreischen der Kinder, die sich zu Tode ängstigen», schreibt die *Daily Times*. «Am besten gefällt es ihnen, wenn ein Kinderjockey vom Rücken seines Kamels abgeworfen wird und unter die Hufe der anderen Tiere gerät.»

Es sind die reinsten Gladiatorenspiele. Auf jeden Fall handelt es sich dabei um Sklaverei. Die Kinder leben in den Ställen mit den erwachsenen Knechten, und man darf sich gar nicht ausdenken, was dort mit ihnen geschieht. Sie werden schlecht ernährt und kaum ärztlich versorgt. Die Mehrheit der Jungen leidet an Tuberkulose.

Von Rahimyar Khan fahren wir in den Distrikt Larkana in Sindh, um dort Mohenjo-Daro zu besichtigen: die Ruinen einer Stadt, die es dort vor etwa 4500 bis 3000 Jahren stand. Für meinen Reiseführer – letzte

Auflage 1999 – ist Mohenjo-Daro «eine der am verblüffendsten restaurierten und erhaltenen prähistorischen Stätten der Welt».

Benedict grübelt noch lange über das Schicksal der Kameljockeys. Er vergleicht sein Leben als Kind mit dem dieser Jungen und sagt, daß er ihr Gefühl der Verlassenheit und ihre Ängste nachempfinden könne.

Rechts und links von der Straße gibt es Felder mit Baumwollsträuchern, gelben Senfpflanzen, Zuckerrohr und eine Unzahl von Mangobäumen. Regelmäßig taucht am Straßenrand ein Junge oder ein Mann mit Turban mit einer grünen Fahne in der Hand auf. Hinter ihm ist immer ein im Bau befindliches Gebäude: eine Moschee oder eine Koranschule. Jeder Stein muß erbettelt werden, das ist ihre Aufgabe hier am Straßenrand.

Zum Glück stehen sie an ziemlich sicheren Stellen, im Gegensatz zu den berufsmäßigen Bettlern. Die werden buchstäblich mitten auf die Straße gestellt. Die Kinder und Jugendlichen haben keine Arme oder Beine oder nur magere Stümpfe, oder ihr Gesicht ist zum Teil weggefressen, ein Auge befindet sich außerhalb der Augenhöhle, ihr Kopf ist groß wie eine Wassermelone, oder sie sind blind. Und alle recken mit der wenigen Muskelkraft, die sie noch haben, die Gesichter zu den vorbeirasenden Autofahrern und deren Mitfahrern empor. Einer der wenigen, die noch einen Arm bewegen können, reckt ihn mit gespreizten Fingern, der universellen Geste aller Bettler, zum Himmel empor und führt sie dann, als hielte er ein Stück Brot, an die Lippen.

Ich habe unterwegs so viele schreckliche Unfälle gesehen, daß ich sie nicht mehr zählen kann. Busse, von denen eine Seite von vorn bis hinten einschließlich der Fahrgastsitze weggerissen ist oder deren Vorderfront fehlt. Plattgedrückte, auf dem Kopf stehende Lastwagen. Busse und Lastautos, die mit einem derartigen Tempo aufeinandergeknallt sind, daß man sie nicht mehr voneinander unterscheiden kann.

Manchmal wächst über lange Strecken hinweg rechts und links neben der Straße überhaupt nichts mehr. Dort ist die Erde kalkweiß, versalzen und verschmutzt. Wir fahren an Dörfern vorbei, wo große Teile der Märkte und Straßen überflutet sind, weil die Kanalisation vor langer Zeit geborsten ist und nie repariert wurde.

Fünf Jahre seiner Kindheit verbrachte Benedict in Lahore als Haussklave des Majors. Dann erbarmte sich Ibrahim, ein Sohn des ältesten Bruders seines Vaters, der verlassenen Kinder. Ibrahim und dessen Frau wurden Benedicts Ersatzeltern. Noch heute läßt Benedict in Zeiten der Arbeitslosigkeit Ibrahim, der eine kleine Schreinerei hat, und dessen Familie mitessen und kratzt sein ganzes Erspartes zusammen, um ihnen zu helfen. Auch bei Ibrahim war das Leben armselig. «Wir hatten nur die Kleider, die wir auf dem Leib trugen», sagt Benedict, «und wenn sie gewaschen waren, mußten wir sie naß anziehen.» Im Viertel wurden er und seine Geschwister ausgelacht. «Sie sahen, daß wir arm waren, und wußten, daß wir keine Eltern hatten.» Die Geschwister hatten große Angst vor den Nachbarskindern, die sie ärgerten und drangsalierten.

Trotz seiner Armut gelang es Ibrahim, auch Benedict und seinen Geschwistern den Schulbesuch zu ermöglichen. Und so hat dieser doch noch vier Jahre die Grundschule besucht und kann lesen, schreiben und rechnen.

Benedicts Mutter mußte nur kurze Zeit im Gefängnis bleiben. Mit dem Erlös ihres Schmucks, den ihr, sagt Benedict, sein Vater geschenkt hatte, gelang es ihr, jemanden im Krankenhaus zu bestechen. Nun stand in der Krankenakte seines Vaters nicht mehr, daß er an den Folgen von Schußverletzungen gestorben war, sondern an Krebs.

Die Mutter wurde freigesprochen, genau wie ihre Brüder und ihr Liebhaber Mansur. Benedict ist ungeheuer wütend darüber, daß seine Mutter in all den Jahren, in denen er Haussklave in Lahore und sie auf freiem Fuß war und ebenfalls in Lahore wohnte, kein einziges Mal versucht hat, mit ihm Kontakt aufzunehmen. Noch heute ist er jeden Tag darüber außer sich vor Wut: «Diese Person hat unser Leben ruiniert. Sie hat uns unsere Zukunft gestohlen.»

Die Mutter heiratete Mansur und bekam mehrere Kinder mit ihm. Mansur starb, und nach seinem Tod, erzählt Benedict, wurde auch den anderen, die an seine Unschuld geglaubt hatten, klar, welch ein schlechter Mensch er gewesen war. «Seine Leiche stank sieben Kilometer gegen den Wind», erzählt er, für den der Geruch einer Leiche etwas über den Charakter des Verstorbenen verrät.

Bitter fährt er fort: «Dieser Person gelang es sogar, von der UNDP das Geld loszueisen, das beim Tod meines Vaters den Kindern hätte ausgezahlt werden müssen. Sie hat alles in die eigene Tasche gesteckt. Alles hat sie uns genommen: unseren Vater, unsere Kindheit, unsere Bildung, unser Geld, unsere Chancen im Leben.»

Benedict haßt seine Mutter. Das wird er nie aussprechen. Er sagt nie etwas, was später gegen ihn verwendet werden könnte. Er hat in seiner Familie seine Lektion gelernt und ist sich seiner prekären Lage als Christ aus der untersten Schicht in einem frustrierten islamischen Land überaus bewußt. Er weiß, daß seine Existenz auf Treibsand gebaut ist. Aber in seinen Augen ist der Haß zu sehen, Augen, die Feuer speien, wenn er über seine Mutter spricht. Der Haß ist im Weiß der Fingerknöchel seiner Hände abzulesen und daran, wie krampfhaft diese das Lenkrad umklammern. Er kann sich nicht mit der Existenz seiner Mutter abfinden. Vor einigen Jahren hat sie zum vierten Mal geheiratet: Auch Mansurs Nachfolger ist gestorben. Sie hat gehört, daß Benedict eine gute Stelle hat und in einem schönen Auto spazierenfahren darf. Sie wünscht sich, daß er zu ihr kommt und ihr alles vergibt und alles vergißt. Doch das wird er niemals tun. Seine Geschwister haben sich von Samira einwickeln lassen und geben ihr manchmal ein bißchen Geld. Doch er wird das nie tun. Seine Wut ist noch gewachsen, seit er seine eigenen Kinder aufwachsen sieht und sich immer mehr all dessen bewußt wird, was er als Kind missen mußte.

Mohenjo-Daro ist die bedeutendste und größte Ruinenstätte der Induskultur. Die Stadt hat eine Grundfläche von fünf Kilometern und stammt aus der vorhinduistischen Zeit. Einige Archäologen halten die Induskultur für genauso hochstehend wie die Kultur Mesopotamiens und des Alten Ägypten.

Die Bewohner des Industals hatten eine eigene Schrift, die bisher noch nicht entziffert wurde. Sie verwendeten Standardmaße und -gewichte und trieben Handel bis weit über ihre Landesgrenzen hinaus. Ihre Häuser besaßen Lüftungsschächte und Badezimmer mit Toiletten. Für Kinder gab es eigenes Spielzeug.

Die große Bedeutung von Mohenjo-Daro liegt darin, daß man hier ablesen kann, wie ingeniös die Stadt geplant wurde. Man kann es klar erkennen: die geraden Straßen, die Aufteilung der Stadt in einzelne Viertel. Aber ... mein Gott, was ist aus den Ruinen geworden! Tagesausflügler picknicken auf ihnen. Überall liegen leere Flaschen, Plastiktüten, Hühnerknochen. Jungen spielen auf den jahrtausendealten Steinen Cricket. Kinder, Studenten, Krethi und Plethi sind mir auf den Fersen, hüpfen von Steinblock zu Steinblock: «*What is your name? What is your country?*» Auf den Trümmern von etwas, das wie eine eingestürzte Wand aussieht, lassen ein paar junge Burschen den Motor ihrer Mopeds aufheulen, rasen dann den Hügel hinunter und ein Stückchen weiter wieder einen anderen Steinhaufen hinauf. Von Steinhügel zu Steinhügel flitzen sie auf ihren lauten Maschinen.

Ich schlendere allein ein bißchen herum. Benedict wollte hier, mitten in Dacoitistan, unbedingt beim Auto bleiben. Ein Mann, wie ein Pariser Bohemien gekleidet in eine Samtjacke, mit einem nonchalant über die Schulter geworfenen Schal, einer karierten Mütze auf dem Kopf, sehr westlich, spaziert an mir vorbei über die antike Straße. Kurz darauf hastet er zurück und fragt keuchend: «Sind Sie ein Mann oder eine Frau?» Ich trage *Paladiums*, eine Wanderhose, ein Hemd und eine Baseballmütze: soviel Frauenfleisch wie möglich den Blicken entzogen, um auf die Gefühle schnell verletzter Muslime Rücksicht zu nehmen.

Ein Zwerg in einem Minikarren spielt sich als Fremdenführer auf. Er scheint aus nichts als Kopf zu bestehen, aus einem Kopf mit einem grauen Bart und einer blauen Babymütze auf seinem graustoppligen Schädel. Ein halbes Männchen, ohne Beine, ohne Lenden, und diese halbe Person ist auch noch winzigklein. Der Karren ist genau wie die Mütze babyblau. Er erinnert mich an die Seifenkistenautos, die ich früher mit Hilfe meines Vaters gebastelt habe. Ein kleines Lenkrad, um damit das ganz vorn angebrachte kleine Rad zu bewegen. Links neben dem Karren läuft eine Fahrradkette, die der Zwerg in eine Umdrehung versetzt, indem er gegen eine Pedale drückt. Er muß den Kopf in den Nacken legen, um sehen zu können, ob ich höre, was er sagt. Wie diesen Zwerg in seinem Karren habe ich mir immer Shankar, mit dem

Beinamen der Wurm, vorgestellt, den vom Beggermaster verstümmelten kleinen Bettler aus *Das Gleichgewicht der Welt* von Rohinton Mistry, dem schönsten Roman, den die indische Literatur der letzten fünfundzwanzig Jahre hervorgebracht hat.

Der Gitterzaun, der einst Mohenjo-Daro eingefaßt hat, rostet zertrampelt im Staub vor sich hin. Mohenjo-Daro gehört zum UNESCO-Weltkulturerbe, ist also für die ganze Menschheit von Bedeutung. Die letzten seriösen Grabungen wurden 1965 von einem amerikanischen Archäologen durchgeführt. Seine Funde und die seiner britischen Vorgänger werden jetzt zertrampelt und zerstört. Alle restaurierten Mauern und Häuser sind wieder eingestürzt. Was noch steht – und das ist so gut wie nichts –, ist vom salzigen Grundwasser angegriffen. Die siebenundzwanzig Pumpen, die mit ausländischen Spendengeldern angelegt wurden und den Wasserstand niedrig halten sollten, sind vor langer Zeit den Weg alles Irdischen gegangen. Sie wurden von Räubern und Dorfbewohnern abgebaut.

Man muß schon blind sein, um das Schöne, das dieses Land einst zu bieten hatte und das heute durch Verwahrlosung und mutwillige Zerstörung in Trümmern liegt, bewundern zu können. Und das ist es auch, was *The News* ohne jede Spur von Ironie titelte: «Pakistan ist eine der wunderbarsten Gegenden der Welt, sagt ein blinder Tourist.» Der Artikel berichtete von einem blinden Schweizer, der erklärte, Pakistan sei das schönste Land der Welt, das er je besucht habe.

Das Museum von Mohenjo-Daro wurde geplündert. Alles, was wertvoll war und aus der Erde ans Tageslicht kam, wurde vom Leitungspersonal verschachert, las ich später in der *Daily Times*. In der *Dawn* gab es zur selben Zeit einen Artikel über 6000 Jahre alte Menschenfigürchen und Gefäße, die pakistanische Archäologen auf die Seite geschafft und unter Mitwissen der Zollbehörden für viel Geld ins Ausland geschmuggelt hatten. Nicht nur die Fauna und die Menschen sind in Pakistan käuflich, sondern auch das, was Teil der Geschichte ist, einer ganz besonderen Geschichte, die Tausende Jahre älter ist als die Geschichte Europas oder Amerikas.

Das einzige, das noch steht, ist eine hohe Gedenksäule zur Erinnerung an das Treffen der beiden größenwahnsinnigsten Männer ihrer Zeit: des Schahs von Persien und Zulfikar Ali Bhuttos, des damaligen Ministerpräsidenten von Pakistan.

Bhutto war ein Großgrundbesitzer aus dem benachbarten Naudero und ein meisterlicher Demagoge, der lange Zeit in England und Kalifornien gelebt hatte. Er war maßlos ehrgeizig und arrogant, eignete sich die linke Rhetorik der sechziger Jahre an und versprach seinen verelendeten Landsleuten das Paradies auf Erden. Doch brachte er nichts als Elend und Not. Er war es, der die Islamofaschisten in Pakistan zunächst gewähren ließ, wodurch sie eine Machtposition aufbauen konnten, die bis heute ständig stärker wird. Er, ein Whiskytrinker und Schürzenjäger, ließ die Ahmadis im Grundgesetz zu Nichtmuslimen erklären und ebnete damit den Weg zu ihrer systematischen Diskriminierung. Den Christen nahm er die Schulen und brachte den Unterricht in den staatlichen Schulen auf Null.

Am Ende seines Lebens wurde Bhutto zum Helden verklärt. Der Militärdiktator Zia ul-Haq ließ ihn zum Tod verurteilen und hinrichten. Bhutto, der als Märtyrer sterben wollte, weil er sich damit einen unangreifbaren Platz in der Geschichte sichern würde, weigerte sich, gegen den Mann in Berufung zu gehen, der ihn um die Macht gebracht hatte.

In dieser letzten Phase seines Lebens entstand auch um seine Tochter Benazir, die damals noch unter fünfundzwanzig war, ein Heldenkult, der durch die ganze Welt ging. Benazir organisierte die internationalen Proteste gegen das Todesurteil gegen ihren Vater. Mutig nahm sie Freiheitsentzug und Hausarrest in Kauf und blieb hartnäckig an der Spitze der Opposition gegen den unheimlich aussehenden General Zia. Zwischen den Militärdiktaturen von Zia ul-Haq und Pervez Musharraf gewann Benazir Bhutto zweimal die Wahlen. Aber auch sie verramschte ihr Land und ihr Volk. Sie griff tief in die Staatskasse, bereicherte ihre Sippe mit Geld, das nicht ihr gehörte. Ihr Mann wird beschuldigt, hinter dem Mord an ihrem Bruder zu stecken, einem Bruder, der eine eigene politische Partei hatte. Inzwischen sitzt Benazir ihre Jahre im Exil in Dubai ab.

Es ist ein schreckliches Schicksal, das Pakistan im 20. Jahrhundert beschieden war: von inkompetenten, arroganten, nepotistischen, diktatorischen und korrupten Menschen wie Zia und den Bhuttos geführt zu werden.

Benedicts Großvater war Hindu und trat zur Zeit der britischen Kolonialherrschaft zum Katholizismus über. Seine Familie war dagegen und wollte ihn umbringen. Der Großvater floh nach Lahore. Benedict ist heute ein gläubiger Mensch, aber das ist er nicht immer gewesen. In seiner Jugend existierte Gott nicht für ihn. Wann hatte Gott ihm je geholfen? Wo war damals die Kirche? Was tat der Papst für Menschen wie ihn? Er war ein Punk, erzählt er, und ein Hitzkopf. Lange Haare, Schmalzlocken, Lederjacke und Bluejeans, und immer in Schlägereien verwickelt. Er fühlte sich schnell auf den Schlips getreten und schlug dann gleich zu. Damals wurde ihm der Zahn neben seinem rechten Eckzahn ausgeschlagen; diese dunkle Lücke läßt ihn manchmal ziemlich gefährlich aussehen.

«Keiner wagte es, mich anzufassen oder mir blöde zu kommen», erzählt er. Er war wütend auf die Welt, und das sollte jeder merken. Im Ramadan rauchte er absichtlich auf der Straße Zigaretten, weshalb er festgenommen und 72 Stunden eingesperrt wurde. Er besuchte zwar den Gottesdienst und sang im Kirchenchor, aber nur aus reiner Gewohnheit und nicht aus Überzeugung. Trotzdem war es gut, daß er in die Kirche ging, denn im Chor lernte er Stella kennen, eine Vorschullehrerin. Er verliebte sich bis über beide Ohren in sie und sie sich in ihn. Aber ihre Eltern waren gegen eine Eheschließung. Sie fanden ihn nicht gut genug, weil er der Sohn einer Mörderin war, und gingen davon aus, daß er so wie seine Mutter werden würde. Anfangs lebte er nur von Gelegenheitsarbeiten. Einmal als Lastwagenfahrer, dann wieder als Taxichauffeur, und gelegentlich arbeitete er freitag- und samstagabends als Privatchauffeur für steinreiche pakistanische Jugendliche, die ihn zwangen, sie an abgelegene Stellen zu fahren. Dort tranken sie in großen Zügen Whiskyflaschen leer und küßten Mädchen. Er wollte Stella und keine andere. Die von Ibrahim und dessen Verwandten vorgeschlagenen jungen Frauen lehnte er ab.

Über seinen älteren Bruder, der bereits als Botschaftschauffeur arbeitete, bekam Benedict eine Stelle bei einer kanadischen Diplomatin. Als Stellas Eltern ihn wieder einmal provozierten und sagten, daß er nicht zu ihrem Menschenschlag gehöre, bat er seine Chefin, ihm Geld für die Hochzeit zu geben. Damit konnte er beweisen, daß er bei seiner Arbeitgeberin in hohem Ansehen stand und in der Lage war, dreihundert Hochzeitsgäste mit Essen und Trinken zu bewirten.

Er heiratete die Frau seiner Träume. Und wundert sich jeden Tag darüber, was sie für ihn bedeutet, über ihre Kameradschaft und darüber, daß er alles, wirklich alles mit Stella besprechen kann. Seine Ehe ist völlig anders als die seines älteren Bruders. Dessen Frau kläfft und keift den ganzen Tag und drückt sich mit faulen Ausreden ständig vor allem.

Einmal brachte uns Benedict Fotos von seiner Hochzeitsfeier mit, die fast eine Woche gedauert hatte. Sie waren in ein chinesisches Fotoalbum mit einem Blumenrelief gesteckt. Den beiden Menschen auf den Fotos war nicht anzusehen, daß sie ihr Glück in ihrem Partner gefunden hatten. Sie schenkten sich nicht ein einziges Mal einen Blick. Benedict hatte Schmalzlocken und die Haare im Nacken lang, entlang seiner Lippen verlief ein dünner Schnurrbart. Seine Augen blitzten böse. Die Krawatte war verrutscht, der oberste Hemdknopf geöffnet. Er sah wie ein Schurke aus, wie ein Mann, dem die Hand locker sitzt, der aus dem geringsten Anlaß seine Frau verprügelt. Ein Mann, vor dem man sich in acht nehmen muß.

Stella war an ihrem Hochzeitsfest wunderbar geschminkt und trug einen Sari. Sie sah aus, als hätte sie tödliche Angst, daß ihr womöglich etwas Schreckliches bevorstehen könnte.

Heute hat Benedict eine ordentliche Stelle und kann seine Kinder in eine englischsprachige Schule schicken. Er hat seinen traurigen Schnurrbart abrasiert, die Haare geschnitten, und ich habe ihm auf seine Bitte eine Uniform schneidern lassen: eine graue Hose mit blauem Blazer, weißem Hemd und gestreifter Krawatte. Er sieht immer tiptop aus und trägt die Uniform stolz beim Chauffieren, aber auch in seiner Funktion als Butler bei Diners oder Empfängen in unserem Haus.

«Nach unserer Heirat habe ich mich total geändert», sagt er. Die beiden bekamen drei Kinder, von denen das älteste neun Jahre und das jüngste drei Monate alt ist. Das mittlere Kind, das Mädchen Tamar, ist sein Augapfel. Benedict begann aus eigenem Antrieb die Bibel zu lesen. Er betet jeden Abend vor dem Schlafengehen mit den Kindern. «Jetzt geht es mir gut. Ich habe eine Frau, ich kann meine Kinder in eine gute Schule schicken. Ich habe eine gute Stelle. Ich bin ein angesehener Mann.» Inzwischen kommen seine Brüder und Schwestern zu ihm, um ihn um Rat zu fragen. Seine Schwiegereltern behandeln ihn nicht mehr wie Luft, sondern nennen ihn wie Stella *Chauny*, Engel. An manchen Tagen, wenn er guter Laune ist, denkt er, daß sein Leben einem indischen Film gleicht: Die Geschichte eines im Stich gelassenen Kindes, das dennoch eine Traumehe schließt und ein ehrbares Mitglied der Gesellschaft wird.

Aber sein Magen macht ihm noch immer zu schaffen. Denn unter der dünnen Schicht Zufriedenheit verbirgt sich ein Nervenbündel. Achtung, ehrenvolle, gutbezahlte Arbeit, eine nette Familie: Alles kann Benedict mit einem Schlag wieder genommen werden. Zum Beispiel hat Stellas Gesundheit in den vergangenen anderthalb Jahren erheblich nachgelassen. Sie hat ein Herzleiden und weiß sich oft vor Atemnot nicht zu helfen. Die Luft in ihrem Wohnort Rawalpindi ist verschmutzt. In ihrem Häuschen ist es stickig. Islamabad, das sauberer ist und wo es mehr Grün gibt, ist für sie nicht zu bezahlen. Benedict tut alles, was in seiner Macht steht, um ihr zu helfen. Er betet. Er hat einem Priester Geld gegeben, damit er sein Haus segnet. Er hofft auf die Hilfe seiner Ma'amsahib. Denn ich habe Beziehungen. Ein Mitglied des Schulvorstands, dessen Vorsitzende ich bin, ist eine sehr vornehme Dame und die Gattin des prominentesten Herzchirurgen des Landes. In diesem bizarren Land kann Stella nur über mich – eine Ausländerin, die vorübergehend in Pakistan lebt – einen Termin bei ihm bekommen. In dem höchst klassen- und ständebewußten Pakistan werde ich als Frau des niederländischen Botschafters und *President of the Board of Directors of the International School of Islamabad* automatisch an die Spitze der Schlange gesetzt, in der Erwartung, daß ich im Tausch dagegen

Beziehungen, Visa und einen Zugang zum amerikanischen Schulwesen vermitteln kann. Benedict und Stella, die nichts als ihre Arbeit zu bieten haben und aus der alleruntersten Schicht kommen, bleiben immer die Fußabstreifer.

Benedict fürchtet den Tag meiner Abreise aus Pakistan. Ich sage ihm, daß ich ihm die allerbesten Empfehlungsbriefe hierlassen werde, ihn bei unserer und anderen Botschaften empfehlen werde. Ich sage, daß ich keinen Zweifel daran habe, daß ein Mann wie er, der diskret und zuverlässig ist, der sicher fährt und Autos in- und auswendig kennt, eine neue, gute Stelle wird finden können. Meine Worte flößen ihm kein Vertrauen ein. Sobald ich erst einmal das Land verlassen habe, gibt es niemanden mehr, der sich mir verpflichtet fühlt. Und Benedict ist sich dessen überaus bewußt, daß Diplomaten ihrem Hauspersonal gegenüber ein sehr unberechenbares Verhalten zeigen können. Egal, ob sie aus dem Osten oder dem Westen kommen: Auf alle färbt die Gesellschaft ab, in der sie sich vorübergehend aufhalten. In Pakistan bedeutet das: seine Angestellten wie Kulis zu behandeln.

Das Inferno von Baluchistan

«Gwadar», «Gwadar», in Baluchistan liegt dieser Name auf jedermanns Lippen. Gwadar: Der Name begleitet mich auf meiner langen, schwierigen Reise durch das ausgetrocknete, menschenleere Baluchistan. Gwadar ist der Stein des Anstoßes für Baluchi-Nationalisten. Gwadar ist ein Fischerdorf am Indischen Ozean, das von chinesischen Ingenieuren und Arbeitern zum zweitgrößten Hafen Pakistans ausgebaut wird. (Der erste und größte Hafen ist in Karachi.) In Islamabad hatte ich bereits gehört, daß an dem Gwadar-Projekt etwas faul sein soll. Pakistanische Politiker und Geschäftsleute sind durch Bodenspekulation unerhört reich geworden. Aus den Zeitungen weiß ich, daß das pakistanische Militär dort einen Stützpunkt errichten soll, um das Projekt vor Angriffen der einheimischen Bevölkerung zu schützen. Ich weiß auch, daß *Beach Resorts* gebaut werden sollen und einer der größten Investoren in Gwadar der berüchtigte A. Q. Khan ist, der Mann, der Pakistan zur Atombombe verholfen und lukrative Geschäfte mit dem Verkauf von Atomgeheimnissen an Nordkorea, den Iran und an Libyen gemacht hat.

In Quetta, der Hauptstadt von Baluchistan, miete ich im Serena Hotel einen Jeep mit Chauffeur. Es ist zu riskant, mit dem eigenen Wagen durch Baluchistan zu reisen. Der Chauffeur ist ein junger Mann. Er entpuppt sich als ehemaliger Talibankämpfer aus Afghanistan, der auf der ganzen langen Reise kein Wort zu mir sagen wird. Als mein Gepäck und die Kisten mit Mineralwasser verstaut sind und ich auf der Rückbank sitze, steigt ein Mann mit einem schwarzgefärbten Oberlippenbart und schwarzgefärbten Haaren ein. Ohne ein Wort der Erklärung setzt er sich neben den Fahrer. Ich frage, wer er sei und was er hier tue. Er lacht freundlich und macht eine beruhigende Geste. «*Security!*» ruft er. Es ist eines der wenigen Wörter, die er auf der Reise spricht.

Ich frage: «Polizei? Militär?»

Nein, das ist es nicht.

Dann der ISI, der pakistanische Geheimdienst.

Er nickt heftig zustimmend. «CIA, FBI», ruft er fröhlich.

Während der restlichen Reise bleibt er auf dem Beifahrersitz, und mit jedem Tag wird sein Schweißgeruch penetranter. Ab und zu ruft er mir ein englisches Wort zu: «Mann? Kinder? Amerika? England?» «Oh, Holland!» Was für eine Enttäuschung. Mein Geheimagent fragt nicht weiter. Aber hilfsbereit öffnet er die Wagentür für mich, und wenn er dasteht und der Wüstenwind seinen Kameez hochflattern läßt, sehe ich immer die Pistole in seinem Hüfthalfter.

Bei unserer Abfahrt fährt ein Wagen des Polizeikorps von Baluchistan vor uns her, und ich sehe, daß uns auch ein Wagen folgt. In jedem Wagen sind sechs Polizisten in anthrazitgrauem Shalwar Kameez. Sie sehen aus wie die Banditen, vor denen sie mich beschützen sollen: braungebrannt und unrasiert mit wilden Haaren, die durch den Wüstensand senkrecht in die Höhe stehen. Patronengurte hängen kreuzweise über ihrem Brustkorb und sind prachtvoll mit silbernen Nieten verziert. Ständig tragen sie ihr altes, automatisches Gewehr bei sich: auf der Pritsche, wenn sie pinkeln gehen und wenn sie schlafen gehen. Das Gewehr ist eine Verlängerung ihrer Person geworden. An den Füßen tragen sie Sandalen aus alten Autoreifen, mit denen sie leichtfüßig über Steine springen, als trügen sie die besten luftgepolsterten Sneaker. Abgehärtete Beduinen, so kommen sie mir vor, sofort bereit, zur Waffe zu greifen und zu sterben, wenn es die Ehre ihres Stammes erfordert. Einer von ihnen steht ständig aufrecht auf der Pritsche, egal wie schlecht die Straße ist, selbst dort, wo es gar keine Straße gibt, und stützt sich mit seinem Gewehr auf das Kabinendach. Die nächsten neun Tage meiner Reise durch Baluchistan sagen sie genau wie der Talibanchauffeur kein einziges Wort zu mir. Noch bevor die Autos stillstehen, sind sie von den Ladeflächen gesprungen. Und immer wieder müssen wir anhalten, weil der afghanische Pathane, der mein Auto lenkt, sein Gebet verrichten will. Die Polizisten habe ich kein einziges Mal beten sehen.

Mir ist es ganz recht, von einem Dutzend bewaffneter Männer eskortiert zu werden, denn in Baluchistan ist es nicht ganz geheuer. Auf der Karte hat diese Provinz die Form eines Unterschenkels. Zwischen Fußgelenk und Rist auf der Gelenkpfanne ruht Afghanistan. Die Zehen stoßen an den iranischen Teil Baluchistans. Es droht Krieg, Krieg zwischen der föderalen Regierung und den mächtigen Stämmen Baluchistans. Der Spieleinsatz sind die Rohstoffe der Region: vor allem Erdgas und Steinkohle. Die Baluchis meinen, daß sie von den anderen Provinzen Pakistans zu wenig Geld für das bekommen, was aus ihrem Boden gefördert wird. Sie sehen sich als von den Panjabis kolonisiert, den Bewohnern der reichsten und am dichtesten bevölkerten Provinz Pakistans.

In den siebenundfünfzig Jahren seiner Existenz hat der pakistanische Staat drei Kriege gegen die reaktionären *Khans, Nawabs* und *Sardars* von Baluchistan geführt und auch gegen marxistische und nationalistische kleine Heere. Der letzte Krieg fand zur Zeit von Premier Zulfikar Ali Bhutto Anfang der siebziger Jahre statt, kurz nach der Abspaltung des damaligen Ostpakistan und heutigen Bangladesch. Bhutto setzte Düsenjäger, Bomber, Panzer und Napalm gegen seine eigenen Landsleute ein. Hunderte von Baluchis kamen dabei ums Leben.

Die Baluchi-Stammesführer haben im Laufe des Jahres 2004 ein erneutes Kräftemessen mit der Zentralregierung begonnen. Entlang der Grenze zu Panjab und Sindh haben die rebellischen Stämme Panzerabwehrminen gelegt. Sie besitzen Luftabwehrgeschütze und andere schwere Waffen, die sie auch einsetzen. Die Gewalt der Baluchi-Stammesfürsten habe ich im vergangenen Winter bis in meine Küche und mein Arbeitszimmer in Islamabad gespürt, 500 Kilometer von den Gasfeldern entfernt. Die Gaszufuhr war tagelang ausgefallen, weil die unzufriedenen Stämme Gaspipelines in Baluchistan gesprengt hatten. Ich konnte weder kochen noch mein Haus heizen.

Stammesführer wie der Nawab der Bugtis führen ständig den Nationalismus im Mund. Was in Baluchistan unter der Erde ist, sagen sie, ist Eigentum der Stämme, und nicht des ganzen Landes. Doch was sie von der Zentralregierung als Vergütung für die Förderung von Bodenschätzen bekommen, verteilen sie nicht unter ihren Stammesgenossen. Die bekommen zwar schon ein paar Brocken zugeworfen, diese Habenichtse, der eine eine Bazooka, der andere einen Toyota Landcruiser und ein dritter Zement, um ein Häuschen zu bauen. Damit hat es sich aber auch schon mit der sozialen Verantwortung. Die Khans, die Sardars und die Nawabs tun nichts für die Entwicklung ihrer Gebiete.

Es ist eine barbarische, reaktionäre Welt, die Welt der Achakzai, Bugti, Kalpar, Mazari, Gazini, Bejrani, Marri, Lunie, Hamiedzai, Ghaibezai und der Rind. Die Stammesoberhäupter sind unantastbar. Sie herrschen über ihre Stämme, als seien die Menschen ihr Eigentum. Sie sprechen mit glühenden Kohlen Recht: Ein Verdächtiger muß barfuß über brennende Kohlen laufen, um seine Unschuld zu beweisen.

Wie reaktionär der Nawab der Bugtis ist und welchen Status er seinen Untertanen zugesteht, zeigt sich an dem, was er einer pakistanischen Zeitung sagte: «Leiden ist gut für meine Leute. Entbehrungen sind ein guter Lehrmeister. Wenn wir nicht leiden, werden wir träge.» Ein Baluchi-Nawab läßt sich nicht interviewen, er läßt einen Berichterstatter kommen und teilt ihm mit, was er zu schreiben hat. Im selben Monolog gegenüber der Zeitung teilte der Nawab der Bugtis mit: «Unsere Ehre ist in Frage gestellt. Unsere Stämme werden nicht erlauben, daß das Heer hierherkommt. Wir werden kämpfen.»

Aber auch Islamabad will die Sache mit Gewalt ausfechten und nicht ausdiskutieren. Pervez Musharraf, der Präsident Pakistans, hat über die unzufriedenen Baluchis gesagt: «Sie wissen wohl nicht, was ihnen bevorsteht.»

Die Baluchis werden zuerst ihre eigenen Fehden beilegen müssen, bevor ihre Guerilla effizient sein kann. Seit Urzeiten bringen sie sich gegenseitig um, wegen des Weidelands und der Zisternen, wegen des Alleinrechts, Kohle-, Gold- und Gasunternehmen auszubeuten und die arabischen Scheichs zu schröpfen, die in Baluchistan Jagd auf ihr Lieblingswild, die Houbaras, machen.

Mir ist klar, daß der bevorstehende Krieg in Baluchistan auf niemand anderen als die Tyrannen zurückzuführen ist, die in Pakistan in allen gesellschaftlichen Schichten und überall im Land vertreten sind. Auch die anderen gigantischen Probleme des Landes sind keinem anderen anzulasten, Probleme, wegen derer die Menschen unter den erbärmlichsten Lebensbedingungen leiden müssen. So gibt es die einheimischen und die internationalen Terroristen, denen die Regierung wenig Steine in den Weg legt, den erbärmlichen Zustand von Bildung und Gesundheitswesen, den Mangel an sauberem Trinkwasser, die enorme Kinder- und Wochenbettsterblichkeit und die Arbeitslosigkeit. An diesen Problemen sind weder der Erzfeind Indien noch der Westen schuld, schuld sind die pakistanischen Reaktionäre, Profiteure, Ausbeuter und Despoten. Der Zustand ernster Verwahrlosung, in dem sich das Land befindet, ist eine Folge des egozentrischen Denkens, eine Folge von Ausbeutung und Mißbrauch des eigenen Volkes sowie der grenzenlosen Arroganz der Herrschenden.

Im Gebiet von *Mir* (Prinz) Suleiman Dawud Khan, dem Khan von Kalat, wohnen 35 000 Menschen. Zur Familie des Mir gehören zweihundert Männer, Frauen und Kinder, und er ist für den Lebensunterhalt eines jeden von ihnen verantwortlich, der in finanziellen Nöten steckt. Der Khan ist etwa vierzig Jahre alt. Er trägt einen warmen Shalwar Kameez und hat eine Baseballmütze aus Wolle auf seinem runden Kopf. Sein Englisch ist tadellos: Von seinem siebten bis zu seinem achtzehnten Lebensjahr war er in einem englischen Internat in Lahore. Seinen zehnjährigen Sohn und Nachfolger nennt er einen Waschlappen, denn der Junge will nicht ins Internat und wohnt während der Woche bei seiner Mutter und seinen Schwestern in Quetta, wo er in eine australische Schule geht.

Wir sitzen in einem dunklen, kalten Eßzimmer des bizarrsten Palastes, den ich je gesehen habe. Er wurde von Prinz Suleimans Vater auf 2000 Meter Höhe erbaut und soll ein Hochseeschiff darstellen, mit Kajüten, Ballsälen und ganz oben der Kapitänskajüte. Die Räume bilden Halbspiralen, die ineinander greifen. In dem Teil, in dem ich schlafe, kann ich nachts die Toilette nicht finden. Später stellt sich heraus, daß sie genau dort versteckt ist, wo die eine Spirale in die andere greift. Die nächtliche Suche wird noch zusätzlich erschwert, weil der Strom ausgefallen ist und ich mir mit einer schwachen Taschenlampe helfen muß. Der Palast ist stark verwahrlost: Die Stromleitungen verlaufen ohne Isolierung auf der Wand des Badezimmers. Aus der altmodischen Dusche kommt zuerst fast kein Wasser, aber als ich fest an den Knöpfen drehe, sprüht es in alle Richtungen, und die Tropfen spritzen gefährlich auf die bloßen Drähte.

Unter den Porträts der dicken Ahnen des Mir haben wir unser Mittagsmahl eingenommen und Tee getrunken, und am Abend sitze ich noch immer mit dem Khan von Kalat an dem langen, breiten Tisch. Sein Redefluß ist nicht zu bremsen. Der Mir erzählt von den Tantiemen, auf die Baluchistan, so meint er, ein Anrecht habe: Rechte aus den Erträgen des Fischfangs, Rechte aus der Förderung von Gas und anderen Bodenschätzen. Er will sogar, daß Baluchistan Geld von den Fluggesellschaften bekommt, die den Luftraum über diesem Gebiet nutzen. «Solche Tantiemen werden normalerweise nur souveränen Staaten bezahlt», sage ich. «Darum geht es ja», lacht der Khan. «Wir sind Baluchis, und wenn wir nicht bekommen, worauf wir ein Anrecht haben, dann werden wir für unsere Unabhängigkeit kämpfen.»

Prinz Suleiman ist nicht zu stoppen. Er erzählt von dem großen Khanat von Kalat, das sich einst bis zur Küste des Indischen Ozeans erstreckte; von den Jahrhunderten davor, als die Portugiesen bei Gwadar ein Fort erbauten, und von der lange davor liegenden Zeit, als Alexander der Große seine fabelhaften Siege erkämpfte und bis zum Indus vorstoßen konnte. Und wie Alexander danach die Hölle kennenlernte, als er sich über die lockeren Sanddünen und durch die Dürre und grauenhafte Hitze Südbaluchistans zurückzog. «In den vierundzwanzig Jahrhunderten seither», sagt Prinz Suleiman, «hat sich kein vergleichbares Heer in diese Hölle aus feinem Sand, hartem Gestein und wilden Stämmen gewagt.»

Er erzählt von der Flucht eines Prinzen aus dem omanischen Herrscherhaus im Jahre 1783, als sei es gestern gewesen, und vom Asyl, das sein Urururgroßvater dem arabischen Prinzen gewährte. Das Khanat von Kalat erstreckte sich in dieser Zeit bis zur Küste von Makran, der

südlichen Region Baluchistans. Der damalige Khan schenkte dem geflüchteten omanischen Prinzen das Fischerdörfchen Gwadar, um ihm
eigene Einkünfte aus Fischerei und Handel zu ermöglichen. Zwölf
Jahre später eroberte der omanische Prinz mit Hilfe des Khans von Kalat Muscat. Gwadar blieb Teil von Oman und wurde erst 1957 an Pakistan verkauft.

Es ist zwar faszinierend, was der Khan von Kalat erzählt, aber es ist
mir relativ gleichgültig, was er sagt. Selbst wenn er vom frühen Morgen bis zum späten Abend nur über Cricket gesprochen oder die ganze
Zeit versucht hätte, mich vom natürlichen und biologisch gerechtfer-
tigten Platz zu überzeugen, den die Frau im Islam einnimmt, selbst
dann hätte ich ihm zugehört. Ich will Pakistan nicht verlassen, ohne
einmal den Mann mit einem Titel wie aus einer Geschichte des Barons
von Münchhausen getroffen zu haben: den Khan von Kalat. Ich hätte
genauso gern einen anderen Prinzen getroffen, einen Prinzen mit dem
noch unglaublicheren Titel: Khan von Kalabagh. Aber meine beste
Chance hatte ich, als ich eines Tages am Ufer des Indus den herrlichen
Sonnenuntergang am anderen Flußufer betrachtete, hinter Kalabagh,
und der Majordomus des Khans von Kalabagh kam, um mir mitzutei-
len, daß der Prinz nicht zu Hause sei.

Das Diner beim Khan von Kalat besteht aus dem, was vom Lunch
übriggeblieben ist. Prinz Suleiman ist ziemlich vermögend, aber un-
schätzbar reich wie seine Ahnen ist er nicht mehr. Seine Macht und
seine Einkünfte wurden vom pakistanischen Staat stark reduziert.

Der Mir kehrt zum Thema eines unabhängigen Baluchistan zurück.
Es war ein großer Fehler seines Großvaters, sagt Prinz Suleiman, sich
1948 dem neuen Pakistan anzuschließen. Als die Briten 1947 den indischen Subkontinent verließen, gab es nur noch zwei unabhängige Für-
stentümer: Nepal und Kalat. Prinz Suleimans Großvater unterschrieb
1948 einen Vertrag mit Mohammed Jinnah, dem Gründer von Pakistan. Die Zentralregierung sollte für die Verteidigung, die Außenpoli-
tik und eine gemeinsame Währung zuständig sein, darüber hinaus
sollte der Khan von Kalat seine Angelegenheiten selbst regeln können.
Aber in den Jahren danach hielt sich die Zentralregierung nicht mehr

an den Vertrag. Große Regionen wie der Makran wurden aus dem Khanat von Kalat herausgebrochen.

Das Frühjahr hat noch kaum begonnen, und in 2000 Meter Höhe in der Öde Baluchistans ist es eiskalt. Der Palast wird nicht geheizt. Prinz Suleiman gibt mir ein gefüttertes, kariertes Holzfällerhemd von L. L. Bean aus den Vereinigten Staaten. Im Grunde hat er nichts gegen die Entwicklung von Gwadar zu einem kommerziellen Hafen, aber er fürchtet, daß die Rechte der Baluchis nach heutigem Planungsstand mit Füßen getreten werden und die künftig benötigte Million Arbeitskräfte aus Urdu-sprechenden Gebieten wie Karachi und aus dem Panjab kommen wird.

Die Beziehungen zwischen den Urdu-Sprechern und den Vertretern der vielen anderen Sprachgruppen in Pakistan sind nicht gut. Urdu ist neben Englisch die offizielle Landessprache. Der Khan von Kalat spricht es auch. Er hat Urdu in der Schule gelernt, aber ich merke, daß er wie die Paschtunen im Nordwesten und die Sindhis im Süden die Pakistani, deren Muttersprache das Urdu ist, nicht leiden kann. Die Urdu-Sprecher sind überwiegend Muslime, die 1947 Indien verlassen mußten und in Pakistan Zuflucht suchten, das ja als Heimat für alle Muslime aus allen Teilen des ehemaligen Britisch-Indien gegründet worden war. «Das Tragische ist», sagt der Khan von Kalat, «daß heute die Immigranten in unserem Land das Sagen haben und die Söhne der Erde zu Bettlern geworden sind.»

Das Thema Gwadar stimmt Prinz Suleiman bitter, und dabei vor allem die Frage der Militärbasis. «Es ist klar», sagt er, «daß die Stützpunkte nicht zur Verteidigung der Nation Pakistan gebaut werden, sondern um die Bevölkerung von Baluchistan unter dem Daumen der Zentralregierung zu halten und die Baluchi-Rohstoffe auszubeuten. Sie sehen uns als Kolonie.» Und mit «sie» meint er die Panjabis. Urdu-Kolonialismus oder Panjabi-Kolonialismus, für den Khan ist es ein und dasselbe.

«Es ist absolut unwahr, daß der Hafen von Gwadar für den Handel mit Zentralasien gebaut wird», sagt Prinz Suleiman. «Alle Frachtgüter aus anderen Teilen der Welt mit dem Ziel Zentralasien werden in dem neuen iranischen Hafen Chah Bahar [unweit der Grenze zu Pakistan] gelöscht. Vom Iran aus sind die Verbindungen nach Zentralasien viel besser als von Pakistan. Wo sollen denn all diese Lastwagen und Container hin», fragt er, «wenn sie aus Gwadar abfahren? Es gibt keine Straßen in den Norden. Die einzige Verbindung ist die über Afghanistan, und dort gibt es auch keine Straßen, dagegen aber Räuber und Kriegsbanden. Die Straße, die Pakistan mit China verbindet, ist der schmale und gefährliche Karakorum-Highway, der über den höchsten Paß der Welt führt. Und der ist einen Großteil des Jahres wegen des Schnees geschlossen.»

Der Mir kann voll und ganz recht haben, aber mehr als Mißtrauen gegen Urdu-Sprecher, gegen Panjabis und gegen pakistanische Soldaten, die Baluchistan besetzen, kann ich an diesem Abend nicht aus dem Khan von Kalat herauskriegen. Er kann nicht erklären, warum der Hafen von Gwadar trotz der fehlenden Verbindungen ausgebaggert wird, um Schiffe mit großem Tiefgang aufnehmen zu können, und warum Kais für die Lagerung von Containern gebaut werden. Es kann durchaus wahr sein, was der Khan von Kalat behauptet, daß die Zentralregierung von Pakistan nämlich nichts für die Bevölkerung Baluchistans tut und das Gebiet nur als Milchkuh betrachtet. Aber mir scheint auch, daß Baluchi-Führer wie Prinz Suleiman selbst außerordentlich wenig dazu beitragen, die Vorteile des Gwadar-Projekts zugunsten ihrer Untertanen zu nutzen. Die Khans, die Nawabs und die Sardars können sich auf den Kopf stellen: Der Hafen von Gwadar kommt, er ist de facto schon da. Das ist mir in Islamabad ziemlich klar geworden. Es wird Arbeit für Zehntausende, womöglich für Hunderttausende geben. Doch in Kalat wird kein Mensch dafür ausgebildet.

Am nächsten Tag werde ich vom Bürgermeister und den Stadräten von Kalat empfangen. In vorzüglichem Englisch beklagen sie sich über die Armut in ihrer Region und über das schmutzige, verunreinigte Wasser, das die Bewohner krank macht, und darüber, daß es keine Ärzte gibt, die Kranke behandeln könnten. «Kein Arzt will sich in einem Nest wie Kalat niederlassen, wo die Natur karg und unwirtlich ist und es keine Unterhaltung gibt.» Das ist zwar nicht der genaue Wortlaut der Gemeindevertreter, aber es läuft darauf hinaus. Lehrer gibt es genug, auch Schulgebäude – wie überall sonst in Pakistan –, und wie im übrigen Pakistan gehen im Distrikt Kalat die Lehrer und Lehrerinnen nicht zur Arbeit, die Schulen sind geschlossen. Die einzige funktionierende Schule ist überfüllt. Man nimmt mich mit in eine staatliche Grundschule. Ich sehe nur ein Mädchen unter all den Jungen, und es gibt nur drei Lehrer. Zwei Lehrer sitzen mit ihren Schülern draußen im Sand und auf den Kieselsteinen. Die Sonne scheint ihnen direkt auf den Kopf. Aber draußen ist es besser als drinnen. Im Haus ist es dunkel und die Luft wie verpestet. Hier wurde noch nie geputzt, auf dem Boden liegt der Kot der verschiedensten Tiere, und die Backsteine schwitzen ein merkwürdiges weißes Zeug aus, ein chemisches Bindemittel, das den Lehm und das Wasser beim Brennen zusammenhalten sollte. Es gibt kein sauberes Trinkwasser. Ein Lehrer zeigt auf einer Tafel die Zahlen bis hundert, worauf die Schüler im Chor die englische Bezeichnung der Zahl rufen. Die Kinder sind schmutzig und haben eine fahle Haut, ein Anzeichen von Unterernährung.

Die Jungen aus den höchsten Klassen werden im Schatten unter dem Vordach des Gebäudes unterrichtet. Sie sitzen auf schmalen Bänken hinter schmale Tische gezwängt. In einer Hand halten sie ein grob geschnitztes kleines Holzbrett, in der anderen ein Stückchen Holz, das sie in Wasser tauchen und damit ihre Lektionen in den Staub der Bretter schreiben. Die grün-weiße pakistanische Fahne hängt lustlos oben vom Flaggenmast.

In derselben Gasse gibt es eine weitere Schule. Dort hängt keine pakistanische Fahne, sondern die schwarz-weiße Fahne der JUI, der *Jam'iyat al-Ulema-i-Islam*, der größten fundamentalistischen Partei Pakistans, die zugleich ein enger Freund der afghanischen Taliban ist. In der Stadt Kalat gibt es sechsundzwanzig Madrasas, und diese hier ist eine davon. Hier sitzen die Schüler – nur Jungen – in einem Raum. Manche nicht älter als fünf, andere neun oder zehn Jahre alt. Kleine Kerle mit kahlrasierten Köpfen. Armut und Rückständigkeit stehen in ihren argwöhnischen Gesichtern. Hin und her wiegen sie ihre Oberkörper, hin und her über dem Koran und den Büchern mit den islamischen Vorschriften in Arabisch. Die Bewegung erleichtert das Auswendiglernen des Korans in klassischem Arabisch, der Vorschriften für die Gebete, für das Fasten, das Begraben der Toten und für den Umgang mit den Ungläubigen, ebenfalls in Arabisch. Der Lehrer ist kaum trokken hinter den Ohren, trägt aber bereits einen schwarzen Vollbart. Ich bitte ihn, für mich zu übersetzen, was er den Jungen beibringt. Er weiß es nicht. Auch ihm wurde das Arabische in den Madrasas eingebleut, ohne eine Übersetzung und ohne die Bedeutung des Gelernten zu erfahren. Unzählige fremde Wörter werden in die Köpfe kleiner Jungen gestopft, wie Stopfgänse und Stopfenten mehrmals am Tag einen Trichter in den Hals geschoben bekommen, durch den ein Kilogramm Mais gepreßt wird. Die kleinen Kerle begreifen nicht, was ihnen eingehämmert wird, und wenn sie nachfragen, bekommen sie von dem Bärtigen einen Schlag auf die Fingerknöchel oder mit dem Bambusrohrstock auf den Rücken. Und wenn sie es zu bunt treiben, setzt er sie vor die Tür, in die Sonne, in der Hocke, mit den Händen hinter den Knien gefaltet. Eine Haltung, die man nicht länger als eine Minute aushalten kann. Wenn einer umfällt, beginnt seine Strafzeit wieder von vorn. Körperstrafen, hatte der Oberlehrer der Regierungsschule auf der gegenüberliegenden Seite der Gasse mir bereits gesagt, kämen an seiner Schule nicht mehr vor. «Es vertreibt die Schüler», meinte er.

In der Madrasa werden die Kinder geschlagen und gedemütigt, aber der Unterricht und die Bücher sind gratis; sie werden von der JUI bezahlt. Im Fall dieser Madrasa essen und schlafen die Jungen zu Hause. In Pakistan sind ein Großteil der Madrasas Internate, in denen es grausamer zugeht als in den Tagesschulen. Die Lehrer benehmen sich wie wahre Henker. Dort werden die Allerärmsten untergebracht, zusammen mit den kleinen Jungen und Bengeln, die nach Ansicht ihrer Eltern nichts taugen. In diesen Internaten sind nicht nur die Lehrer Tyrannen, sondern auch die Mitschüler. Nirgendwo gibt es so viele Vergewaltigungen wie in den Madrasas, die gleichzeitig Internate sind. Die älteren Jungen vergreifen sich an den jüngeren und neugekommenen Knaben, und die Lehrer vergreifen sich an Kindern jeden Alters.

Die Folge ist, daß sich viele mit Krätze und Geschlechtskrankheiten infizieren.

Die Jungen in der Madrasa von Kalat fürchten sich vor nichts mehr als vor dem Teufel und vor Frauen mit unbedeckten Haaren. Das ist unheimlicher als ein bösartiger Hund mit Tollwut! Oh, welch ein Greuel! Als ich versuche, mich mit ihnen zu unterhalten, stieben sie in alle Richtungen davon wie die Hühner, die um ihr Leben rennen, sobald sie den Fuchs in den Stall kommen sehen.

Auch der junge Lehrer mit dem bösen Gesicht stirbt tausend Tode, als ich unter seinem weit ins Gesicht gezogenen Tuch Augenkontakt suche und ihn dann anspreche. Er will nur mit meinem Begleiter, dem Stadtdirektor, sprechen. Der höchste Beamte von Kalat ist ein sympathischer Dreißigjähriger. Er ist in Kuwait aufgewachsen, wo sein Vater arbeitete, und hat dort Medizin studiert. Lieber als Arzt ist er Manager. Er wird gewiß kein Freund des Khans von Kalat und der anderen Baluchis sein. Seine Heimat ist Lahore, und deshalb ist er ein Panjabi, einer von den Pakistani, die man hier als Ausbeuter und Kolonialisten betrachtet. Zumindest in meiner Gegenwart gehen der Stadtdirektor und Prinz Suleiman höflich und korrekt miteinander um.

Der Bärtige behandelt mich wie Luft und spricht nur mit dem Stadtdirektor. In Pakistan stört es mich schon längst nicht mehr, wie eine Chimäre behandelt zu werden, die den Mann, der nur einen Blick auf sie wirft, mit dem Feuerstrahl ihrer drei Mäuler direkt in die Hölle bläst. Der nette Stadtdirektor fragt mich freundlich, was ich wissen möchte, und tut gegenüber dem Koranlehrer so, als sei er selbst an all dem interessiert. Er fragt beispielsweise: «Was steht in deinem Buch?» und legt den Zeigefinger auf das Buch mit den arabischen Texten, das der junge Mann in der Hand hält. Er antwortet, daß es die Vorschriften für das Gebet seien. Der Stadtdirektor, der in der Schule in Kuweit Arabisch gelernt hat, bittet ihn, ein Stück daraus vorzulesen. Dem Gesicht des Beamten ist anzusehen, daß der Madrasamann nichts zustande bringt. Er zeigt auf ein Wort und fragt: «Kannst du das ins Baluchi übersetzen?» Das kann der Lehrer nicht, da auch er nur den ganzen Satz auswendig gelernt hat. Ihm wurde das Gebet genau beigebracht, Bewegung für Bewegung, dazu alle Fallstricke, in denen sich ein Muslim, der beten möchte, verheddern kann; einzelne Wörter aber hat er nie gelernt.

Der Stadtdirektor fragt in meinem Auftrag nach, ob die Madrasa registriert ist. Die Regierung in Islamabad hat angeordnet, daß sich alle Madrasas bei einem Obersten Rat für Koranunterricht registrieren lassen müssen. Es ist ein verzweifelter, unbeholfener Versuch, den islamistischen Terrorismus zu bekämpfen. Das Dekret ist vor allem ein Versuch der pakistanischen Regierung, den Westen zu beschwichtigen und so zu tun, als nehme sie Rücksicht auf westliche Interessen. *The 9/11 Commission Report* des amerikanischen Kongresses hat die pakistanischen Koranschulen als eine der wesentlichen Quellen für den islamistischen Terrorismus ausgemacht. Madrasas in Pakistan sind der Alptraum des Westens. Die Schulen, in denen Nichtmuslime und Muslime, die nicht genauso denken wie sie, verteufelt und zum Tod verurteilt werden, werden sich bestimmt nicht registrieren lassen, um dem Westen eine Freude zu machen. Und tatsächlich, diese Koranschule in Kalat unter der Flagge der JUI ist nicht bei den Behörden registriert. «Und wir denken auch gar nicht daran», sagt der Bärtige zu dem Stadtdirektor.

Ich glaube, daß die armen, kränklichen kleinen Kerle, die vor einer halben Stunde so schnell vor mir weggerannt sind, nicht zu den Typen gehören, die lernen, ein Flugzeug zu steuern oder sich in der Londoner U-Bahn oder im Haager Binnenhof (dem niederländischen Regierungs- und Parlamentssitz) zurechtzufinden. In einem Krieg zwischen dem fundamentalistischen Islam und dem Westen werden sie höchstens als Kanonenfutter in Kaschmir oder Afghanistan dienen. Männer wie die Täter vom 11. September oder die Terroristen, die hinter den Anschlägen von London und Madrid stecken, haben keine rückständige Schule wie die hier in Kalat besucht. Sie waren viel abgefeimter als diese Jungen, die im Grunde Analphabeten bleiben, selbst wenn sie nach fünf Jahren ein ganzes Buch – den Koran – auswendig können.

Von Kalat aus müssen wir versuchen, in einem Tag Panjgur zu erreichen, 400 Kilometer westlich von Kalat. Unterwegs gibt es keinen sicheren Schlafplatz für mich. Panjgur ist eine Oase mit Dattelpalmen und mit einem Gästehaus der Regierung, das eigentlich für Beamte auf Dienstreisen gedacht ist, in dem ich aber ebenfalls übernachten darf. Es sind 400 abscheuliche Kilometer. Die ersten hundert sind noch erträglich verglichen mit dem, was danach kommt. Mein Talibanchauffeur rast über die Piste aus spitzen, schwarzverbrannten Steinen entlang erloschener Vulkane. Welch eine Hölle, hier zurückgelassen oder gekidnappt zu werden! Von höhergelegenen Stellen aus sehe ich bis zum Horizont versengte Berge. Kein Grashalm, keine Pflanze. Nichts kann hier überleben. Hier ist es makabrer als auf den Geröllflächen des Leeren Viertels in Saudi-Arabien, der Wüste, in der es nur Geröll, Felsbrocken und rauhen Sand gibt.

Das verbrannte Land geht in eine Sandwüste über, und dann hört auch die Piste auf. Es existiert keine Straße mehr, und dennoch muß es so etwas wie eine Verkehrsader geben. Von der anderen Seite kommt uns nämlich ein Autobus entgegengerast; er fährt also auf derselben Route wie wir. Der Bus hat keine Fensterscheiben und ist mit Fahrgästen vollgepropft. Rundherum flattern Kleider und die Zipfel der Schals und Dupattas heraus. Oben auf dem Dach, auf dem Gepäckträger, sitzen junge Männer dicht zusammengepfercht. Der Bus schießt mit hoher Geschwindigkeit, in Schräglage, auf zwei Rädern an uns vorbei. Das Wort «rasen» ist hier mehr angebracht als «fahren». In dem lockeren Sand kann der Chauffeur sein Fahrzeug kaum in der Senkrechten halten, und der Bus gerät ins Schleudern und Rutschen. Es grenzt an ein Wunder, daß die jungen Männer nicht vom Dach stürzen. In unserem Jeep ist es nicht viel besser. Dauernd stoße ich mit dem Kopf gegen das Dach. Ich falle gegen den Schaltknüppel. Ich falle gegen die Wagentür. Ich lande hart auf der Sitzfläche der Rückbank. Offensichtlich ist es mit der Osteoporose nur halb so schlimm: In dieser Situation hier können spröde Knochen nämlich kaputtgehen. Die drei gebrochenen Rippen sind wieder geheilt, und ich habe brav Kalziumtabletten gekaut. Am Abend dieses Tages habe ich mir zum Glück keine Brüche geholt.

Wir überholen einen Hausierer auf einem Fahrrad. An seiner Lenkstange hängt eine Tasche, hergestellt aus einer alten Pappschachtel und einer Schnur. Auf dem Gepäckträger: Aluminiumpfannen, Teekannen, Plastikteller, Tassen und Staubwedel. Wo kommt er wohl her? Wo geht er wohl hin? Mitunter sehe ich zwischen Sand und Steinen einen kleinen Acker. Die einzelnen Ähren stehen so weit auseinander, daß man sie zählen könnte. Der kleine Acker wird kaum genug Mehl bringen, um auch nur eine Familie eine Woche lang mit Chappatis zu versorgen. Ich habe gelesen, daß die Felder in Baluchistan mit Grundwasser bewässert werden und daß der Grundwasserspiegel jährlich um einen Meter sinkt. So wird das unterirdische Wasser von Baluchistan früher aufgebraucht sein als das Erdöl unter der Arabischen Wüste.

An einigen Stellen zeigt sich in der Wüste frisches Grün, dort wachsen Pflanzen mit dicken Blättern voller Saft. Aber die Schafherden und die Kamele, die ich ab und zu sehe, fressen sie nicht, denn diese Pflanzen sind giftig. Wovon sich die Tiere sonst ernähren, kann ich nicht herausfinden. In dieser Einöde müssen mehr Menschen leben, als man auf den ersten Blick erkennen kann. Überall stehen Parolen auf den Bergwänden. Große Steine sind weiß angestrichen und so angeordnet, daß sie an der einen Stelle ein JUI bilden und irgendwoanders ein BNP für *Baluchistan National Party*. Die beiden größten Konkurrenten. Die BNP setzt sich für eine säkulare Gesellschaft ein und hadert mit den Mullahs. Um welche BNP es sich handelt, ist nicht klar. In Baluchistan gibt es bestimmt zehn BNPs, die eine ist eine Abspaltung von der anderen, und jede Partei meint, sie sei die rechtmäßige Nationalpartei.

Hin und wieder kommen wir an einem Dorf vorbei, das diese Bezeichnung eigentlich nicht verdient, so wenige Hütten hat es. Die Hütten haben keine Fenster, die Türen sind geschlossen. Das einzige Leben besteht aus ein paar Jungen oder Männern, die im Sand kauern. Neben ihnen steht ein rostiges Ölfaß, ein Plastikschlauch und ein Trichter. Sie verkaufen aus dem Iran geschmuggeltes Benzin, Benzin von sehr schlechter Qualität. Mein Toyota kann damit fahren. Die

Jungen verkaufen auch Kekse, Limonade und Tee. Alles kommt aus dem Iran, der näher zu liegen scheint als Pakistan. Nirgendwo Frauen oder Mädchen.

Die Hütten haben die Farbe der Wüste und sind aus getrocknetem Lehm und Palmzweigen errichtet. Lange halten sie dem starken Wind nicht stand. Deshalb gibt es viele halb zerfallene Häuschen, deren Palmblattdächer durchhängen. Kein Baum, kein Strauch wirft irgendeinen Schatten. Kein Spritzer Farbe, nicht der kleinste Rundbogen, keine Verzierung, kein Hinweis auf irgendeine Sehnsucht nach Ästhetik. Alles ist gleichmäßig khakifarben. Eine Eintönigkeit, deren Ursache nur in der Abwesenheit von Frauen liegen kann, die innerhalb der vier Wände der Häuschen bleiben müssen. Und über allem liegt ein Staubschleier.

Aus dem elenden Leben, das man hier führt, aus der bitteren Armut, aus dem krankmachenden Schmutz und aus der Rückständigkeit gibt es keinen Ausweg. Die erbärmlichen Lebensbedingungen der Menschen in diesen Dörfern springen mir in die Augen. Was ich nicht sehen kann, sind ihre Ängste: die Angst vor Geistern, vor dem bösen Blick, vor schwarzer Magie, vor Ehre, vor Rache, vor Grausamkeit. Ich weiß, daß diese Ängste den Weg zu einem gesunden, freien Leben ungangbar machen.

In diesen Dörfern kann kein Mensch sein Leben nach seinen eigenen Wünschen einrichten. Frauen und Männer sind in ihren Ängsten und in den unwandelbaren Regeln der Traditionen und der Religion festgefahren. Als meine ältesten Töchter auf einer Reise durch den Panjab die Armut und den Schmutz sahen, drückten sie ihre Verwunderung darüber aus, daß die Armen und Unterdrückten nicht in Massen Selbstmord begingen. Sie und ihre Freunde würden das wegen sehr viel weniger tun. Beim Holpern und Rütteln durch die Wüste von Baluchistan kann auch ich der Frage nicht ausweichen: Was suchen die Menschen in dieser Einöde, was hat sie hierher getrieben, vor welchen Greueln sind ihre Ahnen geflohen, und warum haben sie geglaubt, daß dieser Ort besser sei als der, von dem sie herkamen?

Der Wind bläst hohe, hellbraune, beige Sandsäulen vor uns her. Die Haare der Polizisten, die in der Oase von Panjgur von der offenen Ladefläche der Autos springen, hat der aufgewirbelte Sand blond gemacht. Ich habe ein rotes Auge, Nasenbluten und schrecklichen Durst.

Fast könnte man die Oase von Panjgur ein Paradies nennen: der Wind, der die Luft unter den Palmen kühlt, der frische grüne Klee, der unter den Bäumen für die Büffel angebaut wird, das Wasser, das von einem tuckernden Motor durch seichte Wassergräben gepumpt wird, sind eine Wonne für Augen und Körper. Aber in Pakistan gibt es keine Paradiese. Das Städtchen Panjgur ist das häßlichste und schmutzigste Nest, das ich je zu Gesicht bekommen habe. Über die schmalen Gassen des Basars sind verdreckte Jutesäcke gespannt. Die Plastikplanen, auf denen die Datteln, Tomaten und kleinen Gurken liegen, sind geschwärzt von den Schichten alter Datteln, Tomaten und kleiner Gurken. Die Süßigkeiten auf einem klapprigen Karren kleben wieder auf Schichten von Süßigkeiten, die im Lauf der Zeit darauf geschmolzen sind. Mitten in der Gasse verläuft, vor einem Stand mit getrockneten Bohnen, ein offener Abwasserkanal. Ein Mann mit einem langen, schwarzen Bart und Brillengläsern dick wie Schnapsgläser steht neben ein paar Spielen, die auf dem Boden liegen. Die herumlungernden Jungen sind schmutzig. Die Männer sind schmutzig. Ganz Panjgur ist schmutzig. Die Mädchen und Frauen werden bestimmt auch schmutzig sein. Ich sehe nur fünf von ihnen, die als kleine Gruppe dicht beisammen die Straße überqueren. Als ich mit meinem Schwarm Bewacher auf sie zugehe, drücken sie sich eng an die Hauswände, mit gesenkten Köpfen, den Rücken zur Straße gewandt. Sie scheinen zu zittern. Mir kommt ein Bild von unseren Katzen in den Sinn, die auf der Flucht vor einem fauchenden Kater ängstlich gegen das Drahtgeflecht des hohen Gartentors springen.

Im Basar sehe ich ein Ladenschild, auf dem Tonbänder mit Predigten von Mullah Omar und Osama bin Laden angeboten werden. Panjgur: das Kaff, das die extremste Finsternis von Talibanistan verkörpert.

Die Vertreter der Gemeindeverwaltung, die mir am nächsten Morgen eine Powerpoint-Präsentation geben, sind glattrasiert und behaupten, daß der fundamentalistische Islam den Baluchis wesensfremd sei. «Baluchis denken weltlich», sagen sie. Und die Frauen, die sich mit dem Gesicht an die Wand pressen, tun das aus Ehrgefühl, nicht etwa, weil der Islam es ihnen vorschreibt. So sind nun einmal die Bräuche der Baluchis, sagen sie. Sätze wie «Das sind unsere Traditionen» oder «Das ist nun einmal so» bedeuten immer, daß darüber nicht diskutiert werden kann: Die sozialen Regeln sind so unumstößlich, als kämen sie direkt aus Allahs Mund.

Die Vertreter der Gemeindeverwaltung beginnen sofort über Gwadar zu klagen. Murren, Meckern, Nörgeln. Panjgur hat die besten Datteln von Pakistan. Die Oase hat eine Überproduktion. Sie werden ihre Datteln nicht los, denn es gibt keine Infrastruktur. Ein Vierzigkilosack bringt nur 200 Rupien ein. Ich vergleiche den Preis mit dem für ein Beutelchen getrockneter Feigen, das ich aus Islamabad mitgenommen habe und das aus den Vereinigten Staaten importiert wurde. Der Inhalt des Beutels wiegt 250 Gramm und kostete mich 190 Rupien. Dafür hätte ich also beinahe 40 Kilo panjgurische Datteln kaufen können. Mir scheint, vor dem Hintergrund des Dattelüberschusses sollten sie besser positiv über Gwadar denken. Für sie wäre der Ausfuhrhafen wie gemacht. Das hofft auch die Gemeindeverwaltung von Panjgur, aber man hat wenig Vertrauen in Gwadar als Ausfuhrhafen für die herrlichen Datteln. Gwadar werde nicht ausgebaut, um Panjgur einen wirtschaftlichen Aufschwung zu bringen. Gwadar diene anderen Interessen, sagen sie, und das seien nicht die Interessen Baluchistans. Als ich frage, welche Interessen sie meinen, antworten sie: höhere Interessen. So sehr ich auch auf eine etwas genauere Erläuterung dränge, sie bleiben bei «höheren Interessen». Das klingt düster.

In dem kleinen Saal, in dem die Powerpoint-Präsentation stattfindet, zeigen die Gemeindevertreter mit einem modernen Stock – einem Teleskopstab – Statistiken über Ziegen und Datteln, über Wasser und Strom und über Schulgebäude, Lehrer und Schüler. *Lehrer an staatlichen Schulen verdienen 5000 Rupien im Monat, Lehrer an Madrasas*

1500. Das Gehalt steht im umgekehrten Verhältnis zu ihrem Einsatz: Die Koranlehrer sind viel motivierter als die Lehrer an «normalen» Schulen.

Ich frage, was die Gemeindeverwaltung von den Reformen der Madrasas hält, die der Bildungsminister vorgeschlagen hat. Der Minister stammt aus Baluchistan und ist eine Frau, die einzige Frau aus der Provinz, die es so weit gebracht hat. Sie möchte, daß die Kinder in den Madrasas nicht nur den Koran und die Korankommentare lernen, sondern auch Mathematik, Physik, Biologie, Informatik und Englisch.

Der Leiter des Bildungsressorts von Panjgur sagt, daß er es für eine phantastische Initiative Zubaidas halte – Zubaida ist der Vorname der Ministerin, Jalal ihr Nachname. Dann bringt er bedächtig seine Einwände vor: Im ganzen Distrikt gebe es keine «normalen» Lehrer für Mathematik und Physik oder für all die anderen Fächer, mit denen sich Pakistani die neueste Technologie aneignen könnten, sagt er. Wenn schon keine Lehrer für staatliche Schulen zu finden sind, wie soll man dann solche Fachlehrer für die Madrasas finden?

Auf dem Monitor schweben Zahlen über die Anzahl der Patienten, Ärzte und Betten, und es wird schnell klar, was aus den Zahlen zu folgern ist: Es gibt nur drei Ärzte in Panjgur. Drei Ärzte mit einem schweren Manko: Sie sind nie über die Famulatur hinausgekommen. Es gibt ein kleines Krankenhaus, aber das hat weder Geräte noch Betten. Die Wöchnerinnensterblichkeit ist hoch, sagt der Mann vom panjgurischen Gesundheitsressort. Keiner der Ärzte kann einen Kaiserschnitt ausführen, und auch Zangengeburten beherrschen sie nicht.

Sie zeigen Bevölkerungszahlen, und wie bei der vorhergehenden Präsentation in Kalat weicht auch hier die Zahl der Männer von der der Frauen erheblich ab. Wenn man sich auf die Zahlen der Verwaltung von Panjgur verläßt, gibt es 25 000 Frauen weniger als Männer. In nahezu allen Gesellschaften findet man mehr Frauen als Männer. Hier sind sie verschwunden oder, wie der Mann aus dem Department sagt, «verloren gegangen». Darauf folgen Angaben über die Anzahl der Wahlberechtigten im Distrikt, und hier scheint es wieder mehr

Frauen als Männer zu geben. Wie es zu einer derart großen Diskrepanz zwischen lebenden Frauen und abstimmenden Frauen kommen kann, können sie nicht erklären. Sie sagen: «Wir sind noch dabei, das zu klären.»

Sie haben die Regierung in Islamabad gebeten, Gynäkologen zu schicken, und haben vor drei Jahren eine positive Reaktion von dort bekommen. Nur hat sich bis heute kein Frauenarzt in Panjgur blicken lassen.

Die Fahrt von Panjgur nach Turbat ist genauso halsbrecherisch wie die von Kalat nach Panjgur. Wir folgen eine Zeitlang einer Reifenspur vorbei an einem Salzsumpf. Mitten in der Wildnis rasen rechts und links von meinem Auto zwei Busse auf kleinen Rädern. Unerwartet glänzt im silberfarbenen Schlamm des Salztümpels ein kleiner See mit Schilfrohr und Blumen. Ein Vogelschwarm kommt von Süden geflogen und läßt sich auf dem Schilfrohr nieder. Sie müssen von jenseits des Indischen Ozeans gekommen sein, vielleicht von noch weiter, aus Äthiopien oder Kenia, und bei Gwadar den pakistanischen Luftraum erreicht haben.

Turbat ist die Hauptstadt von Makran. Im Regierungsgästehaus kommt eine Gruppe großer Männer zu mir zum Tee, die sich allesamt mit dem Familiennamen Baloch vorstellen. Es sind: Ishaqu Baloch, Shakil Baloch, Yasen Baloch, Akram Baloch und Wahid Baloch. Sie sind von der *National Party* und, sagen sie, gegen die Kaste der Landherren, gegen die Stammestradition von Baluchistan und für die Säkularisierung und Liberalisierung. Sie behaupten, die «normalen Menschen» von Baluchistan zu vertreten. All ihre Empfindungen von Kränkung, von Baluchi-Nationalismus und Diskriminierung fokussieren sie auf Gwadar.

«Das Gwadar-Projekt ist nichts weiter als ein Schwindel der Regierung in Islamabad», sagt Shakil Baloch. «Die Regierung behauptet, Gwadar sei gut für die Entwicklung von Makran, aber es ist nicht für uns gedacht.»

Ich sage: «Wenn ein Hafen für den Transithandel nach Zentralasien kommt, wie die Regierung sagt, bekommt ihr eine schöne Asphaltstraße in den Süden und in den Norden.»

Die Balochs zupfen an ihren dicken, schwarzen Schnurrbärten, und einer sagt mit rauher Stimme: «Die Föderalregierung hat vor wenigen Tagen 16 Millionen Rupien bereitgestellt, um in Baluchistan, wie sie es nennt, Ruhe und Ordnung wiederherzustellen. Darum hatten wir nicht gebeten. Wir wollen Arbeit und einen Teil des Gewinns aus dem Erdgas, das sie aus unserem Boden fördern. Die Regierung hat selbst eine negative Ordnung und negative Machtverhältnisse geschaffen, und unter dem Vorwand, es sei unsere Schuld, verlegt sie jetzt einen permanenten Militärstützpunkt hierher. Sie haben die Schiiten und Sunniten gegeneinander aufgehetzt. Nach 2001, unmittelbar nach der Unterzeichnung eines Abkommens zwischen China und Pakistan über die Anlage eines neuen, tiefen Hafens in Gwadar, begannen in den schiitischen Moscheen in Quetta die Bomben zu explodieren. Daraufhin haben sich die Schiiten an den Sunniten gerächt, welche wieder ihrerseits Rache genommen haben, und inzwischen hören die sektiererischen Gewalttaten in Baluchistan gar nicht mehr auf.»

Dieser Baloch hält das ganze Gerede aus Islamabad von einem Handel mit Zentralasien für großen Unsinn. Schon im März 2003, meint er, also zwei Jahre bevor ich nach Baluchistan kam, habe Turkmenistan seine Gasvorräte an Rußland verkauft. Es gebe nichts mehr, das man über Gwadar nach Süden exportieren könnte.

Die Baloch-Männer nehmen es sehr übel, daß kein einziger Baluchi in das Gwadar-Projekt eingebunden ist. Sie klagen darüber, daß alle Ingenieure Chinesen seien und die Arbeiter entweder aus China oder Karachi kämen. Sie klagen, daß der Boden in Gwadar von den Reichen, die nicht in Baluchistan wohnen, aufgekauft worden sei. Sie klagen auch, daß sie, die Baluchis, in Gwadar keine Arbeit finden könnten.

Ich frage, ob es denn eine große Arbeitslosigkeit gebe, worauf die Baluchis bejahen.

In diesem Augenblick bringt der Koch Tee, Kekse und Sandwiches, ein Mann, der mir vorher erzählt hat, daß er aus Bangladesch stamme.

Ich frage die Balochs, ob es vielleicht eine Verbindung zwischen der Arbeitslosigkeit und dem Ehrgefühl der Baluchis gebe. «Stimmt», antworten sie. «Man kann keinen finden, der als Koch in einem Gästehaus arbeiten würde.» Aber für einen armen Schlucker aus dem früheren Ostpakistan ist der Job als Koch in Turbat immer noch besser als die Arbeit in seinem nassen Land. Die Klagen der Balochs sind noch nicht zu Ende: «Wir werden ständig ausgebeutet, schon seit der Gründung Pakistans.» Und dann ist wieder Gwadar das Thema: «Gwadar ist ein großer Schwindel, um die Reichen noch reicher zu machen. Es ist ein abgekartetes Spiel. Die föderale Regierung läßt die Chinesen einen Hafen anlegen und sagt, wir würden mit Waffengewalt dagegen revoltieren. Sie lassen Soldaten aus dem Panjab kommen und machen aus Gwadar eine Garnisonsstadt. Eigentlich handelt es sich um eine Besatzung. Dann können wir nicht mehr protestieren, denn das Heer ist schon da, um uns zum Schweigen zu bringen.»

Im Makran ist die Teestunde die beliebteste Zeit für ein Treffen. Dann ist es ein wenig kühler, und die Leute wagen sich vor die Tür. Der Makran ist eine der heißesten Regionen der Erde, im Sommer kann die Temperatur auf 50 bis 52 Grad Celsius steigen. An einem anderen Tag kommt der jüngste Bruder von Zubaida Jalal, der Bildungsministerin, zur Teevisite. Er ist eigens aus dem 150 Kilometer von Turbat entfernten Sooro, das in der Nähe der iranischen Grenze liegt, angereist, um mich persönlich zu einem Besuch in Zubaidas Schule einzuladen.

Der Bruder Abdulhai möchte seine Begeisterung über das Wunder der Zubaida-Jalal-Straße mit mir teilen, einer Asphaltstraße, die von General Musharraf als Ausdruck seiner Wertschätzung für Zubaidas Wirken angelegt wurde. Ich werde mit eigenen Augen sehen, wie schön, glatt und breit die Straße ist, wenn ich nach Sooro reise, verspricht Abdulhai, und ich werde merken, wie schnell diese Autofahrt sein wird.

Ich mache mich gleich am nächsten Morgen auf den Weg. Die Straße ist tatsächlich wunderbar, mit Verkehrsschildern an den Rändern und einem weißen Strich in der Mitte, und sie führt direkt ins Zentrum von Turbat zum Tor von Zubaidas Familienkampong. Dort endet die

Straße. Gegen Abend möchte ich zum Grenzübergang in den Iran, aus Neugier und weil ich gern an den äußersten Grenzen eines Landes stehe. Ich habe bei Lahore in Wagah an der indischen Grenze gestanden und auf dem Khyberpaß nach Afghanistan hinübergeschaut, und heute will ich in den Iran hineinsehen. Die 15 Kilometer bis zu dieser Grenze fährt man auf einer Piste, wir brauchen anderthalb Stunden. Mitten in dieser Einöde steht ein Eisengatter. Ein Gatter, das geöffnet und geschlossen werden kann und das der Ein- und der Ausgang von der einen Einöde in die andere Einöde ist. Das Gatter steht einfach da. Es ist nicht Teil einer Mauer, es ist nicht in ein Drahtgeflecht oder einen Stacheldraht eingebaut. Es dient zu nichts. Man umfährt es einfach. Auf meiner Seite lungern pakistanische Grenzposten untätig herum, auf der anderen Seite angespannte junge iranische Soldaten. Im Niemandsland hockt ein Grüppchen schwarzverhüllter Frauen und Kinder auf der Erde mit einem Berg praller Taschen. Sie dürfen weder nach Pakistan noch in den Iran.

Zubaida kommt nie hierher. Sie fährt nicht in den Iran. Sie fliegt nur oft zwischen Islamabad und Turbat hin und her und nimmt dann das Auto bis Sooro, von dort aus weiter in den Westen braucht zumindest sie keine Asphaltstraße. Deshalb endet die Zubaida-Jalal-Straße vor ihrem Kampong.

Zubaidas Schwestern, die mich vor der Schule erwarten, haben große Ähnlichkeit mit der Ministerin. Es ist offensichtlich, daß sie aus derselben Familie stammen: Alle haben die gleiche riesige Nase. Die Schwestern leiten in Zubaidas Abwesenheit die Schule. Ursprünglich wurde diese von ihrem Vater aufgebaut, dessen Wunsch es war, daß seine Töchter gute Werke verrichten und ihre Zeit nützlich verbringen sollten. Sie hat sich von einem Klassenraum zu einer vollwertigen Grund- und weiterführenden Schule entwickelt.

Es ist ein wunderbares Gebäude mit hellen Klassenzimmern, einer gut bestückten Bibliothek und einer großen Aula. Der Unterricht in den höheren Klassen wird ausschließlich in Englisch erteilt, wozu nur Mädchen zugelassen werden. Auf dem Gebäude steht das Motto der Zubaida-Jalal-Schule: *Character is Destiny.*

In der Aula sind kleine Tische und Stühle für die Mädchen der zehnten Klasse aufgebaut, die morgen ihre Prüfung ablegen müssen. An der Wand lehnt ein großer Holzschnitt mit Zubaida auf einem Kamel. In der Eingangshalle hängen Fotos von Zubaida: die Ministerin mit ihrem Mann, mit dem sie erst seit zwei Jahren verheiratet ist. Zubaida mit ihrem Sohn, der im vorigen Jahr geboren wurde, als Zubaida bereits einundvierzig war. Und ein prominentes Foto von ihr mit Laura Bush. Zubaida ist George W.'s Liebling, er hat sie schon mehrfach in der Öffentlichkeit gelobt. Sie ist seine Vorzeigemuslimin aus der Dritten Welt.

Zubaida Jalal entwickelt viel Privatinitiative und unterhält ihre Schule mit Hilfe von Schenkungen und Spenden. Sie und ihre Geschwister sind in Kuwait aufgewachsen, wo ihr Vater arbeitete, genau wie die Familie des Stadtdirektors von Kalat. Sie besuchten dort die Schule und sahen, daß alle kuwaitischen Mädchen zur Schule gingen und davon profitierten. Nach ihrer Rückkehr versuchten sie ihre eigenen Erfahrungen aus dem kleinen Golfstaat in Soroo in die Praxis umzusetzen. Die reicheren Familien müssen Schulgeld zahlen, erzählt Schwester Rahima, die Mädchen aus ärmeren Verhältnissen nicht.

In der untersten Klasse singen die Kleinsten Schlaflieder und machen beim Singen hübsche Gesten: Erst ist eine Wange an zwei aufeinandergelegte Hände geschmiegt, dann heben sich die Händchen hoch über die Köpfe und beschreiben die Sonne. Niedliche Mädchen mit einem schelmischen Lächeln. Wir gehen von Klassenzimmer zu Klassenzimmer, und die Mädchen in den Klassen werden immer größer und älter. Je höher man kommt, umso steifer, frommer und schüchterner benehmen sich die Schülerinnen. In der sechsten Klasse dreht sich ein Mädchen mit dem Gesicht zur Wand und versucht sich unter ihrer weißen Dupatta zu verstecken. Bei meinem Besuch sind nicht nur Zubaidas Schwestern, sondern auch einige meiner männlichen Begleiter mit ins Gebäude gekommen. In der siebten Klasse wenden sich fünf Mädchen von mir ab, die anderen starren auf den Boden und haben ihre Dupatta tief ins Gesicht gezogen. In der achten Klasse sitzen alle Mädchen zusammengekauert, als erwarteten sie ein großes Donnerwetter für nichts als die Tatsache, daß sie hier den Unterricht besuchen. In der neunten und zehnten Klasse wirken die Mädchen buchstäblich wie starr vor Angst. Und dennoch werden auch diese Schülerinnen, wie die Kinder in der Vorschule und in den unteren Klassen der Grundschule, einmal frei und fröhlich gewesen sein, Lieder gesungen und ihre Arme geschwenkt haben. Wie sind sie nur zu dem geworden, was sie heute sind? Ängstliche, untertänige Wesen, die ihre eigene Natur und ihre eigene Existenz absolut verleugnen? Die ursprüngliche Fröhlichkeit und Flatterhaftigkeit muß aus diesen Mädchen herausgeprügelt und -getreten worden sein, so etwas geht nicht mit sanfter Hand. Sind das die Mädchen, die Frauen, wie sie die Männer in Baluchistan gern haben, Männer wie die Reihe der Balochs, die in Turbat zur Teevisite bei mir waren und sagten, daß die Mullahs im Makran niemals einen Fuß auf die Erde bekommen hätten? Ja, so müssen sie werden: gefügig, folgsam und unterwürfig. Sogar die Schwestern der Ministerin müssen sich der «Apartheid der Geschlechter» unterwerfen. Als ich eingeladen werde, am Rand eines großen Wachstuchs Platz zu nehmen, das auf dem Boden ausgebreitet ist und auf dem der Imbiß bereitsteht, sind plötzlich alle anderen Frauen verschwunden, und ich bleibe mit Abdulhai und einigen anderen Männern allein. Als westliche Frau bin ich offenbar Teil der Männerwelt. Erst wenn wir gegessen haben und aufgestanden sind, werden die Frauen unsere Plätze einnehmen und dann essen, was wir übriggelassen haben.

Abdulhai sagt, daß Zubaida sich genauso wie ihre Schwestern verhält, wenn sie in Soroo ist. Sie mag zwar dafür gesorgt haben, daß die Region eine glänzende, glatte Asphaltstraße bekommen hat, aber sie ißt nicht gemeinsam mit den Männern.

Nach dem Imbiß unterhalte ich mich noch ein bißchen mit Abdulhai, und natürlich kommt das Gespräch auf Gwadar. Er ist einer der wenigen, den ich auf dieser Reise treffe, der sich begeistert über das Projekt ausläßt. Er zählt schnell alle Vorteile auf: Transithafen, Arbeitsplätze für Baluchistan sowie die dortige Natur und die großen Strände, die alles Nötige bieten, um Beach Resorts bauen zu können. Gwadar, so denkt Abdulhai, wird das Dubai Pakistans werden, ein Ferienort der Luxusklasse, wo sich Pakistani und ausländische Touristen an den Stränden, in Restaurants und in Vergnügungsparks amüsieren und in voll ausgestatteten Appartments mit Vollpension erholen können. Es stellt sich heraus, daß Zubaida und ihr Mann in Gwadar große Grundstücke erworben haben und in den Bau von Luxusapartments investieren wollen. Abdulhai träumt von der großen Rendite, die Grundstücke und Apartments einbringen werden.

Ein paar Tage darauf erreichen wir am späten Nachmittag Gwadar. Wir müssen durch das ganze Dorf zu dem kleinen Bungalow fahren, in dem ich übernachten soll. Auch in Gwadar gibt es vor dem Dreck kein Entrinnen. In diesem Dubai der Zukunft sind Unrat, Schmutz, Unordnung und Schlamperei genauso übermächtig wie im übrigen Pakistan. Es stinkt nach vergammeltem Fisch. Die Küste ist ein Delta von Abfallströmen: Hausmüll, weiße und blaue Plastiktüten, Exkremente, Fischgräten und noch mehr Abfälle fließen direkt ins Meer. Auf den Müllhalden stehen gigantische Reklametafeln, auf denen prächtige Apartmentanlagen zum Kauf angeboten werden. Diese schönen Gebäude sind von Parks und Schwimmbädern und schlendernden Menschen umgeben. Als ich den Fahrer kurz bei einer der Reklametafeln anhalten lasse, springt eine Ratte aus einem Abfallhaufen und rennt vor uns über die Straße, direkt in ein Fischgeschäft.

Das «alte» Gwadar liegt an einer Bucht an der Seite einer Halbinsel, die wie der Kopf eines Hammers in den Indischen Ozean ragt. Am Strand wimmelt es von Kindern, die Wettrennen mit Eselskarren machen, Fußball und Cricket spielen und sich gegenseitig im Wasser fangen. Beim Näherkommen sehe ich, daß es nur Jungen sind. Weit und breit kein Mädchen. Mädchen, denke ich, dürfen sich nicht vergnügen. Aber ich sehe Dutzende von Delphinen durch die Wellen springen. Zahllose Fischerboote schaukeln in der Bucht und auch weiter draußen auf dem Meer.

Die übliche Powerpoint-Präsentation hält diesmal ein Kapitänleutnant der Marine. Er demonstriert mit Zahlen und Graphiken die Bedeutung Gwadars für den Transithandel nach Zentralasien. Gwadar, sagt er, wird «der Brennpunkt des Mittleren Ostens». Es gibt eine Phase I und eine Phase II in der Entwicklung des Umschlaghafens, der insgesamt 50 Milliarden Rupien kosten wird. In den Kosten sei auch ein Projekt für die Armen von Gwadar mit berücksichtigt, behauptet er. Auch Ölraffinerien werden gebaut. Das kleine bißchen Süßwasser, das um Gwadar herum vorhanden ist, reicht kaum für die ursprüngliche Bevölkerung. Auf den Entwürfen der Beach Resorts sind eigene Entsalzungsfabriken eingezeichnet. Aber Meerwasser zu entsalzen und es anschließend für Bad, Küche, Schwimmbad und Rasen zu verwenden, dachte ich, ist nur den superreichen arabischen Ölstaaten vorbehalten. Ein Faß Meerwasser zu entsalzen kostet den Gegenwert von einem Faß Öl. Pakistan führt so gut wie alles Öl ein und hat wie der Rest der Welt unter dem hohen Ölpreis zu leiden.

Als der Kapitänleutnant über die Pläne zum Bau einer Entsalzungsanlage und von Elektrizitätswerken zu sprechen beginnt, knallt es laut aus dem Computer, mit dem er seine Powerpoints präsentiert, dem folgt eine Stichflamme und anschließend ein allgemeiner Stromausfall.

Auf der anderen Seite des Hammerkopfs schuften Chinesen beim Bau der Anlegestellen. Der neue Hafen ist so gut wie fertig. Von den hohen Kreidefelsen aus beobachte ich lange diese Betriebsamkeit. Die Chinesen arbeiten auch in der Nacht. Wenn der tiefe Hafen und die breiten Anlegestellen nicht für den Handel mit Zentralasien gedacht sind, wofür denn dann? Ich denke an das, was der Kapitänleutnant über die pakistanische Flotte erzählt hat, die meist in Karachi vor Anker liegt, und über den Bau von pakistanischen U-Booten mit Unterstützung französischer Ingenieure. Mir geht ein Licht auf. Karachi liegt quasi an der Grenze zu Indien. Im Falle eines neuen Krieges würde es in kürzester Zeit von Indien aus unter Beschuß genommen. Dann benötigte man für die pakistanische Flotte ein Ausweichquartier, und das wäre Gwadar. China, der traditionelle Bundesgenosse Pakistans, finanziert das ganze Projekt und ist bereits tätig. Auf diese Weise ist für China für alle Zeiten ein strategisch günstiger Zugang zu einem Hafen am Arabischen Golf gesichert.

Der Groschen ist gefallen. Bleibt nur noch das Geheimnis der Beach Resorts. Der Leutnant sagte in seiner Präsentation, daß 70 Prozent der Apartments «bereits verkauft» seien. Auf der Fahrt hatte ich, in Panjgur und in Turbat, von verschiedenen Seiten gehört, daß es sich bei diesen geplanten Urlaubsorten mit phantastischen Namen wie Creek City, West Bay, Golden Palms und New World vorläufig um nichts anderes handle als um reine Bodenspekulation, das heißt: Geld mit Geld vermehren lassen. Ein paar Geschäftsleute mit ausgezeichneten Verbindungen zum Regime hatten im Vorfeld Kenntnis bekommen vom Gwadar-Projekt und den Plänen zum Bau einer Asphaltstraße entlang der gesamten pakistanischen Küste, die die Reisezeit zwischen Karachi und Gwadar um mehr als einen Tag verkürzen würde. Die Bevölkerung vor Ort wußte noch nichts von den Modernisierungs- und Bauvorhaben. Die Leute verkauften ihre Grundstücke zum Spottpreis – 80 000 Rupien pro Hektar – an die Clique der Geschäftsleute und glaubten, damit einen klugen Schachzug gemacht zu haben. Ihr Land, meinten sie, sei ja eigentlich nichts wert, da es sich weder für Ackerbau noch für Viehzucht eignete, und kein Mensch dachte an ein pakistanisches Dubai. Die Spekulantenclique hat den Boden schon vor einigen Jahren an die Beach Resorts weiterverkauft: für acht Millionen Rupien pro Hektar! Sollte es je zum Bau der Apartmentanlagen kommen, wäre der Platz für mich als Touristin kein Reiseziel. Der Strand ist zwar breit und reicht von Osten bis Westen bis an den Horizont, aber als ich im Meer schwimmen wollte, konnte ich nicht eine sichere Stelle finden: Der Strand war mit den Kadavern von Seeschlangen übersät, und im Meer wimmelte es nur so von diesen unheimlichen, gefährlichen Tieren! Doch selbst wenn die Schlangen weggeräumt sind, bleibt Gwadar eine Fata Morgana. Denn was in Dubai geht, geht in Pakistan nicht. In Pakistan können sich Frauen nicht im Badeanzug, geschweige denn im Bikini, am Strand zeigen. Und in Pakistan ist es verboten, sich seine Ferien, die Mahlzeiten oder ein Treffen mit einem Glas Wein oder einem Bier angenehmer zu gestalten.

Ein Mädchen in Islamabad

In der Mitte einer schmalen Straße in einem menschenleeren Vorort am äußersten Rand von Islamabad halten wir vor einem Schlagbaum. Zwei Männer mit rotem Barett und in Khakiuniformen kontrollieren mit an Stöcken befestigten Spiegeln die Unterseite unseres Autos und überprüfen, ob dort auch keine Bombe oder ein Terrorist hängt. Ein weiterer Barett-Träger kontrolliert den Aufkleber auf der Frontscheibe und unsere Personalausweise, die wir an Schlüsselbändern um den Hals tragen. Neben dem Schlagbaum steht ein Kontrollturm, von dem aus ein dritter Barett-Träger – mit Gewehr im Anschlag – die Umgebung scharf beobachtet.

Dies hier ist der erste Kontrollposten, an dem wir jeden Tag auf dem Weg zu Sophies Schule stoppen müssen. Unsere jüngste Tochter Sophie ist fünfzehn Jahre alt. Sie besucht die zehnte Klasse der ISOI, der *International Schoof of Islamabad*; eigentlich ist es die Amerikanische Schule, aber es ist sicherer, das Kind nicht beim Namen zu nennen. Unser Chauffeur Benedict bringt Sophie schon seit drei Jahren in die Schule, und die Wachleute kennen allmählich meine Tochter und den Chauffeur. Mich kennen sie ebenfalls, de facto bin ich ihre Chefin. Ich bin nämlich *President of the Board of Directors of the International School of Islamabad*, ein bombastischer Titel, aber einfacher ausgedrückt bin ich die Vorsitzende des Schulvorstands. Trotzdem dürfen die Wachleute – ungeachtet seines Rangs oder Standes – niemanden ohne Ausweiskontrolle oder Einladung durchlassen. Jeder Passant wird auf den Besitz von Waffen und Bomben kontrolliert. Letzte Woche gab es einen unangenehmen kleinen Zwischenfall. Ein Diplomat aus einem kleinen Golfstaat wollte sein Kind an unserer Schule anmelden. Der Mann weigerte sich an den Schlagbäumen, sich kontrollieren zu lassen. Er meinte, er sei nicht «jedermann», und war es offenbar gewohnt, pakistanische Polizisten und Sicherheitsbeamte wie Domestiken zu behandeln. Dem Diplomaten wurde der Zutritt verwehrt und, Pech für seinen Sohn, der Junge wurde nicht in unsere Schule aufgenommen.

Unmittelbar hinter dem Schlagbaum müssen wir um große Straßensperren Slalom fahren, und dann geht es noch ein Stück an der erhöhten Mauer entlang, die das Schulgelände umgibt. Oben auf der Mauer sind dicke Rollen mit Natodraht befestigt. An verschiedenen Stellen sind Wachtürme in die Mauer eingebaut, von wo aus bewaffnete Wachleute das Kommen und Gehen von Fußgängern und Autos im Auge behalten. Weit von der Mauer entfernt stehen, in Feld und Gestrüpp, bewaffnete Polizisten. Direkt vor dem Schultor ragt eine Brüstung empor, die Bomben, Kugeln und rammende Autos aufhalten soll. Erst hinter dieser Mauer dürfen die Kinder das Auto verlassen.

Die ständige Sorge um ihre Sicherheit entgeht Sophie völlig. All diese bewaffneten Wachmänner: Sie machen ihr keine Angst, sie nimmt sie nicht einmal wahr. Aber sie weiß, daß diese Schule voller Ausländer ein potentielles Ziel für Terroristen ist. Alle Schüler und Lehrer üben regelmäßig für den Notfall, was zu tun ist, sollte es doch zu einem Angriff auf die Schule oder zu einer Geiselnahme kommen.

Kein Schüler, von den vierjährigen Kleinen bis zu den großen, behaarten achtzehnjährigen Jungen, faßt die Übung als Witz auf. Alle Kinder wissen, daß es durchaus einmal todernst werden kann. Aber Sophie beschäftigt sich nicht bewußt damit. Für sie ist es keine größere Belastung als für niederländische Schüler das Wetter. Dort muß man auf Regen und Wind vorbereitet sein, in Pakistan auf Kugeln und Granaten. Wenn die Gewalt losbricht, weiß man in beiden Ländern, was zu tun ist: Schutz suchen.

An diesem Samstagmorgen hat Sophie übrigens etwas völlig anderes im Kopf als Islamofaschisten. Sie hat heute früh *Das Gleichgewicht der Welt* von Rohinton Mistry ausgelesen, und die sonst so ruhige, gleichmütige Sophie hat in meinen Armen das schreckliche Los der Hauptfiguren beweint: die Opfer der indischen Kastengesellschaft und der diktatorischen Politik Indira Gandhis.

Sophie ist in Pakistan vom Kind zur Jugendlichen gereift. Gameboy und Walkietalkie liegen in der Abstellkammer. Die Wände ihres Zimmers sind nicht mehr mit Postern von Popstars geschmückt, sondern mit Plakaten von Filmen von Jim Jarmusch, Quentin Tarantino und Stanley Kubrick. Harry Potter hat Büchern von Tom Wolfe, John M. Coetzee und Jung Chang Platz gemacht. Sophies Persönlichkeit ist in diesen Jahren stabil geworden. Ihre Zurückhaltung, ihre überaus sparsamen Worte werden manchmal für die Rücksichtslosigkeit gehalten, die ein Merkmal ihrer Generation ist. Aber sie hat eine Fähigkeit für intensive Freundschaften entwickelt und eine Treue, die an ideale Zeiten erinnert. Mit noch nicht einmal sechzehn Jahren ist sie bereits ein Ruhepol für ihre Freundinnen, Eltern und Schwestern.

Sophie trocknet ihre Tränen, sie will nicht mit verweinten Augen in der Schule ankommen. Heute früh findet das letzte Training für das Mädchenfußballturnier nächste Woche in Dhaka, der Hauptstadt von Bangladesch, statt. Sie ist inzwischen in einem Alter, in dem das Schwinden der Pfunde beim Sporttreiben genauso wichtig ist wie ein Tor. Diese Pfunde werden genauso sorgfältig protokolliert wie der Punktestand beim Wettkampf.

Sophie und die anderen Sportler der ISOI müssen jedesmal ins Ausland reisen, um ihre Kräfte messen zu können. Sie spielen in einem Pool von internationalen Schulen in Südasien, und die Austragungsorte der Turniere wechseln zwischen den verschiedenen Ländern: Indien, Nepal, Sri Lanka, Bangladesch und Pakistan. Aber wir dürfen nicht mehr Gastgeber sein: wegen des zu hohen Gefährdungsfaktors. Und so kommt es, daß Sophie zwei-, dreimal im Jahr eine Reise macht und mehr Länder in der Region besucht hat als wir Erwachsenen.

Sophie geht Richtung Umkleidekabinen. Der Campus der ISOI ist wunderschön: bunte Blumen und Rasenflächen im Schatten blühender roter Bougainvilleas, Sportplätze, ein Sportbad, Tennisplätze und aus dem roten Lehm des Indus gebaute Klassenzimmer und Büros. Eine wunderbare Oase inmitten eines von Verfall und Verrottung bedrohten Landes.

Ich gehe zu dem leerstehenden Klassenzimmer, das wir für die Vorstandssitzungen nutzen. Sophie läuft weiter und zieht dabei mit beiden Händen ihr T-Shirt nach unten. Es ist zu kurz, aber das muß so sein. Ihre Jeans hängt tief auf den Hüften, und auch das muß so sein. Aber die Kleidervorschrift der Schule lautet: keine nabelfreien Pullis, keine hängenden Hosen und keine Spaghettiträger. Sie zerrt noch immer am Saum ihres Baumwollhemds und dreht sich noch kurz gutmütig zu mir um.

Heute will ich über Osama bin Laden sprechen. O. b. L., so nennt ihn der saudische Botschafter immer, ein aktives Mitglied unseres Schulvorstands. Der Name will ihm einfach nicht über die Lippen. Ich möchte nicht über die Person O. b. L. reden oder über seine Taten und Botschaften, sondern über seine Ergreifung und was das für die Schule bedeuten würde. Die höchsten Militärs des Landes behaupten immer wieder, Osama bin Laden halte sich im Grenzgebiet von Pakistan und Afghanistan auf und «das Netz werde um ihn herum zusammengezogen». Aber die rauhen Berge im Nordwesten des Landes und die Wildheit der dortigen Bewohner machten es ihnen unmöglich, Osama bin Laden zu ergreifen. Man kann sich wenig anderes vorstellen, als daß sich der Terrorist Nummer Eins in Pakistan aufhält. Bin Ladens Adjutanten wurden allesamt in unserem gegenwärtigen Gastland verhaftet, die Nummer Zwei, Chalid Sheich Mohammad, sogar unweit von Sophies Schule in Rawalpindi. Nach diesen Festnahmen gingen die Fundamentalisten auf die Straße und reckten drohend ihre Fäuste in die Luft. Sie verbrannten mit Stroh ausgestopfte Kissenhüllen, die den amerikanischen Präsidenten George W. Bush darstellen sollten, und brüllten, daß sie die Amerikaner und ihre Handlanger auch noch bekämen. Dazu fuchtelten sie mit dem Koran herum, ihrem einzigen Denk- und Bezugssystem. Das heilige Buch, aus dem sie den Befehl herauslesen, alle Christenhunde und Andersdenkenden vom Erdboden verschwinden zu lassen.

Wir werden einen Katastrophenplan erstellen müssen für den Fall, daß Bin Laden wirklich gefaßt oder erschossen wird. Im Vorstand sind sich alle darüber einig, daß dieser Tag für Pakistan katastrophal sein würde. Die Massen würden auf die Straße gehen und alles kurz und klein schlagen, glaubt der Deutsche in unserem Vorstand. Er ist ein ehemaliger Soldat und arbeitet bei der deutschen Botschaft als Terrorismusexperte. Der saudische Botschafter hat ebenfalls Erfahrung im Sicherheitsbereich: Bevor er in den Ausländischen Dienst ging, war er ein hoher Offizier im saudischen Polizeikorps. Wir sprechen ihn wie die Pakistani mit «Mr. Ambassador» oder mit «Excellency» an.

Es ist merkwürdig, sage ich, daß die Regierung in Islamabad weiß, wo sich Bin Laden in etwa aufhält, aber noch nie eine Aktion unternommen hat, um ihn wirklich festzunehmen. Ich nehme an, daß sich das Regime vor diesem Tag genauso sehr fürchtet wie ich. Die pakistanischen Fundamentalisten werden in Aufruhr geraten, und in der gesamten islamischen Welt werden die Horden alles, was ihnen vor die Füße kommt, zerstören. Darüber müssen wir nicht lange diskutieren: Jeder von uns geht davon aus, daß mit der Ergreifung Bin Ladens die Hölle tatsächlich losbrechen wird. Dann werden wir schließen. Kein Unterricht. «Und wenn es während des Unterrichts passiert?» fragt Dr. Zeba. «Was dann?» Dr. Zeba ist Pakistani, aber in Amerika aufgewachsen. Sie hat dort Medizin studiert. In den armen, kalten Berggebieten der Northern Areas hat sie eine kleine Schule für behinderte Kinder gegründet und leitet dort noch einige andere Hilfsprojekte zur Unterstützung der dortigen Bevölkerung.

Sowie die Nachricht von Bin Ladens Festnahme während der Unterrichtszeit bekanntgegeben werden sollte, tritt unser Evakuierungsplan in Kraft. Die Kinder werden sicher zu ihren Eltern gebracht. Gerät die Situation völlig außer Kontrolle, dann werden die Kinder mit ihren Eltern von ihren Botschaften und der UN in Sicherheit gebracht. Wir, der Vorstand der ISOI, sind bei einer Massenflucht für die Lehrer und Lehrerinnen verantwortlich. Sie kommen aus den USA, Kanada, England, Australien und Kenia. Für den Fall, daß kein Flugverkehr mehr möglich sein sollte, haben wir noch drei Optionen: auf dem Landweg nach China, nach Indien oder nach Afghanistan. Für diese Alternativen liegen die Szenarien bereit, komplett, mit einer Liste der Brücken, die überquert werden müssen, und Angaben, in welchen Gebieten es Mobilfunkempfang gibt und in welchen nicht.

Die Schule überläßt nichts dem Zufall, denn der Zufall kann auch uns treffen. Im Jahr unserer Ankunft wurden beim Gottesdienst am Palmsonntag eine amerikanische Schülerin der ISOI und ihre Mutter von einem islamistischen Selbstmordattentäter in Stücke gerissen, der sich in der protestantischen Kirche von Islamabad in die Luft sprengte. Eine Vorschullehrerin unserer Schule wurde schwer verletzt, als sie sich über ihren vierjährigen Sohn warf. Der kleine Junge blieb unversehrt.

Zur Erinnerung an das Mädchen – an ihrem Todestag war sie achtzehn Monate älter als Sophie gerade ist – wurde im Garten der Highschool ein ständig plätschernder Springbrunnen angelegt, und es blühen immer Blumen in fröhlichen Farben. Seit diesem Zwischenfall wagen es die Amerikaner nicht mehr, ihre Familien mit nach Pakistan zu nehmen.

Am Tag vor unserer Ankunft in Islamabad verübten vier Terroristen einen Anschlag auf eine andere internationale Schule in der Nähe der Hauptstadt, auf die *Murree Christian School*. Ihre Absicht, sagten die Terroristen bei ihrer Verhaftung, sei es gewesen, soviele Kinder wie möglich zu töten. Erschossen haben sie jedoch nur sechs ihrer Landsleute: Wachmänner und andere Mitglieder des Schulteams. Die Kinder wurden dank der gewissenhaften «Wie überlebe ich einen Angriff von Terroristen?»-Übungen gerettet. Der Leiter der Murree-School konnte später mir gegenüber sogar noch scherzen: «Ich bin sogar darauf gedrillt, was ich tun muß, wenn eine Granate in mein Büro geworfen wird.»

Unsere Kinder müssen auch unter den anomalen Bedingungen, die in diesem Land in jedem Augenblick auftreten können, keine Unterrichtsstunde versäumen. Die ISOI ist darauf vorbereitet, im Falle einer Schließung die Kinder virtuell zu unterrichten. Kinder, die in Islamabad das Haus nicht verlassen dürfen oder denen es gelungen ist, in ihr eigenes Land zu fliehen, können über die Website der Schule dem Unterricht folgen, Aufsätze abliefern und Klassenarbeiten schreiben.

Die Direktorin, eine kleine, zarte Amerikanerin, bittet um unsere Aufmerksamkeit für das Fehlverhalten von drei pakistanischen Jungen unserer Schule. Ein Junge aus einer der höheren Klassen hat im Sportunterricht ein Mädchen sexuell belästigt: Er zog die Hose herunter und schwenkte provokativ seinen nackten Hintern vor ihr hin und her. Ein anderer Junge wurde bei einem Plagiat erwischt. Er hatte Texte aus dem Internet abgeschrieben, ohne die Quelle anzugeben. Ein dritter hatte ein Bröckchen Haschisch bei sich.

Wir haben an der Schule einen Ehrenkodex, der von jedem Schüler unterschrieben wurde. Von allen Kindern wird Integrität erwartet, Verantwortung für das eigene Tun, Achtung vor anderen und Höflichkeit. An unserer Schule gilt Plagiat als intellektueller Betrug und als Verletzung des Integritätsversprechens. Wer den Ehrenkodex zum ersten Mal verletzt, bekommt eine mehrtägige Schulsperre, das heißt er muß zwar zur Schule kommen, darf aber nicht in seine Klasse und sich in den Pausen nicht mit den anderen Kindern treffen. Wer zum zweiten Mal das Versprechen bricht, bekommt einen endgültigen Schulverweis. Für Schwindler gibt es auf der ISOI kein Pardon.

Der Junge mit dem nackten Hintern und der Junge, der das Plagiat begangen hat, bekommen eine Sperre, der Junge mit dem Haschisch wird mit seinen Eltern in die Schule bestellt. Dort werden sie gemeinsam hören, daß er nicht in die ISOI zurückkehren darf.

Erst vor wenigen Monaten mußten wir auf einen Schlag drei pakistanischen Jungen einen Schulverweis erteilen. Sie waren wegen eines Sportturniers mit anderen internationalen Schulen in Dhaka und hatten sich eines Abends an einem Jungen aus ihrem eigenen Team, einem Ausländer, vergriffen. Wir wollen nicht, daß solche Schüler mit den anderen Kindern Umgang haben. Zuerst weigerten sich die Eltern, das Urteil über ihre Söhne zu akzeptieren. Für sie war das, was ihre Söhne getan hatten, nichts weiter als eine Neckerei. Ihrer Meinung nach hatte das Opfer die Sache aufgebauscht. Für sie war er der Schwächling, ein Junge, der genau das bekommen hatte, was er verdiente! Wie auch immer, die Wachmänner bekamen den Auftrag, dem Jungen künftig den Einlaß zu verwehren.

Die pakistanischen Kinder unserer Schule haben bis auf eine Ausnahme unglaublich reiche Eltern. Die ISOI ist für normale Menschen unbezahlbar. Für alle ausländischen Kinder wird das Schulgeld von den Arbeitgebern ihrer Eltern entrichtet, die sie in dieses Land entsandt haben. Die pakistanischen Eltern müssen dagegen das volle Schulgeld aus ihrer eigenen Tasche bezahlen. Die einheimischen Kinder auf der ISOI leben auf einem völlig anderen Planeten als das übrige Pakistan. Eine Freundin von Sophie bekam zu ihrem fünfzehnten Geburtstag von ihren Eltern einen Smart geschenkt. Sie darf damit nicht auf die Hauptstraße, denn auch in Pakistan darf man erst mit achtzehn Jahren Auto fahren. Ein anderes pakistanisches Mädchen aus Sophies Klasse hat eine persönliche Dienerin: Das Mädchen ist zwei Jahre jünger als sie, kann weder lesen noch schreiben und muß ihr die Kleider zurechtlegen, das Frühstück bringen und ihre Unordnung aufräumen. Kurzum, das Kind muß jede Laune und Grille des älteren Mädchens ausbaden.

Während Sophie auf das Ende meines Meetings wartete, ist sie mit einigen pakistanischen Klassenkameraden in eine Diskussion geraten. Der Anlaß war die sogenannte Schändung des Korans in amerikanischen Gefangenenlagern im Irak. Im Anschluß daran ließ eine Menge von Männern und Jungen in Afghanistan ihre Wut an UN-Mitarbeitern aus: Es gab vierzehn Tote. Sophie meint, die UN trügen dafür keine Verantwortung, und das Töten unschuldiger Menschen sei unter keinen Umständen zu rechtfertigen. Ein pakistanisches Mädchen hat sie daraufhin fast physisch angegriffen und Sophie angeschrien: «Wenn du es je wagen solltest, den Koran zu beleidigen, dann zertrample ich dir dein Gesicht!»

Sophie, die sich sonst so unerschütterlich gab, verlor für kurze Zeit die Fassung. Das war ein paar Tage zuvor schon einmal passiert. Empört kam sie wegen einer anderen Diskussion nach Hause. Die Jungen aus ihrer Klasse hatten sich darüber unterhalten, wieviele Mädchen sie schon angebaggert hätten und daß sie später, während ihres Studiums in Amerika, jeden Tag ein Mädchen aufreißen würden. Aber sie hätten auch gemeint, daß das Mädchen, das sie einmal heiraten würden, vorher nicht mit einem Jungen ins Bett gegangen sein dürfe. Und daß sie ihre Frau, wenn sie keine Lust auf Sex hätte, dazu zwingen würden, eben weil sie die Herren im Hause seien. Diese Scheinheiligkeit hatte Sophie dermaßen schockiert, daß sie sagte, von jetzt an könne sie nur noch Feministin sein.

Sie war bereits Atheistin, und der Film *Fahrenheit 9/11* hatte sie für politische, wirtschaftliche und militärische Macht sensibilisiert. Sie hält nichts von Extremismus. Dafür ist ihre Stimme zu warm, der Blick ihrer blauen Augen zu sanft. Auf dem Heimweg sagt sie, daß sie die Sommerferien kaum erwarten könne, weil wir dann Pakistan verließen. Sie hofft, daß in dem nächsten Land, in das wir ziehen werden, Männer und Jungen sie nicht mehr anstarren, als wäre sie ein nackter Affe; und auch, daß es ein Land sein wird, in dem sich Männer und Jungen nicht ständig in der Schamgegend kratzen und mit ihrem Penis spielen. Sie hat sich damit abgefunden, wieder in einem neuen Land, in einer neuen Schule anfangen zu müssen. Das Unvorhersehbare, das Enervierende, alle vier Jahre ein neues Leben beginnen zu müssen, hat für sie noch keine Attraktivität. Sie sucht Festigkeit und Regelmäßigkeit und die Vorhersehbarkeit ihrer Zukunft.

Bevor wir nach Hause gehen, halten wir wie üblich bei *Illusions*. Illusions ist der Mittelpunkt von Sophies Wochenende. Dort kann sie die neuesten amerikanischen, britischen und französischen Spielfilme auf DVD kaufen, für einen Euro pro Stück. Aber auch Fernsehserien, von *Sex and the City* bis *The Soprano's* und *Six feet under*. Meinetwegen darf sie so viele Videos sehen wie sie möchte. Ich fühle mich schuldig, weil ich ihr die Freuden eines Mädchenlebens in ihrem eigenen Land vorenthalte. In den Niederlanden würde sie frei sein und mit dem Rad zur Schule fahren. Dort würde sie mit Freundinnen einkaufen, ins Kino oder zu McDonald's und in die Jugendtheaterschule gehen und das ganze Jahr über Fußball spielen. Sie könnte allein mit dem Zug fahren und ihre großen Schwestern besuchen. In Islamabad muß sie am Wochenende ihre Unterhaltung zu Hause suchen. Es gibt kein Kino, keine Terrasse, auf die sie mit ihren Freunden und Freundinnen gehen könnte.

Damit die rauhe Welt und eine Gesellschaft im Zustand der Auflösung nicht bis zu uns vordringt, kuscheln wir uns in diesen Tagen eng aneinander. Zwischen uns hat sich eine Kameradschaft und Wärme entwickelt, die wir in einem Land vielleicht nicht gekannt hätten, in dem es grenzenlose Unterhaltungsmöglichkeiten gäbe und in dem die Gesellschaft um uns herum nicht bedrohlich wäre. Wir haben mit Sophie eine Geschichte aufgebaut: Drei Jahre, die nur ihr und uns gehören.

Abkürzungen

BNP	Baluchistan National Party
CLAAS	Centre for Legal Aid, Assistance, and Settlement
HRCP	Human Rights Commission of Pakistan
IMWU	The International Muslim Women Union
ISI	Inter Services Intelligence
ISOI	International Schoof of Islamabad
JI	Jama'at-e-Islami (Islamische Partei)
JUI	Jam'iyat al-Ulema-i Islam (Vereinigung islamischer Gelehrter)
JUP	Jam'iyat al-Ulema-i Pakistan (Vereinigung pakistanischer Gelehrter)
MMA	Muttahida Majlis-i-Amal (Vereinigte Aktionsfront)
NWFP	North West Frontier Province
RAW	Research and Analysis Wing (indischer Auslandsgeheimdienst)
SAHIL	wörtlich «Ufer», nichtstaatliche Organisation in Pakistan, die gegen den sexuellen Mißbrauch und die Ausbeutung von Kindern kämpft

Anmerkungen

1 Der historische Hintergrund dieses Kapitels basiert auf Linda S. Walbridge: The Christians of Pakistan. The Passion of Bishop John Joseph, London 2003.
2 Seyyed Vali Reza Nasr: Mawdudi and the Making of Islamic Revivalism, Oxford 1996.
3 Ebd., S. 58.
4 Jasarat, 26. Mai 2004.
5 Daily Times , 24. Mai 2004.
6 The News, 5. Juni 2004.
7 The News, Daily Times, The Nation, 14. Dezember 2004.
8 The News, 25. Januar 2005.
9 Daily Times, 9. September 2002.
10 The News, 26. Oktober 2003.
11 Dawn, 21. November 2004.
12 Harun Yahya: Paradise, the Believers Real Home, Istanbul 2003, S. 55.
13 The News, 23. Januari 2004.
14 Sure 4, «Die Frauen», an-Nisa, Vers 34.

Literatur

Valerie M. Hudson, Andrea M. den Boer: Bare Branches. The Security Implications of Asia's Surplus Male Population, Cambridge 2004

Wahiduddin Khan: Women Between Islam and Western Society, Darul Ishaat/Karachi 2000

Ibrahim M. Kunna: Miscellaneous Questions and Answers for the Muslim Women, Darussalam/Lahore 1996

Ashiq Elahi Madani: A Gift for Muslim Women, Idara–e-Islamiat/Karachi 1999

Abdullah Nasih Ulwan: Bringing up Children in Islam, Darul Ishaat/Karachi, 2004

Rudi Paret, Der Koran, Stuttgart 1975

Wife of Zarif Ahmad Thanvi: Instructions of Schariah for Women, Darul Ishaat/Karachi 1999

Islamischer Orient bei C. H. Beck

Reza Aslan
Kein Gott außer Gott
Der Glaube der Muslime von Muhammad bis zur Gegenwart
Aus dem Englischen von Rita Seuß
3. Auflage. 2007. 335 Seiten. Gebunden

Joseph Croitoru
Hamas
Der islamische Kampf um Palästina
2007. 254 Seiten. Gebunden

Christopher de Bellaigue
Im Rosengarten der Märtyrer
Ein Porträt des Iran
Aus dem Englischen von Sigrid Langhaeuser
2. Auflage. 2006. 341 Seiten mit einer Karte. Gebunden

Abdellah Hammoudi
Saison in Mekka
Geschichte einer Pilgerfahrt
Aus dem Französischen übersetzt von Holger Fock und Sabine Müller
2007. 313 Seiten mit einer Karte. Gebunden

Navid Kermani
Schöner neuer Orient
Berichte von Städten und Kriegen
2., durchgesehene Auflage. 2003. 240 Seiten mit 6 Abbildungen. Gebunden

Annemarie Schimmel
Ein Buch namens Freude
Gedichte von Frauen aus der islamischen Welt
3. Auflage. 2004. 138 Seiten. Leinen
Neue Orientalische Bilbiothek

Islamischer Orient bei C. H. Beck

Werner Ende/Udo Steinbach
Der Islam in der Gegenwart
Entwicklung und Ausbreitung – Kultur und Religion –
Staat, Politik und Recht
5., aktualisierte und erweiterte Auflage. 2005.
1064 Seiten mit 15 Abbildungen und einer Karte. Leinen

Gudrun Krämer
Geschichte des Islam
2005. 334 Seiten mit 87 Abbildungen und 5 Karten. Gebunden

Conrad Schetter
Kleine Geschichte Afghanistans
2., aktualisierte Auflage. 2007.
160 Seiten mit 5 Karten und einer Stammtafel. Paperback
Beck'sche Reihe Band 1574

Günter Seufert/Christopher Kubaseck
Die Türkei
Politik – Geschichte – Kultur
2., durchgesehene und aktualisierte Auflage. 2006.
240 Seiten mit 10 Abbildungen und 5 Karten. Paperback
Beck'sche Reihe Band 1603

Guido Steinberg
Saudi-Arabien
Politik – Geschichte – Religion
2004. 197 Seiten mit 16 Abbildungen und 3 Karten. Paperback
Beck'sche Reihe Band 1605

Ursula Spuler-Stegemann
Die 101 wichtigsten Fragen: Islam
2007. 149 Seiten. Paperback
Beck'sche Reihe Band 1604